GEORGES

BATAILLE

A pura felicidade

Ensaios sobre o impossível

FILŌBATAILLE

autêntica

GEORGES

BATAILLE

A pura felicidade

Ensaios sobre o impossível

ORGANIZAÇÃO, APRESENTAÇÃO E TRADUÇÃO Marcelo Jacques de Moraes

Título original: *The impossible*

Dados Internacionais de Catalogação na Publicação (CIP)
(Câmara Brasileira do Livro, SP, Brasil)

Bataille, Georges, 1897-1962
A pura felicidade : ensaios sobre o impossível / Georges Bataille ; organização, apresentação e tradução Marcelo Jacques de Moraes. -- Belo Horizonte : Autêntica, 2024. -- (Filô Bataille / coordenação Gilson Iannini)

Título original: The impossible.
Bibliografia.
ISBN 978-65-5928-349-1

1. Antropologia 2. Crítica literária 3. Ensaios 4. Filosofia e literatura 5. Sociologia I. Moraes, Marcelo Jacques de. II. Título. III. Série.

23-176486 CDD-809

Índices para catálogo sistemático:
1. Crítica literária : Ensaios 809

Tábata Alves da Silva - Bibliotecária - CRB-8/9253

Belo Horizonte
Rua Carlos Turner, 420
Silveira . 31140-520
Belo Horizonte . MG
Tel.: (55 31) 3465 4500

São Paulo
Av. Paulista, 2.073, Conjunto Nacional
Horsa I . Sala 309 . Bela Vista
01311-940 . São Paulo . SP
Tel.: (55 11) 3034 4468

www.grupoautentica.com.br
SAC: atendimentoleitor@grupoautentica.com.br

Agradecimentos especiais

A João Camillo Penna e Fernando Scheibe, velhos companheiros da *causa* Bataille, por algumas decisivas sugestões para a escolha dos ensaios que compõem esta coletânea.

A Fernando Scheibe, Inês Oseki-Dépré, João Camillo Penna e Laura Gryner de Moraes, pela contribuição decisiva com a primeira versão da tradução de alguns desses ensaios.

Apresentação

"A desmedida, fim da medida"

Marcelo Jacques de Moraes

Em sua apresentação do primeiro volume das *Obras completas* de Georges Bataille, publicado na França em 1970, Michel Foucault escrevia: "Sabe-se hoje: Bataille é um dos escritores mais importantes de seu século. A *História do olho* e *Madame Edwarda* romperam o fio das narrativas para contar o que nunca o fora; a *Suma ateológica* fez o pensamento entrar no jogo – no jogo arriscado – do limite, do extremo, do ápice, do transgressivo; *O erotismo* deixou Sade mais próximo e mais difícil. Devemos a Bataille uma grande parte do momento em que estamos; mas o que resta fazer, pensar e dizer certamente ainda lhe é devido, e o será por muito tempo. Sua obra crescerá. Ao menos é preciso que ela esteja aí, reunida, ela que a ocasião, o risco, a álea, a necessidade e também o puro dispêndio dispersaram e tornaram hoje de tão difícil acesso".

A publicação dessas *Obras* se estendeu até 1988, ano de publicação de seu décimo segundo volume, e contribuiu de fato para o enorme "crescimento" da obra de Bataille não apenas na França – onde foram se multiplicando exponencialmente os colóquios, os volumes coletivos e os ensaios autorais sobre o escritor, além da reedição de várias obras acompanhadas de material paratextual importante –, mas também em outros países da Europa, nos Estados Unidos e na América Latina, especialmente na Argentina, onde as traduções de textos diversos proliferaram com crescente repercussão em vários campos do conhecimento. No Brasil, tivemos igualmente uma primeira onda, nos anos 1970-1980, com a tradução de alguns dos livros mais célebres (como *A parte maldita*,

O erotismo ou *A experiência interior*), mas foi neste século, e mais particularmente a partir dos anos 2010, seja com a cuidadosa retradução de obras já publicadas e esgotadas, seja com a publicação de obras ainda inéditas em língua portuguesa (como *O culpado*, *Sobre Nietzsche: vontade de chance* e a coletânea de textos da revista *Documents*), que a leitura de Bataille ganhou mais fôlego entre nós.

É nesse contexto que proponho a tradução desses textos mais breves, originalmente publicados em revistas de limitada circulação e quase todos até hoje inéditos em livro – a não ser, é claro, nas *Obras completas*, cujo acesso, contudo, também acaba por se restringir a um público de especialistas. De todo modo, ainda que muitos deles permaneçam um tanto secretos mesmo na França, pode-se atualmente dizer que desempenharam um papel fundamental não apenas para a construção e a difusão em seu tempo do pensamento do escritor, como também para o seu posterior e imparável crescimento, tal como preconizado por Foucault. À exceção de "A América desaparecida", de 1928, em que ostenta o seu fascínio pela violência dos povos pré-colombianos como irônico contraponto à suposta (e não menos violenta ao seu ver) racionalidade dos colonizadores espanhóis, e de "O valor de uso de D.A.F. Sade", publicação póstuma, mas provavelmente datada do final dos anos 1920, em que expõe pela primeira vez o que define como uma concepção heterológica da vida humana, Bataille redigiu os 25 artigos que compõem esta coletânea entre 1945 e 1958, em meio à produção de seus últimos livros – entre os quais poderíamos destacar, além dos mais conhecidos e já referidos *A experiência interior* (1943), e *O erotismo* (1957), *Lascaux ou o nascimento da arte* (1955), *A literatura e o mal* (1957), ou *As lágrimas de Eros* (1961).

Não é, portanto, à toa que se pode encontrar entre esses textos, bem maturadas, muitas deambulações de Bataille em torno dos grandes temas de sua obra. Da poesia como dissipação das figuras poéticas, de seu valor de encantamento, à poesia como salto, como impotência da poesia. Da celebração do mistério animal em sua nudez, em sua soberania natural, à paixão do não-saber, à alegria na ignorância. Do sagrado como contágio, como deflagração da paixão, como o contrário de uma transcendência, à ausência do mito como o único mito possível. Do silêncio na literatura ao acontecimento como desejo do que não acontece, do que, não entrando na linguagem, perturba-lhe a ordem.

Da heterofobia do racismo à vergonha da razão diante das pinturas da caverna de Lascaux. Do paradoxo do erotismo como combate e suporte da moral ao risco empreendido do abandono de si ao informe do excesso. Da impossibilidade de alcançar a soberania como projeto à pura felicidade da insignificância.

Deixei de lado, nesse último parágrafo, as devidas aspas nas citações diretas, mas os leitores e as leitoras que possuam alguma familiaridade com o pensamento de Georges Bataille certamente as terão adivinhado – se não, haverão de encontrá-las ao longo da leitura. Que sua obra continue crescendo entre nós, permitindo-nos, ao pensá-la, seguir pensando e mensurando, em nosso próprio tempo e lugar, as condições de nossa própria e impossível desmedida.

A América desaparecida[1]

A vida dos povos civilizados da América antes de Cristóvão Colombo não é prodigiosa para nós somente por sua descoberta e seu desaparecimento instantâneos, mas também porque certamente jamais a demência humana tinha concebido tão sangrenta excentricidade: crimes contínuos cometidos em plena luz do sol apenas para a satisfação de pesadelos deificados, de fantasmas aterradores! Refeições canibais dos sacerdotes, cerimônias com cadáveres e riachos de sangue evocam, mais do que uma aventura histórica, as ofuscantes orgias descritas pelo ilustre Marquês de Sade.

É verdade que essa observação diz respeito principalmente ao México. O Peru talvez represente uma miragem singular, uma incandescência de ouro solar, um brilho, uma riqueza perturbadora: a realidade não corresponde a essa sugestão. A capital do Império Inca, Cusco, ficava situada num planalto elevado aos pés de uma espécie de acrópole fortificada. Essa cidade tinha um caráter de grandeza pesada e maciça. Casas altas construídas em quadrados de rochas enormes, sem janelas externas, sem ornamentos e cobertas de palha, davam às ruas um aspecto um tanto sórdido e triste. Os templos que dominavam os telhados eram de uma arquitetura igualmente nua: apenas o frontão

---

1 Texto publicado em 1928 na revista *Les Cahiers de la République des lettres, des sciences et des arts, XI*, que teve por tema "A arte pré-colombiana. A América antes de Cristóvão Colombo".

era inteiramente recoberto por uma placa de ouro em relevo. A esse ouro é preciso acrescentar os tecidos de cores brilhantes com que os personagens ricos e elegantes se cobriam, mas nada bastava para dissipar uma impressão de selvageria medíocre e principalmente de uniformidade embrutecedora.

Cusco era, de fato, a sede de um dos Estados mais administrativos e mais regulares já formados por homens. No rastro de conquistas militares importantes, devidas à organização meticulosa de um imenso exército, o poder inca se estendia a uma região considerável da América do Sul, Equador, Peru, Bolívia, norte da Argentina e do Chile. Nesse domínio aberto por estradas, um povo inteiro obedecia às ordens dos funcionários como se obedece às dos oficiais nas casernas. O trabalho era dividido, os casamentos decididos pelos funcionários. A terra e as colheitas pertenciam ao Estado. Tudo se achava previsto numa existência sem ar. Essa organização não deve ser confundida com a do comunismo atual: diferia dele essencialmente por repousar na hereditariedade e na hierarquia entre as classes.

Nessas condições, não surpreende que haja relativamente poucos traços brilhantes a relatar a respeito da civilização inca. Até mesmo os horrores impressionam pouco em Cusco. Estrangulavam-se com o auxílio de laços raras vítimas nos templos, no Templo do Sol, por exemplo, cuja estátua de ouro maciço, fundida desde a conquista, conserva, a despeito de tudo, um prestígio mágico. As artes, ainda que bastante brilhantes, apresentam apenas um interesse de segunda ordem: os tecidos, os vasos em forma de cabeças humanas ou de animais são notáveis. Mas não é entre os incas que devemos procurar, nessa região, uma produção realmente digna de interesse. Em Tihuanaco, no norte da Bolívia, a famosa porta do Sol já dá testemunho de uma arte e de uma arquitetura prestigiosas, que devem ser atribuídas a uma época bastante recuada. Cerâmicas, diversos fragmentos, se associam pelo estilo a essa porta milenar. Enfim, na própria época dos incas, são os povos costeiros, de civilização mais antiga, os autores dos objetos mais curiosos.

A Colômbia, o Equador, o Panamá, as Antilhas também apresentavam na época da conquista civilizações muito desenvolvidas, cuja arte hoje nos espanta. É realmente aos povos dessas regiões que devemos atribuir uma parte significativa das estatuetas fantásticas, dos rostos de sonho que situam a arte pré-colombiana entre as preocupações atuais.

Entretanto, deve-se imediatamente precisar que, a nosso ver, nada na América desaparecida pode ser igualado ao México, região na qual, aliás, é preciso distinguir duas civilizações bastante diferentes, a dos maias-quiché e a dos mexicanos propriamente ditos.

A civilização dos maias-quiché passa, em geral, por ter sido a mais brilhante e a mais interessante de todas as da América desaparecida. De fato, suas produções são provavelmente as que mais se aproximam daquelas que os arqueólogos costumam considerar notáveis.

Ela se desenvolveu, numa época anterior de alguns séculos à conquista espanhola na região oriental da América Central, no sul do México atual, exatamente na Península de Yucatán. Ela estava em plena decadência quando chegaram os espanhóis.

A arte maia é certamente mais humana do que qualquer outra na América. Embora não tenha havido influência, é difícil não a aproximar das artes contemporâneas do Extremo Oriente, da arte khmer, por exemplo, de cujo caráter de vegetação pesada e luxuriante ela compartilha: ambas se desenvolveram, aliás, sob um céu de chumbo em países demasiado quentes e insalubres. Os baixos-relevos maias representam deuses em forma humana, mas pesada e monstruosa, muito estilizada e, principalmente, muito uniforme. Podem ser vistos como bastante decorativos. De fato, faziam parte de conjuntos arquitetônicos muito prestigiados, que foram os primeiros a permitir que se rivalizassem as civilizações da América com as grandes civilizações clássicas. Em Chichén-Itzá, em Uxmal, em Palenque, ainda se descobrem ruínas de templos e de palácios imponentes, por vezes ricamente trabalhados. São, por outro lado, conhecidos os mitos religiosos e a organização social desses povos. Seu desenvolvimento certamente teve uma grande influência e determinou em grande parte a civilização posterior dos altos planaltos, mas sua arte não deixa de ter algo de natimorto, de insipidamente horrível a despeito da perfeição e da riqueza do trabalho.

Se quisermos o ar e a violência, a poesia e o humor, só os encontraremos entre os povos do México central, que atingiram um alto grau de civilização pouco antes da conquista, isto é, no decorrer do século XV. Decerto que os mexicanos encontrados por Cortés não passavam de bárbaros recentemente cultivados. Vindos do norte, onde levavam a vida errante dos peles-vermelhas, nem sequer assimilaram de maneira brilhante o que tomaram de seus predecessores. Assim, seu sistema de escrita, análogo ao dos maias, lhe é, contudo, inferior. Pouco importa: entre os diversos indígenas da América, o povo asteca, cuja poderosa confederação se apoderou de quase todo o México atual no decorrer do século XV, não deixa de ser o mais vivo, o mais sedutor, até mesmo por sua violência demente, por seu porte de sonâmbulo.

Em geral, os historiadores que se ocuparam do México permaneceram até certo ponto cercados de incompreensão. Se levarmos em conta, por exemplo, a maneira literalmente extravagante de representar os deuses, as explicações desconcertam por sua fraqueza.

"Quando lançamos os olhos sobre um manuscrito mexicano," diz Prescott, "ficamos surpresos de encontrar as mais grotescas caricaturas do corpo humano, cabeças monstruosas, enormes, sobre corpos raquíticos, disformes, cujos contornos são completamente rígidos, angulosos; porém, se olharmos mais de perto, fica claro que se trata menos de uma tentativa pouco hábil de representar a natureza do que de um símbolo de convenção para expressar a ideia de maneira mais clara, mais contundente. É assim que as peças de mesmo valor num jogo de xadrez correspondem entre si quanto à forma, mas oferecem habitualmente pouca semelhança com os objetos que supostamente representam."

Essa interpretação das deformações horríveis ou grotescas que perturbaram Prescott nos parece hoje insuficiente. Entretanto, se remontarmos à época da conquista espanhola, encontraremos a esse respeito uma explicação realmente digna de interesse. O monge Torquemada atribui os horrores da arte mexicana ao demônio que obsedava o espírito dos indígenas: "As figuras de seus deuses", diz ele, "eram semelhantes às de suas almas pelo pecado em que eles viviam sem fim".

Uma aproximação evidentemente se impõe entre a maneira de representar os diabos para os cristãos e os deuses para os mexicanos.

Os mexicanos eram provavelmente tão religiosos quanto os espanhóis, mas misturavam à religião um sentimento de horror, de terror, aliado a uma espécie de humor ácido ainda mais apavorante que o horror. A maioria de seus deuses são ferozes ou estranhamente malfazejos. Tezcatlipoca parece experimentar um prazer inexplicável com certas "trapaças". Suas aventuras relatadas pelo cronista espanhol Sahagún formam uma curiosa contraparte da *Legenda dourada*. Ao mel cristão se opõe o aloé asteca, à cura das doenças, sinistras brincadeiras. Tezcatlipoca passeia em meio às multidões gracejando e dançando com um tambor: a multidão dança aos atropelos e se espreme absurdamente na direção de abismos em que os corpos se esmagam e se transformam em rochedo. Uma outra "peça pregada" pelo Deus necromante é assim relatada por Sahagún: "Choveu uma tempestade de pedras e, em seguida, uma rocha enorme chamada *techcalt*. Desde então, uma velha indígena que viajava por um lugar chamado *Chapultepec cuitlapilco* começou a vender bandeirinhas de papel gritando: 'Bandeirinhas!'. E quem tomava a decisão de morrer dizia: 'Comprem-me uma bandeira'; e quando a compravam, ele ia ao local do *techcalt*, onde o matavam sem que ninguém pensasse em dizer: 'O que está nos acontecendo?'. E todos pareciam tomados pela loucura".

Parece bastante evidente que os mexicanos obtinham um turvo prazer com esse tipo de mistificação. É até mesmo provável que essas catástrofes de pesadelos fizessem com que rissem de alguma maneira. Somos assim levados a compreender diretamente alucinações tão delirantes quanto os deuses dos manuscritos. Bicho-papão ou papa-defunto são palavras que se associam a esses personagens, dados a gracejos sinistros, cheios de humor malevolente, como o deus Quetzalcoatl escorregando de altíssimas montanhas sentado numa pranchinha...

Os demônios esculpidos das igrejas europeias lhes seriam inteiramente comparáveis (eles participam sem sombra de dúvida da mesma obsessão essencial) se também tivessem o caráter de potência, a grandeza dos fantasmas astecas, os mais sangrentos de todos os que povoaram as nuvens terrestres.

Sangrentos ao pé da letra, como todos sabem. Não há nenhum entre eles que não tenha respingado periodicamente sangue humano para sua festa. Os números citados variam: entretanto, pode-se admitir que o número de vítimas anuais atingia, por baixo, vários milhares apenas na Cidade do México. O sacerdote fazia com que se mantivesse um homem de barriga para cima, com a coluna arqueada sobre um marco de apoio, e abria-lhe o tronco golpeando-o violentamente com uma faca de pedra brilhante. Com os ossos assim cortados, o coração era pego com as mãos pela abertura inundada de sangue e violentamente arrancado com uma habilidade e uma prontidão tais que essa massa sangrenta continuava a palpitar organicamente durante alguns segundos por sobre a brasa vermelha; em seguida, o cadáver era pesadamente lançado, precipitando-se até o último degrau de uma escada. Enfim, quando chegava a noite, e todos os cadáveres já tinham sido esfolados, despedaçados e cozidos, os sacerdotes vinham comê-los.

Estes, aliás, nem sempre se contentavam em se inundar de sangue, em inundar também as paredes do templo, os ídolos, as flores brilhantes que cobriam o altar: em certos sacrifícios que comportavam a esfoladura imediata do homem golpeado, o sacerdote exaltado cobria o rosto com a pele ensanguentada do rosto e o corpo com a do corpo. Assim vestido com essa roupa inacreditável, ele orava ao seu deus delirantemente.

Mas este é o momento de precisar com insistência o caráter surpreendentemente feliz desses horrores. O México não era apenas o mais jorrante dos abatedouros de homens, era também uma cidade rica, verdadeira Veneza com canais e passarelas, templos decorados e principalmente belíssimos jardins de flores. Mesmo sobre águas, as flores eram cultivadas com paixão. Ornamentavam-se com elas os altares. Antes dos sacrifícios, fazia-se com que as vítimas dançassem "usando colares e guirlandas de flores. Elas tinham também escudos floridos e juncos perfumados que eram fumados e aspirados alternadamente".

Pode-se facilmente imaginar os enxames de moscas que deviam turbilhonar na sala do sacrifício quando o sangue jorrava. Mirbeau, que já os sonhava um pouco para seu *Jardim dos suplícios*, escrevia que "nesse meio de flores e de perfumes isso não era nem repugnante nem terrível".

A morte, para os astecas, não era nada. Eles pediam aos seus deuses não apenas que lhes fizessem receber a morte com alegria, mas até mesmo que os ajudassem a encontrar nela encanto e doçura. Queriam olhar para as espadas e para as flechas como guloseimas. Esses guerreiros ferozes não passavam, contudo, de homens afáveis e sociáveis como todos os outros e adoravam se reunir para beber e conversar. Também era comum nos banquetes astecas embriagar-se com um dos diversos entorpecentes que eles usavam habitualmente.

Esse povo de uma coragem extraordinária parece ter tido um gosto excessivo pela morte. Entregou-se aos espanhóis como que possuído por uma espécie de loucura hipnótica. A vitória de Cortés não resultou tanto da força quanto de um verdadeiro enfeitiçamento.

Como se os astecas tivessem vagamente compreendido que, chegados a esse grau de violência feliz, a única saída fosse, para eles como para as vítimas com as quais apaziguavam os deuses galhofeiros, uma morte súbita e aterradora.

Eles próprios quiseram até o fim servir de "espetáculo" e de "teatro" a esses caprichosos personagens, "servir ao seu escárnio", ao seu "divertimento". É, de fato, assim que eles concebiam sua estranha agitação. Estranha e precária, uma vez que morreram tão bruscamente quanto um inseto que esmagamos.

O valor de uso de D.A.F. de Sade

(Carta aberta aos meus companheiros atuais)[1]

Se acho bom dirigir-me nesta carta aos meus companheiros, não é porque as proposições que ela contém lhes diga respeito. É até mesmo provável que eles venham a crer que semelhantes proposições não dizem particularmente respeito a quem quer que seja. Neste caso, porém, preciso tomar ao menos algumas pessoas como testemunhas para constatar uma defecção tão completa. Há, talvez, declarações que, na falta de coisa melhor, necessitam ridiculamente de um coro à antiga, porque supõem como efeito, a despeito de tudo, um mínimo de espanto, de mal-entendido ou de repugnância. Mas ninguém se dirige a um coro para convencê-lo ou para voltar a reuni-lo, apenas, no máximo, para não sofrer a sentença do destino sem revolta no momento em que ela condena o declarante ao mais triste isolamento.

Esse isolamento é, aliás, no que me diz respeito, em parte voluntário, já que eu só aceitaria sair dele mediante condições dificilmente realizáveis.

Com efeito, nem mesmo o fato de escrever – que é a única maneira de tratar de relações humanas um pouco menos convencionais, um pouco menos dissimuladas que as das pretensas amizades íntimas – nem mesmo o fato de escrever me deixa uma esperança apreciável. Duvido da possibilidade de atingir as raras pessoas a que esta carta

---

[1] Texto póstumo, de datação incerta, provavelmente redigido no final dos anos 1920, quando da ruptura com André Breton. Foi parcialmente publicado em 1967 na revista *L'Arc*, em número especial (n. 32) dedicado a Bataille.

certamente se destina, para além dos meus companheiros atuais. Pois – minha resolução é tanto mais intransigente na medida em que é absurdo defendê-la – teria sido necessário estar lidando não com indivíduos análogos àqueles que já conheço, mas tão somente com homens (e principalmente com massas) comparativamente decompostos, que se tornaram amorfos e foram até mesmo expulsos de modo violento para fora de qualquer forma. Ora, é verossímil que tais homens ainda não existam (e as massas seguramente não existem).

Tudo o que posso afirmar é que, em algum momento, eles virão a existir, dado que os laços sociais atuais são incapazes de arrastar por muito mais tempo a subserviência habitual dos caracteres e dos costumes e não tardarão a desfazer-se. As massas serão, por sua vez, decompostas assim que virem desaparecer o prestígio da realidade industrial a que se encontravam ligadas, isto é, quando o processo de progresso material e de transformação rápida de que tiveram que participar (tanto dócil quanto insurgentemente) culminar numa estagnação desagradável e sem saída.

Minha resolução só é, portanto, indefensável na medida em que elimina – não sem rancor – qualquer satisfação imediata...

Para além de proposições que só poderiam ganhar sentido através de consequências muito gerais, ocorre, por outro lado, que é mais do que tempo para mim de satisfazer – a baixo custo– uma parte desse rancor: é possível livrar ao menos o terreno estreito em que o debate se encontra atualmente engajado do comércio intelectual de velharias que lhe é habitual. É evidente, de fato, que se homens incapazes de cabotinismo sucederem aos de hoje, eles não poderão representar melhor a quinquilharia fraseológica que estava em curso antes deles a não ser recordando a sorte reservada por um certo número de escritores à memória de D.A.F. de Sade (talvez, aliás, apareça bastante rapidamente, de uma maneira bem geral, que o recurso injustificado a uma tagarelice literária ou poética e a incapacidade de se expressar de maneira simples e categórica não apenas derivam de uma vulgar impotência como traem sempre uma pretensiosa hipocrisia).

É claro que não faço, assim, alusão às diversas pessoas que os escritos de Sade escandalizam, mas apenas aos apologistas mais abertos. Pareceu conveniente, nos dias de hoje, colocar esses escritos (e com eles o personagem do autor) acima de tudo (ou de quase tudo) o que for possível opor a eles: mas não é absolutamente o caso de abrir-lhe o menor espaço, nem na vida privada nem na vida social, nem na teoria nem na prática. O comportamento dos admiradores em relação a Sade é parecido com o de súditos primitivos em relação ao rei que adoram execrando-o e que cobrem de honrarias paralisando-o nos mais estreitos limites. Nos casos mais favoráveis, o autor de *Justine* é de fato tratado como um *corpo estranho* qualquer, isto é, ele só é objeto de um entusiasmo exaltador na medida em que esse transporte facilita sua excreção (sua exclusão peremptória).

A vida e a obra de D.A.F. de Sade não teriam, portanto, mais qualquer outro valor de uso a não ser o valor de uso vulgar dos excrementos, nos quais só amamos na maioria das vezes o prazer rápido (e violento) de evacuá-los e de não mais vê-los.

Fui levado assim a indicar como, de maneira totalmente inconciliável com esse modo de usar, o sadismo que não é apenas uma concepção *inteiramente outra*[2] que aquela que existia antes de Sade aparece positivamente, de um lado, como uma irrupção das forças excremenciais (violação excessiva do pudor, algolagnia positiva, excreção violenta do objeto sexual, projetado ou supliciado no momento da ejaculação, interesse libidinoso pelo estado cadavérico, o vômito, a defecação...), e, de outro lado, como uma limitação correspondente e como uma subserviência estreita de tudo o que opomos a essa irrupção. É somente nessas condições concretas que a triste necessidade social, a dignidade humana, a pátria e a família, os sentimentos poéticos aparecem sem nenhuma máscara e sem nenhum jogo de sombra ou de luz; é, enfim, impossível ver aí outra coisa que não forças subordinadas: tantos escravos trabalhando covardemente no preparo de belas erupções tonitruantes, as únicas capazes de responder a necessidades que trabalham as tripas da maioria dos homens.

Mas dado que Sade expôs sua concepção da vida terrestre da forma mais ultrajante possível (dado até que não se pode expor

---

[2] No original, "*...une conception* tout autre *que celle qui...*", que poderíamos traduzir mais naturalmente por "...uma concepção inteiramente diferente daquela que...". Como, porém, Bataille retomará mais adiante a expressão "*tout autre*", dando-lhe uma dimensão substantiva e conceitual, base do que define como "heterologia" (ele já chama atenção para isso ao grafá-la em itálico), decidimos traduzi-la assim, ao custo de um certo estranhamento em português que não há em francês. (N.T.)

imediatamente tal concepção de outro modo a não ser de forma aterradora e inadmissível), talvez não surpreenda que se tenha acreditado poder passar ao largo de seu alcance. Os literatos têm aparentemente as melhores razões para não confirmar uma apologia brilhante, verbal e sem custos por meio de uma prática. Eles poderiam até mesmo pretender que Sade foi o primeiro a ter o cuidado de situar o domínio que descreveu para além e acima de qualquer realidade. Poderiam facilmente afirmar que o valor fulgurante e sufocante que ele quis dar à existência humana é inconcebível fora da ficção; que apenas a poesia, isenta de qualquer aplicação prática, permite dispor numa certa medida da fulgurância e da sufocação que o marquês de Sade tentava tão impudicamente provocar.

É justo reconhecer que, mesmo praticado sob a forma implícita que conservou até aqui, um desvio como esse permanece de natureza a desqualificar seus autores (ao menos junto àqueles – ainda que tivessem, aliás, horror do sadismo – que se recusam a interessar-se, tanto por más quanto por boas razões, por simples prestidigitações verbais).

Resta infelizmente o fato de que esse desvio pôde por muito tempo ser praticado sem denúncia, simplesmente porque ocorre no sentido em que parece que tudo escapa... Decerto que atualmente é quase inútil enunciar proposições consequentes uma vez que elas só podem ser retomadas em proveito de algum empreendimento cômodo e se forem – ainda que sob aparências apocalípticas – integralmente literárias: isto é, sob a condição de serem úteis a ambições medidas pela impotência do homem atual. A menor esperança engaja de fato a destruição (o desaparecimento) de uma sociedade que tão ridiculamente poupou a vida daquele que concebe essa abertura.

Não me parece menos chegado o tempo de especular – sob os olhos indiferentes dos meus companheiros – sobre um futuro que só tem, é verdade, para si uma desafortunada existência de ordem alucinatória. Na melhor das hipóteses, a disposição que creio possível fazer *intelectualmente* para hoje daquilo que existirá realmente mais tarde é o único laço que une as poucas proposições preliminares que acompanham uma vontade que permaneceu doentia de *agitação*.

Por enquanto, um enunciado abrupto e não acompanhado de explicações me parece responder tanto quanto possível à desorientação intelectual daqueles que poderiam ter a oportunidade de tomar conhecimento do problema. E (embora eu esteja em condições de realizá-lo desde agora em ampla medida) deixo para mais tarde exposições árduas e intermináveis, análogas às de qualquer outra teoria elaborada. Enuncio, portanto, desde já as poucas proposições que permitem introduzir entre outras coisas os valores estabelecidos pelo marquês de Sade, não evidentemente no domínio da impertinência gratuita, mas bastante diretamente na própria Bolsa em que, de certa maneira, se inscreve dia após dia o crédito que indivíduos e até mesmo coletividades podem dar à própria vida.

Apropriação e excreção

1° A divisão dos fatos sociais em fatos religiosos (proibições, obrigações e realização da ação sagrada), de um lado, e em fatos profanos (organização civil, política, jurídica, industrial e comercial), de outro, embora não se aplique facilmente às sociedades primitivas e se preste em geral a um certo número de confusões, pode, contudo, servir de base para a determinação de dois impulsos humanos polarizados, a saber a EXCREÇÃO e a APROPRIAÇÃO. Em outros termos, numa época em que a organização religiosa de determinada região *se desenvolve*, ela representa a via mais amplamente aberta aos impulsos excremenciais coletivos (impulsos orgíacos) em oposição às instituições políticas, jurídicas e econômicas.

2° A atividade sexual, pervertida ou não, a atitude de um sexo diante do outro, a defecação, a micção, a morte e o culto dos cadáveres (principalmente enquanto decomposição fétida dos corpos), os diferentes *tabus*, a antropofagia ritual, os sacrifícios de animais-deuses, a omofagia, o riso de exclusão, os soluços (que têm em geral a morte por objeto), o êxtase religioso, a atitude idêntica em relação à merda, aos deuses e aos cadáveres, o terror tão frequentemente acompanhado de defecação involuntária, o hábito de tornar as mulheres ao mesmo tempo brilhantes e lúbricas com maquiagens, pedrarias e joias rutilantes, o jogo, a despesa desenfreada e certos usos fantásticos da moeda, etc. apresentam juntos um caráter comum no sentido de que o objeto da atividade (excrementos, partes vergonhosas, cadáveres, etc.) encontra-se a cada vez tratado como um corpo estranho (*das ganz Anderes*[3]), isto é, ele pode ser tanto expulso no rastro de uma ruptura brutal quanto reabsorvido no desejo de pôr o corpo e o espírito num completo estado de expulsão (de projeção) mais ou menos violento. A noção de *corpo estranho* (heterogêneo) permite demarcar a identidade elementar subjetiva dos excrementos (esperma, mênstruos, urina, matérias fecais) e de tudo o que pôde ser olhado como sagrado, divino ou maravilhoso: um cadáver semidecomposto errando à noite numa mortalha luminosa podendo ser dado como característica dessa unidade.[4]

3° O processo de apropriação simples efetua-se de uma maneira normal no interior do processo de excreção composto, na medida em que ele é necessário para a produção de um ritmo alternativo, como na seguinte passagem de Sade: *Verneuil faz alguém cagar, come o cocô e quer que comam o dele. Aquela que ele faz comer sua merda vomita, ele engole o que ela põe para fora.*

A forma elementar da apropriação é o consumo oral, considerado como comunhão (participação, identificação, incorporação ou assimilação). O consumo é sacramental (sacrificial) ou não, conforme se acuse ou se destrua convencionalmente o caráter heterogêneo dos alimentos. No segundo caso, a identificação ocorre desde a preparação dos alimentos, que devem ser apresentados sob um aspecto de homogeneidade notável com base em estritas convenções. A manducação propriamente dita intervém, então, no processo como um fenômeno complexo no sentido de que o próprio fato de ingurgitar se apresenta como uma ruptura

---

[3] Bataille se vale da expressão de Rudolf Otto, em *Le sacré* (1929), em que se pode ler "*le* tout autre, *c'est-à-dire le sacré*" ["o *inteiramente outro*, isto é, o sagrado"]. (N.T.)

[4] A identidade de natureza, do ponto de vista psicológico, entre Deus e o excremento nada tem que possa chocar de outro modo a inteligência de quem quer que esteja habituado aos problemas postos pela história das religiões. O cadáver não é muito mais repugnante do que a merda, e o espectro que projeta o horror em relação a ele é *sagrado* até mesmo aos olhos dos teólogos modernos. A seguinte frase de Frazer resume aproximadamente os dados históricos da questão: "[...] Essas diferentes categorias de personagens diferem muito aos nossos olhos pelo caráter e pela condição; de uns diríamos que são sagrados, de outros que são sujos ou impuros. Para o selvagem, não há nada disso, pois seu espírito é ainda demasiado grosseiro para conceber distintamente o que é um ser sagrado e o que é um ser impuro". (Nota original de Georges Bataille. Daqui por diante, colocaremos GB entre parênteses.)

parcial do equilíbrio fisiológico e é acompanhado de, entre outras coisas, uma brusca liberação de grandes quantidades de saliva. Entretanto, o elemento de apropriação, dotado de forma medida e racional, domina efetivamente, no sentido de que os casos em que a manducação tem por objetivo principal o tumulto fisiológico (glutonarias ou bebedeiras seguidas de vomitórios) são incontestavelmente excepcionais.

O processo de apropriação caracteriza-se, assim, por uma homogeneidade (equilíbrio estático) entre o autor da apropriação e os objetos como resultado final, ao passo que a excreção se apresenta como o resultado de uma heterogeneidade cada vez maior ao liberar impulsos cuja ambivalência é cada vez mais acentuada. É este último caso que é representado, por exemplo, pelo consumo sacrificial sob a forma elementar da orgia, que não tem outra meta senão incorporar elementos irredutivelmente heterogêneos à pessoa, na medida em que esses elementos correm o risco de provocar um crescimento de força (mais exatamente um crescimento do *mana*).

4° O homem não se apropria apenas de seus alimentos, mas também dos diferentes produtos de sua atividade, roupas, móveis, habitações e instrumentos de produção. Essas apropriações ocorrem por meio de uma homogeneidade (identidade) mais ou menos convencional estabelecida entre o possuidor e o objeto possuído. Trata-se ora de uma homogeneidade pessoal, que numa época primitiva não podia ser destruída a não ser solenemente, com a ajuda de um rito exterior, ora de uma homogeneidade geral, como a que o arquiteto estabelece entre uma cidade e seus habitantes.

A esse respeito, a produção pode ser vista como a fase excretória de um processo de apropriação, e a mesma coisa vale para a venda.

5° A homogeneidade de aspecto realizada nas cidades entre os homens e aquilo que os cerca é apenas uma forma subsidiária de uma homogeneidade muito mais consequente, que o homem estabeleceu através do mundo exterior ao substituir em toda parte os objetos exteriores, *a priori* inconcebíveis, por séries ordenadas de concepções ou de ideias. A identificação de todos os elementos de que o mundo é composto foi perseguida com uma obstinação constante, de maneira que tanto as concepções científicas quanto as concepções vulgares do mundo parecessem ter culminado voluntariamente numa representação tão diferente daquilo que podia ser imaginado *a priori* quanto a praça pública de uma capital o é de uma paisagem de alta montanha.

Essa última apropriação, obra da filosofia tanto quanto da ciência ou do senso comum, comportou fases de revolta e de escândalo, mas sempre teve por objetivo o estabelecimento de uma homogeneidade do mundo, e só poderá culminar numa fase terminal no sentido da excreção a partir do momento em que os dejetos irredutíveis da operação se encontrarem determinados.

Filosofia, religião e poesia em relação à heterologia

6° O interesse da filosofia resulta do fato de que, ao contrário da ciência ou do senso comum, ela deve encarar positivamente os dejetos da apropriação intelectual. Na maioria das vezes, contudo, ela só encara esses dejetos sob formas abstratas da totalidade (nada, infinito, absoluto) às quais é incapaz de dar por si própria um conteúdo positivo: ela pode, portanto, proceder livremente a especulações que têm mais ou menos por objetivo identificar *suficientemente*, no fim das contas, um mundo sem fim ao mundo findo, um mundo incognoscível (numenal) ao mundo conhecido (fenomenal).

Apenas a elaboração intelectual de forma religiosa pode, em seus períodos de desenvolvimento autônomo, oferecer o dejeto do pensamento apropriativo como o objeto definitivamente heterogêneo (sagrado) da especulação. Mas é preciso considerar amplamente o fato de que as religiões operam no interior do domínio sagrado uma cisão profunda, dividindo-o em mundo superior (celeste e divino) e mundo inferior (demoníaco, mundo da podridão); ora, uma cisão como essa culmina necessariamente na homogeneidade progressiva de todo o domínio superior (apenas o domínio inferior resiste a todo esforço de apropriação). Deus perde rapidamente e quase inteiramente os elementos aterradores e os empréstimos tomados ao cadáver em decomposição para tornar-se, no último termo da degradação, o simples signo (paterno) da homogeneidade universal.

7° Na prática, é preciso entender por religião não realmente aquilo que responde à necessidade de projeção (expulsão ou excreção) ilimitada da natureza humana, mas o conjunto de proibições, de obrigações e de licenças parciais que canalizam e regularizam socialmente essa projeção. A religião difere, portanto, de uma *heterologia*[5] teórica e prática (embora ambas digam igualmente respeito aos fatos sagrados ou excremenciais) não apenas na medida em que a primeira exclui o rigor científico próprio à segunda (que aparece, de uma maneira geral, tão diferente da religião quanto a química da alquimia), mas também na medida em que trai nas condições normais as necessidades que pretendera não apenas regular como também satisfazer.

8° A poesia parece num primeiro momento conservar um enorme valor enquanto método de projeção mental (uma vez que permite ter acesso a um mundo inteiramente heterogêneo). Mas é demasiado fácil perceber que ela não é muito menos desclassificada que a religião. A poesia quase sempre esteve à mercê dos grandes sistemas históricos de apropriação. E na medida em que poderia se desenvolver de maneira autônoma, essa autonomia a engajaria nos caminhos de uma concepção poética total do mundo, culminando obrigatoriamente numa homogeneidade estética qualquer. A irrealidade prática dos elementos heterogêneos que ela põe em jogo é de fato uma condição indispensável à duração da heterogeneidade: a partir do momento em que essa irrealidade se constitui imediatamente como uma realidade superior que tem por missão eliminar (ou degradar) a realidade inferior vulgar, a poesia é reduzida ao papel de medida das coisas e, em contrapartida, a pior vulgaridade assume um valor excremencial cada vez mais forte.

Teoria heterológica do conhecimento

9° Quando dizemos que a heterologia encara cientificamente as questões da heterogeneidade, não queremos dizer com isso que a heterologia é, no sentido habitual de tal fórmula, a ciência do heterogêneo.

---

[5] Ciência do que é inteiramente outro. O termo *agiologia* seria, talvez, mais preciso, mas seria necessário subentender o duplo sentido de *agios* (análogo ao duplo sentido de *sacer*), tanto *sujo* quanto *santo*. Mas é principalmente o termo *escatologia* (ciência da imundície) que conserva nas circunstâncias atuais (especialização do sagrado) um valor expressivo incontestável, como duplo de um termo abstrato como *heterologia*. (GB.)

O heterogêneo situa-se decididamente até mesmo fora do alcance do conhecimento científico, que, por definição, só é aplicável aos elementos homogêneos. Antes de tudo, a heterologia opõe-se a qualquer representação homogênea do mundo, isto é, a qualquer sistema filosófico. Representações como essas sempre têm por objetivo privar tanto quanto possível o universo em que vivemos de toda fonte de excitação e desenvolver uma espécie humana servil apta unicamente para a fabricação, para o consumo racional e para a conservação dos produtos. Mas o processo intelectual limita-se automaticamente ao produzir por si mesmo seus próprios dejetos e ao liberar, assim, o elemento heterogêneo excremencial de maneira desordenada. A heterologia atém-se a retomar conscientemente e decididamente esse processo terminal que, até aqui, era visto como o aborto e a vergonha do pensamento humano.

É por esse viés que ela procede à inversão completa do processo filosófico, que, de instrumento de apropriação que era, passa a estar serviço da excreção e introduz a reivindicação das satisfações violentas implicadas pela existência social.

10° Apenas ficam na alçada da heterologia como ciência, de um lado, o processo de limitação e, de outro, o estudo das reações de antagonismo (expulsão) e de amor (reabsorção) violentamente alternadas, obtidas pela afirmação do elemento heterogêneo. Esse elemento permanece indefinível e só pode ser fixado por meio de negações. O caráter específico das matérias fecais ou do espectro assim como do tempo ou do espaço ilimitados só pode ser o objeto de uma série de negações tais como a ausência de qualquer medida comum possível, a irracionalidade, etc. É preciso até mesmo acrescentar que não há qualquer meio de situar esses elementos no domínio objetivo humano imediato, no sentido de que a objetivação pura e simples de seu caráter específico culminaria na incorporação a um sistema intelectual homogêneo, isto é, numa anulação hipócrita do caráter excremencial.

A objetividade dos elementos heterogêneos tem apenas, portanto, um interesse puramente teórico, uma vez que só é possível atingi-la sob a condição de encarar os *dejetos* sob a forma total do infinito obtida por negação (em outros termos, a heterogeneidade objetiva tem o defeito de só poder ser encarada sob uma forma abstrata, enquanto apenas a heterogeneidade subjetiva dos elementos particulares é, na prática, concreta).

11° Somente os dados da ciência, isto é, os resultados da apropriação, conservam um caráter objetivo imediato e apreciável, uma vez que a objetividade imediata se define pelas possibilidades de apropriação intelectual. Se definimos objetos exteriores reais, é necessário introduzir ao mesmo tempo a possibilidade de uma relação de apropriação científica. E se essa relação é impossível, o elemento considerado permanece na prática irreal e só pode ser objetivado abstratamente. Qualquer questão colocada além representa a persistência de uma necessidade dominante de apropriação, a obstinação doentia da vontade que busca a despeito de tudo representar para si própria (por simples covardia) um mundo homogêneo e servil.

12° É inútil tentar negar que é aí, muito mais do que nas dificuldades (menos embaraçosas do que as facilidades) encontradas na análise dos processos de excreção e de apropriação, que se encontra o ponto fraco – na prática – dessas concepções, pois é preciso considerar amplamente a obstinação inconsciente que vem com as defecções e as escapatórias. Será muito fácil encontrar na natureza objetiva um grande número de fenômenos que respondem grosseiramente ao esquema humano da excreção e da apropriação, a fim de atingir *uma vez mais* a noção da unidade do ser, por exemplo, sob uma forma dialética. É possível atingir mais genericamente, depois dos animais, as plantas, a matéria, a natureza e o ser, sem encontrar obstáculos realmente consistentes. Todavia, já é possível indicar que, à medida que nos afastamos do homem, a oposição perde sua importância até não ser mais que uma forma enxertada que, evidentemente, não poderia ter sido descoberta nos fatos considerados se não tivesse sido tomada de empréstimo a uma ordem de fatos diferente. O único meio de resistir a essa diluição reside na parte prática da heterologia, que culmina numa ação que vai decididamente de encontro a essa regressão rumo a uma natureza homogênea.

A partir do momento em que o esforço de compreensão racional resulta na contradição, a prática da escatologia intelectual comanda a dejeção dos elementos inassimiláveis, o que equivale a constatar vulgarmente que uma gargalhada é a única saída imaginável, definitivamente terminal, e não o meio, da especulação filosófica. Além disso, é preciso indicar que uma reação tão *insignificante* quanto uma gargalhada está ligada ao caráter extremamente vago e distante do domínio intelectual e que basta passar de uma especulação que incide sobre fatos abstratos a uma prática cujo mecanismo não é diferente, mas atinge imediatamente a heterogeneidade concreta para chegar aos transes extáticos e ao orgasmo.

Princípios de heterologia prática

13° A excreção não é apenas um meio termo entre duas apropriações, assim como a podridão não é apenas um meio termo entre o grão e a espiga. A incapacidade de encarar, neste último caso, a podridão como fim em si é o resultado não precisamente do ponto de vista humano, mas do ponto de vista especificamente intelectual (na medida em que esse ponto de vista está na prática subordinado a um processo de apropriação). O ponto de vista humano, independente em relação às declarações oficiais, isto é, tal como resulta, entre outros, da análise dos sonhos, representa, ao contrário, a apropriação como o meio da excreção. Em última análise, é claro que um operário trabalha para proporcionar a si mesmo a satisfação violenta do coito (isto é, ele acumula para despender). Em compensação, a concepção segundo a qual esse operário deve realizar o coito para prover às futuras necessidades do trabalho está ligada à identificação inconsciente entre o operário e o escravo. De fato, na medida em que as diversas funções são repartidas entre as diversas categorias sociais, a apropriação sob sua forma mais esmagadora incumbe historicamente aos escravos: era assim que antigamente os servos deviam acumular os produtos a serviço dos cavaleiros e dos clérigos, sendo que estes quase só participavam do trabalho de apropriação por meio do édito de uma moral que regularizava em proveito deles próprios a circulação dos produtos. Mas a partir do momento em que acusamos a maldita exploração do homem pelo homem, é hora de deixar aos exploradores essa abominável moral apropriativa que por tanto tempo permitiu-lhes suas próprias orgias de riqueza. Na medida em que não pensa mais em esmagar seus companheiros sob o jugo da moral, o homem adquire a possibilidade de associar abertamente não apenas sua inteligência e sua virtude, mas também sua razão de ser à violência e à incongruidade de seus órgãos excretores, assim como à faculdade que tem de ser excitado até o transe por elementos heterogêneos, o que começa vulgarmente na depravação.

14° A necessidade – antes de poder passar à reivindicação radical e à prática violenta de uma liberdade moral consequente – de abolir qualquer exploração do homem pelo homem não é a única razão que liga o desenvolvimento prático da heterologia à derrubada da ordem estabelecida.

Uma vez que se manifestam num meio social, os impulsos que são *na prática* identificados pela heterologia à razão de ser do homem podem ser olhados, num certo sentido, como antissociais (na mesma medida em que os abusos ou mesmo os gozos sexuais são olhados por certos indivíduos como um desperdício de força: as grandes destruições rituais de produtos da Colúmbia britânica ou, entre os povos civilizados, o prazer das multidões assistindo à noite aos grandes incêndios, por exemplo). Entretanto, impulsos que vão de encontro aos interesses de uma sociedade em estado de estagnação (durante uma fase de apropriação) têm, ao contrário, a revolução social (fase de excreção) como fim: é assim que elas podem encontrar nos movimentos históricos em que a humanidade dispõe de sua própria força livremente e sem nenhum limite a um só tempo uma plena satisfação e uma utilização no próprio sentido do interesse geral consciente. Qualquer que seja, aliás, a realidade desse interesse ulterior, não se pode deixar de concluir que, se consideramos as massas profundas, destinadas a uma vida obscura e impotente, a revolução pela qual essas massas liberam forças de uma violência que tinha permanecido por muito tempo contraída é tanto a razão de ser prática quanto o meio de desenvolvimento das sociedades.

15° É claro que o termo de excreção aplicado à Revolução deve ser primeiramente entendido no sentido estritamente mecânico, aliás etimológico, da palavra. A primeira fase de uma revolução é a *separação*, isto é, um processo que culmina na posição de dois grupos de forças, sendo que cada um deles se caracteriza pela necessidade em que se encontra de excluir o outro. A segunda fase é a *expulsão* violenta do grupo que possuía o poder pelo grupo revolucionário.

Mas nota-se, além disso, que cada um dos grupos, por sua própria constituição, empresta ao grupo oposto um caráter excremencial quase exclusivamente negativo, e que é apenas em razão desse negativismo que o caráter sacrificial de uma revolução permanece profundamente inconsciente. O impulso revolucionário das massas proletárias é, aliás, ora implicitamente ora abertamente tratado como sagrado, e é por isso que é possível empregar a palavra Revolução inteiramente despojada de seu conteúdo utilitário, sem dar-lhe, entretanto, um conteúdo idealista.

16° A *participação* – no sentido puramente psicológico assim como no sentido ativo da palavra – não apenas engaja revolucionários numa política particular, por exemplo no estabelecimento do socialismo no mundo inteiro. Ela também se apresenta – e necessariamente – como participação moral: imediatamente na ação destruidora da revolução (expulsão realizada por meio da quebra total do equilíbrio do edifício social) e indiretamente em qualquer ação destruidora equivalente. É do próprio caráter da vontade revolucionária ligar essas ações não à punição – como o apocalipse cristão –, mas ao gozo ou à utilidade dos seres humanos, e é de uma evidência extrema que toda destruição que não seja útil nem inevitável só pode ser causada por um explorador e, consequentemente, pela moral enquanto princípio de toda exploração.[6] Mas a partir daí é fácil constatar que a realidade de uma *participação* como essa é a própria base da cisão dos partidos socialistas divididos em reformistas e revolucionários.

Sem cumplicidade profunda com forças da natureza tais como a morte sob sua forma violenta, as efusões de sangue, as catástrofes súbitas, incluindo os terríveis gritos de dor que as acompanham, as rupturas aterradoras do que parecia imutável, o abaixamento até uma podridão infecta do que era elevado, sem a compreensão sádica de uma natureza incontestavelmente tonitruante e torrencial, não pode haver revolucionários, só há uma exasperante sentimentalidade utópica.

17° A *participação* em tudo aquilo que, no meio dos homens, acaba sendo horrível e pretensamente sagrado pode ocorrer sob uma forma limitada e inconsciente, mas essa limitação e essa inconsciência só têm

[6] Por exemplo, a guerra imperialista. (GB.)

evidentemente um valor provisório, e nada pode deter o movimento que arrasta seres humanos na direção de uma consciência cada vez mais cínica do laço erótico que os liga à morte, aos cadáveres e às terríveis dores do corpo. É mais do que tempo de a natureza humana deixar de estar submetida à infame representação dos autocratas e da moral que autoriza sua exploração. Já que é verdade que é próprio de um homem gozar com o sofrimento dos outros, que o gozo erótico não é apenas a negação de uma agonia que ocorre no mesmo instante mas também uma participação lúbrica nessa agonia, é hora de escolher entre o comportamento dos covardes que têm medo de seus próprios excessos de alegria e o comportamento daqueles que estimam que o primeiro homem que aparece não tem que se esconder como um animal acuado mas, ao contrário, tem que olhar todos os histriões da moral como cães.

18° Resulta dessas considerações elementares que é doravante necessário encarar duas fases distintas na emancipação humana tal como foi sucessivamente empreendida pelos diferentes levantes revolucionários, desde o jacobinismo até o bolchevismo.

Durante a fase revolucionária, fase atual que só se encerrará com o triunfo mundial do socialismo, apenas a Revolução social pode servir de saída a impulsos coletivos, e nenhuma outra atividade pode ser considerada na prática.

Mas a fase pós-revolucionária implica a necessidade de uma cisão entre a organização política e econômica da sociedade, de um lado, e, de outro, uma organização antirreligiosa e associal que tenha por objetivo a participação orgíaca nas diferentes formas da destruição, isto é, a satisfação coletiva das necessidades correspondentes à premência de provocar a excitação violenta que resulta da expulsão dos elementos heterogêneos.

Essa organização não pode ter outra concepção moral senão aquela que foi escandalosamente professada pela primeira vez pelo marquês de Sade.

19° Quando se tratar dos meios de realizar essa participação orgíaca, a organização se encontrará tão próxima das religiões anteriores à formação dos Estados autocráticos quanto distante de religiões como o cristianismo, ou o budismo.

É preciso, então, considerar amplamente nessa previsão a intervenção provável na cultura comum dos elementos de cor. Na medida em que esses elementos participarão da emancipação revolucionária, a realização do socialismo lhes trará a possibilidade de trocas de todas as ordens com os elementos de raça branca, mas em condições radicalmente diferentes das que são feitas atualmente com os negros civilizados da América. Ora, as coletividades de cor, uma vez liberadas de qualquer superstição como de qualquer opressão, representam em relação à heterologia não somente a possibilidade, mas a necessidade de uma organização adequada. Todas as formações que têm o êxtase e o frenesi como objetivo (morte espetacular de animais, suplícios parciais, danças orgíacas, etc.) não teriam qualquer razão para desaparecer no dia em que uma concepção heterológica da vida humana tivesse substituído a concepção primitiva; elas podem apenas transformar-se ao se generalizarem sob o impulso violento de uma doutrina moral de origem branca, ensinada a homens de cor por todos aqueles brancos que tomaram consciência da abominável inibição que paralisa as coletividades de sua própria raça. É apenas a partir da colusão entre uma teoria científica europeia e a prática negra que podem se desenvolver as instituições que servirão definitivamente como saída, sem outro limite a não ser o das forças humanas, para os impulsos que exigem hoje a Revolução pelo fogo e pelo sangue das formações sociais do mundo inteiro.

A vontade do impossível[1]

I

A noite estrelada é o tabuleiro sobre o qual o ser se joga: lançado através desse campo de efêmeros possíveis, caio do alto, desamparado, como um inseto de costas.

Nenhuma razão para julgar a situação ruim: ela me agrada, me enerva e me excita.

Se eu fosse da "natureza estática e dada", estaria limitado por leis fixas, tendo que gemer em certos casos, que gozar em outros. Ao jogar-me, a natureza me relança para além de si mesma... – para além dos limites e das leis que fazem com que os humildes a exaltem. Pelo fato de ser jogado, sou um possível que não existia. Excedo todo o dado do universo e ponho a natureza em jogo.

Sou, no seio da imensidão, o mais, a exuberância. O universo podia prescindir de mim. Minha força, minha impudência decorrem desse caráter supérfluo.

Ao submeter-me ao que me cerca, interpretando, transformando a *noite* numa fábula para crianças, eu renunciaria a esse caráter. Inserido na ordem das coisas, teria que justificar minha vida – nos planos misturados da comédia, da tragédia, da utilidade.

[1] Texto publicado em 1945 na revista *Vrille*, em seu único número, que teve por tema "A pintura e a literatura livres".

Mas ao recusar, ao revoltar-me, não tenho que *perder a cabeça*.

É *natural* demais delirar.

O delírio poético não pode desafiar a natureza inteiramente: ele a justifica, aceita embelezá-la. A recusa pertence à consciência clara que mede a própria posição com uma atenção calma.

A distinção dos diversos possíveis, e consequentemente a faculdade de ir ao fim do mais longínquo, pertence à atenção calma.

II

Cada um pode, se assim o entende, abençoar uma natureza prestimosa, curvar-se diante de Deus...

Nada há em nós que não seja constantemente jogado, logo abandonado.

A súbita aspereza da sorte desmente a humildade, desmente a confiança. A verdade responde como um tapa na face oferecida dos humildes.

O coração é humano na medida em que se revolta. Não ser animal, mas um homem, significa recusar a lei (a lei da natureza).

Um poeta não justifica inteiramente a natureza. A poesia é fora da lei. Entretanto, *aceitar* a poesia transforma-a em seu contrário, em mediadora de uma aceitação. Afrouxo a mola que me estica contra a natureza, justifico o mundo dado.

A poesia faz a penumbra, introduz o equívoco, afasta ao mesmo tempo da noite e do dia – da colocação em questão como da colocação em ação do mundo.

Não é evidente? A ameaça constantemente mantida de que a natureza nos triture, nos reduza ao dado – e de que anule, assim, o jogo que ela joga mais longe que ela mesma – solicita em nós a atenção e a astúcia.

O relaxamento nos retira do jogo – assim como o excesso de atenção. O arrebatamento feliz, os saltos razoáveis e a calma lucidez são exigidos do jogador – até o instante em que a chance lhe falte, ou a vida.

Aproximo-me da poesia com uma intenção de trair: o espírito de astúcia é o mais forte em mim.

A força transtornadora da poesia situa-se fora dos belos momentos que ela atinge: comparada ao seu fracasso, a poesia rasteja.

O comum acordo situa à parte os dois autores que acrescentaram ao brilho de seu fracasso o brilho de sua poesia.

O equívoco está geralmente ligado aos nomes deles. Mas um e outro esgotaram o movimento da poesia – que termina em seu contrário: num sentimento de impotência da poesia.

A poesia que não se alça até a impotência da poesia é ainda o vazio da poesia (a bela poesia).

III

O caminho em que o homem se engaja quando põe a natureza em questão é essencialmente negativo. Vai de contestação em contestação. Só pode ser seguido em movimentos rápidos e logo quebrados. A excitação e a depressão se sucedem.

O movimento da poesia parte do conhecido e leva ao desconhecido. Ele beira a loucura se se acaba. Mas o refluxo começa quando a loucura está próxima.

O que se toma como poesia não passa, em geral, de seu refluxo: humildemente, o movimento rumo à poesia quer permanecer nos limites do possível. A poesia é, o que quer que se faça, uma negação de si mesma.

A negação, em que a poesia supera a si mesma, tem mais consequências do que um refluxo. Mas a loucura não tem mais do que a poesia o meio de manter-se em si mesma. Há poetas e loucos (e imitadores de uns e de outros): poetas e loucos são apenas momentos de parada. O limite do poeta é da mesma natureza que o do louco na medida em que, não sendo limite da vida humana, só atinge pessoalmente. O tempo de parada marcado não deixa senão a destroços um meio de se manterem em si mesmos. O movimento das águas não é por isso retardado.

A poesia não é um conhecimento de si mesmo, ainda menos a experiência do mais longínquo possível (daquilo que, antes, não era), mas a evocação pelas palavras dessa experiência.

A evocação tem em relação a uma experiência propriamente dita a vantagem de uma riqueza e de uma facilidade infinita, mas afasta-se da experiência (em primeiro lugar pobre e difícil).

Sem a riqueza vislumbrada na evocação, a experiência seria sem audácia e sem exigência. Mas ela só começa se o vazio – a trapaça – da evocação desespera.

A poesia abre o vazio ao excesso do desejo. O vazio deixado pela devastação da poesia é em nós a medida de uma recusa – de uma vontade de exceder o dado natural. A própria poesia excede o dado, mas não pode *mudá-lo*. Ela substitui a servidão dos laços naturais pela liberdade da associação verbal – a associação verbal destrói os laços que quisermos, mas verbalmente.

A liberdade fictícia assegura mais do que arruína a coerção do dado natural. Quem com ela se contenta, com o passar do tempo, acorda-se a esse dado.

Se persevero no questionamento do dado, percebendo a miséria de quem com ele se contenta, só posso suportar a ficção por um tempo: exijo a realidade dela, enlouqueço.

Minha loucura pode tocar o mundo desde o fora, exigindo que o mudem em função da poesia. Se a exigência se volta para a vida interior, ela pede uma potência que pertence apenas à evocação. Num ou noutro caso, faço a experiência do vazio.

Se minto, permaneço no plano da poesia, da superação *fictícia* do dado. Se persevero num descrédito obtuso desse dado, meu descrédito é falso (da mesma natureza que a superação): a crítica a partir da poesia do mundo real é uma escalada das mentiras. Num certo sentido, o acordo com o dado se aprofunda. Mas não podendo mentir de caso pensado, enlouqueço (não mais percebendo a evidência). Ou, não sabendo mais, apenas para mim, encenar a comédia de um delírio, ainda enlouqueço, mas interiormente: *faço a experiência da noite.*

IV

A poesia é apenas um desvio: escapo por ela do mundo do discurso, isto é, do mundo natural (dos objetos); entro por ela numa espécie de túmulo onde, da morte do mundo lógico, nasce a infinidade dos possíveis.

O mundo lógico morre parindo as riquezas da poesia, mas os possíveis evocados são irreais, a morte do mundo real é irreal; tudo é suspeito e fugidio nessa escuridão relativa: nela posso zombar de mim mesmo e dos outros. Todo o real é sem valor e todo valor é irreal. Daí a fatalidade e a facilidade de deslizamentos em que ignoro se minto ou se estou louco. Dessa situação viscosa procede a necessidade da noite.

A noite não podia evitar esse desvio. O questionamento nasceu do desejo, que não podia incidir no vazio.

O objeto do desejo é primeiramente o ilusório, em segundo lugar o vazio da desilusão.

O questionamento sem desejo é formal, indiferente. Não é a partir dele que avanço: ele é a mesma coisa que o homem.

A poesia está ligada ao poder do desconhecido (o desconhecido, valor essencial). Mas o desconhecido não é mais que um vazio branco se não for o objeto do desejo. O poético é o meio termo: é o desconhecido disfarçado com cores brilhantes e com a aparência do ser.

Ofuscado por mil figuras em que se compõem o tédio, a impaciência e o amor, meu desejo só tem um objeto: o além dessas mil figuras é o vazio destruindo o desejo.

Ainda ofuscado, sabendo – tendo a consciência vaga – que as figuras dependem da facilidade (da ausência de rigor) que as fez nascer, posso voluntariamente manter o equívoco. A desordem, então, e a pouca satisfação dão-me a impressão de estar louco.

As figuras poéticas que tiram seu brilho de uma destruição do real permanecem à mercê do nada, devem roçá-lo, extrair dele o aspecto suspeito e desejável delas próprias: elas já têm do *desconhecido* a estranheza, os olhos de cego.

O rigor é hostil a quem as ama, significa a pobreza prosaica.

Se eu tivesse mantido o rigor em mim? Eu não teria conhecido as figuras do desejo. Meu desejo despertou no clarão da desordem, no seio de um mundo transfigurado. Mas se, uma vez despertado o desejo, eu voltar ao rigor?

Quando o rigor dissipa as figuras poéticas, o desejo está enfim *na noite*.

A existência, na noite, é como um amante na morte da amante (Orestes diante da notícia do suicídio de Hermione). Ela não pode, na espécie da noite, reconhecer *o que esperava.*

O desejo não pode previamente saber que tinha por objeto sua própria negação. A noite em que soçobram como vazios não somente as figuras do desejo, mas qualquer objeto de saber, é penosa. Nela todo valor é aniquilado.

A propósito de sonolências[1]

Mas como é que acabaram confundindo com a própria coisa a expressão que lhe dão a pintura ou a poesia?

Sou mal qualificado, ao que parece. Opus-me, a cada vez que tive a oportunidade, ao surrealismo. E gostaria agora de afirmá-lo de dentro como a exigência que sofri e como a insatisfação que sou. Mas algo bem claro se faz ressaltar: o surrealismo é definido pela possibilidade que seu velho inimigo *de dentro*, que sou, tem de defini-lo decididamente.

É a contestação realmente viril (nada de conciliador, de divino) dos limites admitidos, uma vontade rigorosa de insubmissão.

E creio que a agitação – raramente torrencial e, no entanto... – que o nome quis designar nunca pôde dar de si mesma uma figura suficientemente livre. Ligá-la, como fez André Breton, a certas liberdades de expressão tinha seguramente mais de uma vantagem; e a *escrita automática* era mais do que uma pedra de escândalo. Pois a insubmissão, se não se estende ao domínio das imagens e das palavras, é apenas ainda uma recusa de formas exteriores (como são o governo, a polícia), quando as palavras e as imagens em ordem são os representantes *em nós* de um sistema que, quase insensivelmente, submete a natureza inteira à utilidade. A crença no mundo real ou, antes, a *subserviência* a ele é sem sombra de dúvida um dos fundamentos de toda servidão. Não posso olhar como livre um ser que não tem o desejo de cortar em si os laços da linguagem. Daí não decorre, contudo, que baste por um

---

[1] Texto publicado em 1946 na revista *Troisième convoi* (n. 2, janeiro de 1946).

instante escapar do império das palavras para ter levado o mais longe que podemos a preocupação de não subordinar a nada aquilo que somos.

Houve também, desde o princípio, uma fraqueza inicial no lugar dado pelo surrealismo à poesia e à pintura: ele fez com que a obra passasse antes do ser. É verdade que expressamente devíamos cessar de distinguir uma coisa da outra: a obra valia tanto quanto o ser. Um poema admirável de um homem vil parecia uma contradição. É possível, e isso não significa que, de um homem puro, o melhor que se deva esperar seja uma poesia.

A ação do ponto de vista que defini quase não é acessível (a experiência o indica: à exceção de René Char, praticamente não há ação consequente, empreendida por homens saídos do surrealismo, que não tenha primeiro implicado que abandonassem seus próprios princípios). E não é de ação que se trata.[2] Não percebo razão (além da preocupação de atrair, de fazer número, pelo fato de que vários jovens escrevem poemas ou pintam, pelo fato de que existe um caminho pré-traçado) para ligar decididamente a sorte de uma *extrema* contestação ao exercício da pintura ou da poesia. Vejo, antes, que esses exercícios em nome de uma contestação violenta vieram finalmente dar sequência aos precedentes. Eu seria indiferente a isso se a extrema confusão não tivesse, nessas condições, tomado o lugar da extrema contestação: esta demanda um outro rigor. Como estar certo de que um poema, de que um quadro efetua a "operação soberana" sem a qual cada um de nós serve a ordem estabelecida? Quanto a esse ponto, só vejo responder ao desafio uma contestação ilimitada, uma severidade de método exercida sem trégua. A menor fraqueza: longe de escapar às leis do mundo

[2] Não que eu me oponha de alguma maneira ao princípio da literatura engajada. Como não se regozijar hoje (até mesmo insidiosamente) ao vê-la retomada por Jean-Paul Sartre? Parece-me, contudo, necessário aqui lembrar que há vinte anos Breton apostou nesse princípio toda a atividade do surrealismo. Devo ao mesmo tempo lembrar que a segunda afirmação da escola existencialista – que diz que a existência precede a essência – foi familiar ao surrealismo (na medida em que ele reivindicava, mais ainda do que Marx, Hegel). É lamentável, se quisermos, que a aptidão intelectual dos surrealistas não tenha estado à altura de uma força de abalo que não pode ser negada. Hoje o valor intelectual dos existencialistas é certo, mas vemos mal uma força que ele sustentaria. O que é reconhecer a evidência: embora o surrealismo pareça morto, e a despeito da pieguice e da miséria das obras que dele resultam (se reservamos a questão do comunismo), *em matéria de arrancamento do homem de si mesmo*, há o surrealismo e mais nada. (GB.)

servil, nossas obras o servem. Não há sequer seriedade ou preocupação ansiosa que não corram o risco de, a cada momento, nos levar nossas chances. Na verdade, a "operação soberana", desde o início, aparece mais como um sonho.

O que, até aqui, parece mais ter faltado aos surrealistas é a aptidão intelectual. Os surrealistas chegaram até a ostentar desprezo pelas experiências da inteligência. No entanto, o domínio desses exercícios talvez seja a chave de uma emancipação rigorosa. Se a excelência individual é com frequência sinal de servilismo, daí não decorre que possamos resolver o servilismo de espírito se só dispusermos de combalidos meios intelectuais. Aliás, se quisermos ver bem as coisas, o surrealismo não está mais ligado à *escrita automática* do que à afirmação de seu valor, na medida em que ela revela o pensamento. Breton ensina mais a tomar consciência do valor do automatismo do que a escrever sob o ditado do inconsciente. Mas esse ensino abria dois caminhos: um ia do lado das obras, a ponto de sacrificar rapidamente qualquer princípio às necessidades das obras, acentuando o valor de encantamento dos quadros e dos livros. Foi nesse que o surrealismo se engajou. O outro caminho ia arduamente do lado do ser: desse lado, só era possível dar pequena atenção ao encanto das obras, não que ele fosse insignificante, mas o que era então desnudado, e cuja beleza ou feiura não importava mais, era o fundo das coisas, e a partir daí começava o debate do ser na noite. Tudo ficava suspenso numa solidão rigorosa. As facilidades que ligam as obras ao "possível", ao prazer estético, tinham desaparecido. (O que tinha, assim, continuidade era o debate de Rimbaud).

Mas quando o grupo surrealista deixou de existir, creio que o fracasso passava a tocar mais o surrealismo das obras. Não que as obras tivessem deixado de existir com o grupo: a abundância de obras surrealistas é agora maior do que nunca. Mas elas deixaram de estar ligadas à afirmação de uma esperança de quebrar a solidão. Os livros hoje estão em ordem nas prateleiras e os quadros enfeitam as paredes. É por isso que posso dizer que o *grande surrealismo* está começando.

Pegar ou largar[1]

Para René Char

Tenho a inabalável convicção de que, aconteça o que acontecer, *aquilo que priva o homem de valor, sua desonra e sua indignidade*, triunfa, deve triunfar sobre todo o resto, merece que todo o resto lhe seja subordinado e, se necessário, sacrificado.

De toda maneira, o que é *soberano* é indefensável: nós o traímos quando queremos defendê-lo. É, então, a comida para os cães: *aquilo que constitui o valor do homem, sua honra e sua dignidade*, diz André Gide.

Só há em mim de *soberano* a ruína. E minha visível ausência de superioridade – meu estado de ruína – é a marca de uma insubordinação igual à do céu estrelado.

Quem não sabe que a soberania de um de nós, nisso também análoga ao céu estrelado, só tem por expressão um silêncio impotente (um silêncio voluntário, inviolado, põe-se a serviço da tagarelice).

A mais tola vaidade: aquele silêncio que esconde algo mais do que o inconfessável.

Um silêncio soberano: "*Vamos dançar a capuchinha...*".[2] Uma criança *culpada*: não há mais obstáculo entre o meu espelho – a imensidão da noite profunda – e eu (que...).

Os amigos: o riso pérfido, o buraco do traseiro, o êxtase, a noite absolutamente escura.

---

[1] Texto publicado em 1946 na revista *Troisième convoi* (n. 3, novembro de 1946).

[2] No original, "Dansons la capucine", cantiga infantil francesa. (N.T.)

O perfeito *desregramento* (o abandono à ausência de limites) é a regra de uma *ausência* de comunidade.

A poesia, escrita ou figurada é o único grito soberano: é por isso que leva àqueles servilismos de hilotas ébrios de poesia.

Não é permitido a ninguém não pertencer à minha *ausência de comunidade*. Do mesmo modo a *ausência de mito* é o único mito inevitável: que preenche a profundeza como um vento que a esvazia.

A amizade entre o homem e o animal[1]

A bestialidade de um dormitório, o tédio dos escritórios, carregado de pobre estupidez, a suficiência habilmente velada dos seres humanos, o que "um cachorrinho de colo" enuncia de alquebrado e inconfessável, numa palavra, a *fuga*, dispersa mas geral, rumo à mínima aparência de saída.... será o resultado de um esforço imenso?... Conseguimos dobrar as forças mais rebeldes, os animais e as águas, as plantas e as pedras responderam aos nossos desejos. Mas no cúmulo da potência sucumbimos a um mal-estar indefinido, fugimos: todo o trabalho da natureza de que podemos dispor se perde na grosseria afetada de uns, no tédio e na comédia de outros. O que significam tais recursos acumulados, tais lojas, tais prédios, tais serviços? Queremos permanecer ao abrigo não apenas da necessidade, mas de tudo o que incomoda, desperta ou agita; queremos evitar choques que, ao nos revelar subitamente a nós mesmos, nos igualaria à imensidão do universo. Reduzimos a natureza ao nosso

---

[1] Texto publicado em 1947 na revista *Formes et couleurs* (Lausanne, ano 9, n. 1, 1947). O artigo é precedido da seguinte apresentação, assinada pela revista: "O cavalo, de onde virá? Da China, provavelmente, pois tudo acaba vindo da China. Decorativo e, no conjunto, muito elegante, selvagem. Alfred Jarry não gostava dele. Não gostava nem de seu ricto nem de seu galope, ainda menos de sua forma. Via nele apenas um gafanhoto desmedido, uma monstruosidade apocalíptica a mais. Mas Jarry era um ciclista nato, daí seu ódio.
Nobre conquista, na verdade, a desse impetuoso animal, estranhamente elástico e cheio de eletricidade; dessa altivez galopante, dessa potência de narinas espumantes, com cascos soltando faíscas, e que nossos ancestrais já apreciavam em fatias sangrentas antes de ter-lhe posto em volta do pescoço esse cabresto idôneo, de ter calculado matematicamente sua energia".

poder, mas nós mesmos caminhamos no passo das coisas reduzidas, assemelhamo-nos aos perus assados, às guloseimas açucaradas, aos registros. Podemos escarnecer, nos colocar à distância do vulgar e nos empertigar, o que recebeu o nome de nobre não deixa de ser tão oblíquo quanto o resto: se a vulgaridade se desvia de um possível assumido pela nobreza, a nobreza fugiu do trabalho assumido pelos humildes e confunde com a soberba o medo de ficar com as mãos sujas. Isso se assemelha a um balé de mau sonho: uma maldição une o vigarista e a velha senhora, na inquietação comum daquilo *que é*.

Esse "ser", ou melhor, esse desconhecido em nós que preferimos ver de viés, de maneira fugidia (assim como os olhos em relação ao fogo do sol), seria ele em si mesmo horrível ou incômodo? É possível. O "eu sou", o "ser" dos filósofos é a coisa mais neutra, mais pobre de sentido, já que tem a brancura inocente do papel. Um ligeiro choque, contudo, a converte em frenesi: tal "ser" que vê vermelho, insensível à calma clara e distinta de objetos que sabia nomear, e para o qual uma súbita indiferença libera uma possibilidade de torrente, de explosão e de grito, *que ele é*, é ao mesmo tempo aquela energia que pode se descarregar como o raio e a consciência de perigos mortais que resulta das descargas de energia. Ser, no sentido forte, não é, com efeito, contemplar (passivamente), não é tampouco agir (se pelo fato de agir renunciamos ao comportamento livre, com vistas a resultados ulteriores), mas é precisamente *arrebatar-se*.[2] Assim, preferimos, na maior parte do tempo, nada saber e nos afastar timidamente de nós mesmos, como se faz em relação às minas detonadas. Somos, porém, pela mesma razão tocados pelo arrebatamento que vemos, que não é o nosso, mas nos faz saber que poderia sê-lo.

★

A criança estupefata que sobre pavimentos incrustados de trilhos vê passar numa manada tempestuosa um cavalo embalado, cuja boca

[2] No original, "*se déchaîner*", termo caro a Bataille, assim como o substantivo derivado "*déchaînement*", que ele também usará ao longo do artigo. Optamos aqui por "arrebatar", no sentido que remete à desmedida, à perda de controle, no limite da fúria. (N.T.)

solta uma baba esbranquiçada e que os gritos das mães acompanham com derrisão, recebeu do arrebatamento possível dos seres uma imagem inapagável. Essa imagem não tem muito sentido, evidentemente. A criança não pode inseri-la no mundo de eficácia e de ação ordenada que lhe será imposto. Na surdina, porém, um estrépito de cascos nunca mais cessará de anunciar a seus tremores as negras possibilidades de não-senso. Essas possibilidades animais não serão objeto de qualquer comentário favorável, tampouco serão denunciadas como um perigo: pois o aspecto fulgurante do animal arrebatado se situa para além dos limites humanos. Essa descarga ilimitada pertence, antes, ao domínio do sonho: ela define uma possibilidade *divina*. O deus não opôs, nos tempos mais antigos, o mistério animal às medidas humanas? Sua essência é ser *sagrado*, terrível e inapreensível: uma generosidade trágica a funda, que provoca e leva à morte, mas também a ultrapassa. Apenas a magnificência da tempestade e o absoluto frenesi do cavalo têm este poder de ir até a extremidade da luz, da explosão e do brilho, da perda desmedida.

Os cavalos embalados geralmente não têm na vida humana essa eminente dignidade. O cavalo se encontra habitualmente reduzido à condição de doméstico atrelado à carroça... Qualquer que seja o estado de degradação a que tenha descido, uma reserva, contudo, permanece na atitude do homem, de quem ele é *a mais nobre* conquista. É o menos humilhado e o mais susceptível dos animais que o homem subjugou; seu senhor chega a associá-lo frequentemente à própria glória. A Bíblia faz Deus dizer, ao querer mostrar ao homem, a Jó, a extensão de sua potência: "Deste ao cavalo sua força e sua coragem? Ornaste seu pescoço com uma crina flutuante? Ele salta tão levemente quanto um gafanhoto, e seu relinchar é a voz do terror...". O que assegura ao cavalo uma nobreza que não pode ser reduzida pela opressão da servidão é essa sensibilidade vibrante e quase insensata que, diante de uma sombra, se transforma em frenesi. Tanto que ele tem lugar privilegiado no mundo humano. A domesticidade do animal em geral culmina no alquebramento. E a selvageria o desvia do conhecimento. O cavalo tem o privilégio de conservar no meio dos homens uma essência da animalidade, ou melhor, do ser vivo, que reside em não ser redutível. O animal realmente doméstico tornou-se, na própria medida em que foi subjugado, uma coisa, por assim dizer, e o animal selvagem é inumano. O próprio cavalo foi envilecido, ele não retira sua dignidade de um poder, menos ainda de um valor moral: ele está na parte baixa da escala. Mas assim que é atrelado, semelhantemente aos homens atados a uma tarefa, ele pode, por estupidez e num tremor, romper a contenção[3] estabelecida. Sua recusa é, então, irredutível: ela não vem de um cálculo entre a corveia e o salário (um erro pode ser retificado), mas de uma diferença de natureza entre uma engrenagem e a maquinaria que a emprega. Ainda que essa verdade tenha apenas um sentido mítico (semelhante à de uma obra de arte), de uma maneira fundamental um cavalo é uma porção de energia perigosa de manejar, caprichosa, a qualquer momento prestes à explosão fulgurante. É um animal de carga apenas num sentido. Se o homem é um "deus caído que se lembra [dos céus]...",[4] até mesmo o cavalo mais pesado participa em certo ponto do arrebatamento: pode-se calcular sua força de trabalho, empregá-la; a impetuosidade guerreira, a carga, o súbito e total dispêndio de energia que nada detém não deixam, contudo, de estar ligados, se não propriamente a tal indivíduo, ao menos ao gênero que ele encarna. O cavalo certamente sucumbe sob o peso das necessidades humanas, mas mantém no mundo do cálculo e do alquebramento o princípio do ser, que não é nada se não se arrebatar.

Essa imagem do ser considerado como um movimento fulgurante de força – e não como uma tela estática – é, talvez, paradoxal. Também é paradoxal enunciar que, se não a consciência clara e distinta dos objetos, ao menos a consciência aguda do que é, do jogo que o ser joga com o mundo, está ligada a possibilidades de arrebatamentos. Essas verdades chocantes não deixam de fundar o sentido profundo da amizade entre o homem e o animal. A reserva, os freios e a fuga, ao fim, rumo a alguma inanidade fechada são obstáculos que dão a seres humanos aquele olhar que se esquiva, aquela pobreza das mãos e dos dentes, que anunciam a abdicação comum. Os pactos selados entre o cavalo e o homem mantinham ao menos a vida sob o primado de

---

[3] Aqui Bataille usa o termo "*enchaînement*", por oposição a "*déchaînement*", termo que vimos traduzindo por "arrebatamento" – e que reaparece nas linhas que se seguem. (N.T.)

[4] Verso do poema "*L'homme*", de Alphonse de Lamartine: "*L'homme est un dieu tombé qui se souvient des cieux...*". Bataille omite em seu artigo o complemento do verbo ("*des cieux*"). (N.T.)

uma tensão das forças explosivas. A equitação não assegura uma virtude sem ela inacessível. Mas é verdade que ao fazer corpo com um animal com tal poder de fogo, o cavaleiro, se não deflagrar ele próprio uma descarga súbita, do que no fundo talvez tivesse medo, permanece aberto, e sem cessar, a essa possibilidade. Seu horizonte é inclusive essa abertura, e talvez esteja aí o que dá aos cowboys ou aos *gauchos*, assim como aos cossacos ou aos *guardians*, sua eminência acima dos pastores pedestres: mas a eminência, aqui, não estaria mais por conta do cavalo do que do homem?

A atitude humana é, na melhor das hipóteses, bastante equívoca: ela é sempre dominada por uma preocupação de controle. A consciência calma, em que os objetos como sobre uma tela se destacam, ficando inapreensíveis, exige de nós que não cedamos ao frenesi. Se cedemos, perdemos a possibilidade de agir sobre as coisas. E então não somos mais do que animais. Mas se agimos, se refletimos, na consciência que ficou clara, essas sequências de objetos cujas relações ordenam o mundo inteligível, deixamos em nós a vida suspensa. Então acumulamos, sem realmente viver, ou ao menos vivendo apenas pela metade, as reservas úteis à vida, que não é senão o dispêndio dessas reservas. Assim, a clorose, o tédio, a futilidade, a mentira e até mesmo uma bestialidade afetada são dados na atitude humana essencial, aquela que esquiva o ser, tanto quanto possível, do possível aberto diante dele. É por isso que o valor, humanamente, sempre participa do delito. É por isso que o remorso, e nos *dois sentidos*, está para o homem como o ar está para o pássaro. Nessas condições, a moral jamais é uma regra, e só pode ser na verdade uma arte: assim como a arte só pode ser uma moral, e a mais exigente, se seu fim for abrir alguma possibilidade de arrebatamento. Mas se a arte é, assim, a mais pura exigência moral, ela é também a mais enganosa: a possibilidade que ela abre, ela só abre, de fato, como "imagem", para a "reflexão" dos espectadores. E é vão protestar contra esse engodo: tais homens de terno e tais mulheres afetadas, brilhantes de diamantes, cúmplices confessos das leis que se opõem aos nossos arrebatamentos, se assistem impassíveis à "representação" de uma tragédia, não são tanto o obstáculo à arte mas sua condição: a assistência calma não é nada menos do que a *consciência clara* ao fim *refletindo o próprio ser* que, para ser clara, ela tinha excluído. É esse o reino da mentira, a que se opõe um desejo de simplicidade:

mas o homem é exatamente esse reino e fugir dele continua a ser uma maneira de esquivar-se: o ódio à arte é na maioria das vezes o fato de um cansaço, e a arte não tem piores inimigos do que a grosseria e a pieguice. É verdade que, querendo responder à exigência que recebeu, o poeta ao menos abriu-se para o frenesi, mas seu frenesi, por não ser fingido, dirige-se, contudo, desde o início, à consciência do que não é frenético, ele chama desde o início aquela consciência calma, seu contrário, que não existiria se não tivesse fugido. Daí os remorsos e o caráter cômico, a despeito de tudo, de "Pégaso", que não é o *verdadeiro* cavalo, cujos arrebatamentos absolutos nada visam. *Dada* evidentemente encenava o acordo desse remorso consigo mesmo, mas *Dada* terá sido Dada? ou não teria passado de uma comédia de Dada? Seu extremo oposto não é mais acessível ao homem do que a nudez do animal.

O mal no platonismo e no sadismo[1]

(Segunda-feira, 12 de maio de 1947)

Entende-se que vivemos atualmente numa profunda desordem moral. Isso pode revestir vários sentidos. Em particular, esquecemo-nos de que a moral atual, que funda as condutas e os juízos, tira sua força do velho dualismo dos princípios.

Entendia-se, outrora, e talvez ainda se entenda, que o mundo opõe dois princípios, o princípio da matéria e o princípio do espírito. Não se admite, de maneira geral, que a matéria é o mal e o espírito é o bem. Creio, no entanto, que a tendência geral de todas as religiões – ao menos de todas as grandes religiões – é dar finalmente à matéria o sentido do mal e ao espírito, o sentido do bem.

Eu não gostaria, contudo, de partir de uma noção tão grosseira.

Sem que se possa atribuir com muita exatidão a Platão essa fórmula mais precisa, pois talvez ela só tenha adquirido sentido posteriormente, pode-se dar a esse enunciado um valor bastante sólido: o bem não seria o espírito, não seria a ideia, não seria a razão, mas seria o governo da razão; e o mal seria o fato de que a razão é governada pela matéria, ou se quisermos, no que diz respeito às condutas, pelas paixões. Quando as paixões dominam a razão, de acordo com essa concepção platônica, o mal começa.

A isso, creio que se pode opor da maneira mais diametral, e de certa forma mais necessária, este princípio que Sade talvez não tenha

[1] O texto revisto desta conferência proferida no "Collège Philosophique" foi publicado com o título *Sade et la morale* em *La profondeur et le rythme*, terceiro volume dos "Cahiers du Collège Philosophique" (Grenoble: Arthaud, 1948).

enunciado, mas a que deu uma forma surpreendente, quando, em *A filosofia na alcova*, mostrou que a pena de morte era a coisa mais insustentável, enquanto ele próprio, em todas as suas obras, só fazia representar o assassinato de outrem como, poderíamos quase dizer, o bem.

Ele justificava, entretanto, essa condenação da pena de morte por um princípio. Para Sade, não se pode em medida alguma exercer friamente uma sanção que implica a deflagração[2] das paixões. Não é aceitável, não é admissível para ele que se possa, porque um juiz disse e porque a razão indicou, deflagrar a paixão sobre um homem a ponto de matá-lo.

Creio que é difícil opor melhor dois princípios, aquele que acabei de atribuir parcialmente ao platonismo e este que se encontra implícito nos juízos formulados por Sade em *A filosofia na alcova*.

Atualmente, não nos encontramos em grandes embaraços em termos de moral. Em geral, limitamo-nos a juízos bastante grosseiros, bastante vulgares, e talvez tenhamos razão. O que é moral, o que é bom, está mais para ser gentil, enfim, conduzir-se bem, estar em consonância com as leis, não prejudicar outrem, ser um bom pai de família, fazer o que deve em toda espécie de circunstância e merecer a estima de seus concidadãos.

Tudo isso é evidentemente bastante admissível, e é difícil erguer-se severamente contra tais juízos; mas, enfim, será que a questão do bem pode ser levantada quando se trata de agir como bom pai de família etc.? Isso me parece extremamente difícil, e por uma razão extremamente simples: é que, se fazemos o bem, na acepção corrente, em torno de nós, é por uma razão qualquer, é porque há um bem que está em jogo na ação que temos que fazer ou não fazer, e esse bem não pode ser a própria ação, mas apenas aquilo em razão do quê a ação é feita.

E parece-me, a esse respeito, que as concepções religiosas apresentam, em relação à concepção de muitos daqueles que vivem atualmente e que são morais, um cheio comparado a um vazio. Na concepção

---

[2] Ao longo deste artigo Bataille também explorará o substantivo "*déchaînement*" e o verbo "*déchaîner*" (cf. "A amizade entre o homem e o animal", nota 2). A opção aqui foi, por nuanças semânticas ligeiramente distintas do artigo anterior, traduzir por "deflagração" e "deflagrar". (N.T.)

religiosa, as coisas estão resolvidas: o bem é Deus. A partir desse momento, não se pode mais dizer que é vazio agir desta ou daquela maneira, que isso não tem sentido em si, mas em relação a outra coisa. Não se poderia mais dizer que nesse momento outra coisa não seria nada: "nada" não há, há Deus.

Mas concedam-me a facilidade de admitir que Deus está morto, e que o está como é difícil estar mais morto.

A partir daí, o que significa a moral que seguimos? Trata-se indefinidamente de nos conduzirmos bem visando a um estado de coisas agradável. É mais do que aceitável que todos concordem com o fato de que um estado de coisas agradável deve ser buscado, mas será possível ainda nesse momento condenar o próximo quando ele nos diz que não está nem aí para isso e que ignora tal horizonte? Será possível nesse momento destiná-lo àquela espécie de abjeção que a sanção moral faz pesar sobre quem quer que cesse de se conduzir em conformidade com as leis, e até com o bom senso? Será que aquela espécie de raiva que não quer ouvir a razão se justifica simplesmente quando se tem que censurar um homem por não ter agido em conformidade com a razão?

Isso me parece tanto mais discutível na medida em que é difícil imaginar que a razão comanda de modo geral todos os atos dos homens. O homem não é evidentemente redutível à razão, e isso equivale, talvez, a levantar a dificuldade que eu mostrava há pouco ao dizer que era necessário propor a atos dados como morais um fim que os ultrapassasse, no sentido de que se fôssemos inteiramente redutíveis à razão, seria possível não haver em nós fim que ultrapassasse a razão, a qual é sempre um princípio de conduta, um argumento de monta subordinado a um fim que lhe é ulterior mas que jamais lhe é dado, exceto a partir do momento em que ela é divinizada. Mas será a razão divinizada exatamente a razão? É o que vou tentar examinar agora.

Em princípio, quando se diz que a razão é divinizada, enuncia-se quase toda a teologia, pois a noção de Deus encontra-se exatamente fundada no princípio de que a razão é divina, e no princípio de que o Ser divino, a essência divina, é razoável.

Não creio que seja muito oportuno continuar a falar de Deus se cessarmos de considerá-lo como razoável. Há aí, evidentemente, matéria para discussões que muitos estão prontos para sustentar; não sei se vale a pena ser comedido, porque, afinal de contas, quando abandonamos a noção do Deus razoável, ficamos obrigados a fazer de Deus não sei se posso dizer outra coisa que não uma espécie de salto mortal sobre si mesmo, salto a que, aliás, é provável que sua noção esteja condenada a aderir, a se ligar, em particular na experiência dos místicos.

Todos sabem, porém, o que é um místico: é de todo modo alguém que não quer se reduzir a um argumento qualquer e que o supera por antecipação. Consequentemente, talvez não seja necessário demorar-se por muito tempo em seu juízo.

Entretanto, se conseguimos agora dissociar a moral e o divino, se conseguimos, mais exatamente, dissociar a razão e o divino, o acordo profundo em que estava fundada a raiva moral é decididamente rompido. Encontramo-nos diante de uma situação inteiramente aberta, inteiramente nova. De um lado, entregamo-nos a juízos inconsiderados e, de outro, não temos mais nada no espírito: perdemos o senso, a própria razão pela qual agimos; não sabemos mais do que se trata quando dizemos que uma coisa é boa, uma vez que não sabemos mais o bem para o qual ela é boa.

Como nos encontramos num dédalo desse gênero, é infelizmente necessário retomar as coisas a partir de uma perspectiva histórica. O que se trata de pôr em causa é forçosamente a divisão fundamental e originária destes dois princípios, espírito e matéria. Enquanto essa divisão estiver estabelecida, há, independentemente do que se diga, uma superioridade do espírito sobre a matéria, e o espírito recolhe toda a superioridade concebível, a saber, de um lado, o divino e, de outro, a razão.

Mas essa divisão dualista talvez seja infinitamente frágil. Pode-se perceber que, em seu princípio, o divino deve ser considerado redutível à noção de sagrado. Ora, é inteiramente evidente que a noção de sagrado em sua origem não pode de modo algum ser considerada como redutível à razão: o que talvez permita um deslizamento de uma noção a uma outra, e o fato de que fica por assim dizer entendido que o sagrado é transcendente, isto é, que o sagrado está fora deste mundo, ultrapassa-o de todas as maneiras, que ele é inteiramente outro, como se disse, e que, em consequência, ele tem alguma relação em seu princípio com o mundo da transcendência considerado como o mundo da razão.

Essa talvez seja a parte mais frágil do edifício sobre o qual repousa o conjunto das considerações humanas, no sentido de que da maneira mais simples e mais clara é possível dizer que o sagrado é exatamente o contrário de uma transcendência, que o sagrado, de uma maneira bastante precisa, é imanência.

Sempre se encontra algo do sagrado, nas formas mais simples e nas formas mais evoluídas, o sagrado é essencialmente comunicação: ele é contágio. Há sagrado quando, num dado momento, alguma coisa se deflagra que não poderá ser detida, que deveria absolutamente sê-lo, e que provocará destruição, que corre o risco de perturbar a ordem estabelecida.

O sagrado, se quisermos observá-lo com bastante atenção, poderia simplesmente ser reduzido à deflagração da paixão. É evidente que a deflagração da paixão é a coisa mais contrária à razão. É precisamente aquela coisa que Platão dizia que devia ser posta sob o governo da razão, de tal modo que se, num momento qualquer, o governo da razão fosse ultrapassado por essa deflagração, o mal começava.

Essa imanência do sagrado encontrou-se completamente invertida na evolução das religiões, por uma razão que é fácil perceber bastante rapidamente: o sagrado se opõe ao profano, e a oposição do sagrado ao profano é evidentemente uma oposição que introduz uma transcendência. Se passarmos do mundo profano ao mundo sagrado, passamos por um salto: não há qualquer possibilidade de ordenar uma imanência. Nesse momento, porém, é necessário perguntar o que significa exatamente o mundo profano em relação a esses poucos princípios que acabei de representar.

Parece-me que o mundo profano é exatamente a razão. A razão, que o digamos ou não, que a chamemos de divina ou que nos abstenhamos de comentários, é por essência a coisa profana, a razão é por essência a conta que introduz igualdades; e na medida em que é a conta, na medida em que introduz a igualdade, ela é a coisa que nos é inteiramente exterior, que é inteiramente exterior ao que somos quando vivemos, quando mergulhamos no fundo de nós mesmos.

Ou então, se quisermos representar as coisas de uma outra maneira, há uma transcendência do profano que pertence exatamente aos objetos, aos objetos usuais. Um objeto usual é completamente separado de nós. Esta mesa sobre a qual repousa minha mão está tão perfeitamente separada de mim quanto eu puder desejar; não há qualquer contágio possível entre esta mesa e eu a menos que se faça com que intervenha alguma concepção irracional, que faria intervir a mesa que talvez esteja aí: não sei.

Entretanto, pode-se convir que é fácil para mim, tendo esta mesa sob as mãos, representar que todos os princípios que decorrem da estabilidade, da igualdade desta mesa com ela mesma, transcendem-me ao mesmo tempo que a mesa me transcende. Isto é, que ela é totalmente exterior a mim, isto é, que este fluxo de vida que sou não pode entrar nela e que ela lhe opõe a resistência que pertence a ela pelo fato de ela não ser eu, pelo fato de ela estar diante de mim como uma igualdade consigo própria.

Se tiverem me acompanhado nessa constituição do mundo da razão, que é a constituição do mundo da transcendência, perceberão que, num dado momento, pelo fato de que o sagrado parecia transcendente em relação ao profano, tornou-se possível, dado que ele tinha um grande valor e que, ao mesmo tempo, dava-se à razão um grande valor, associá-los, tornou-se possível confundi-los, por um abuso de linguagem – que pode, talvez, por sua vez, transformar a realidade, mas que pode também, talvez, deixá-la intacta. E nesse momento, teve-se Deus, teve-se a divindade da razão.

E tornou-se evidente que a deflagração das paixões que pudera encontrar-se no sagrado encontrou-se nesse momento travada.[3] Talvez continue a haver a paixão em Deus, mas é a paixão como o cão é o cão quando o cão está na coleira. Não há qualquer possibilidade de que a paixão de Deus se deflagre, uma vez que Deus é a razão. Talvez a experiência dos místicos, nesse sentido, esteja de acordo com minha perspectiva, na medida em que mostra que, a partir do que é sagrado, é preciso deixar lugar para uma deflagração que não receberia limites; na medida em que, a partir do que é sagrado, é necessário romper toda espécie de demarcação, não mais considerar os limites nem da razão, nem da moral, como possíveis. Mais uma vez, porém, nesse momento, não é evidente que Deus morre? Não é evidente que, ao se separar daquela espécie de tronco no qual sua

---

[3] Aqui Bataille usa o termo "*enchaîné*", por oposição a "*déchaînement*", termo que vimos traduzindo neste artigo por "deflagração". (N.T.)

identidade consigo próprio se fundava, sua natureza se dissipa, que ele cessa de ser aquele aval da vida que temos o hábito de considerar, uma vez que nos apegamos à sua tradição, para poder cobrir um abismo em que soçobramos à vontade, no qual precisamente o místico precisa soçobrar porque lhe é necessário separar-se inteiramente desse mundo da razão que para ele não é exatamente senão aquilo que ele pode odiar?

O místico, nesse sentido, me parece abrir a via de Sade, e não é um acaso se, numa experiência que se renovou sob numerosas formas, a paixão até mesmo sensual, a paixão mais brutal, a paixão mais grosseira, sempre se viu mesclada, sem que se pudesse nem por um instante esperar voltar a partir daí a um mundo que seria este mundo, que seria este mundo em que as mesas ficam de pé e em que somos obrigados a obedecer às mesas porque queremos todos que as mesas fiquem de pé. E para que elas fiquem de pé, é preciso que haja não apenas ladrões, mas policiais!

Uma vez reconhecida essa espécie de desvanecimento de Deus, podemos ir além, uma vez que Deus saiu do eixo em que a teologia o tinha fixado, ao menos a teologia positiva, não temos mais diante de nós senão aquilo que eu há pouco chamava de sagrado, com um nome que talvez seja puramente pedante, e que não passa no fundo da deflagração das paixões, que não passa no fundo do mundo que Sade representou e de que ninguém quer ouvir falar porque ele dá medo.

É claro que algumas representações que trago aqui não são de natureza a facilitar a vida. Uma vez perdido o controle exercido sobre a razão pelo sagrado,[4] a possibilidade humana de certo modo desaparece, de certo modo se esfuma. O homem que tivesse perfeitamente perdido o controle da razão cessaria de ser um homem: seria louco. E é natural que um protesto se eleve, como é natural até mesmo que, indefinidamente, o homem continue, como um cão que corresse atrás do próprio rabo, a se conduzir bem, simplesmente porque outros homens continuam a se conduzir bem; e que exista um mundo de boa conduta que correria indefinidamente atrás de alguma coisa que fosse outra coisa que não a boa conduta.

---

[4] Cf. *Sade et la morale*, p. 450: "Se se perde o controle da razão sobre a violência, a possibilidade humana se esfuma".

Não sei, contudo, se o medo pode ser considerado pelo homem como um obstáculo último, e quaisquer que sejam as resistências que possamos esperar a partir do momento em que a palavra "medo" é pronunciada, podemos saber também que está no fundo do homem, senão não ter medo, ao menos superar seu medo. Está no fundo do homem um chamado que quer que ele jamais ceda ao medo. Essa resposta é continuamente dada, em todas as espécies de atos que ele comete ao acaso, e por razões frequentemente discutíveis.

Mas, de todo modo, o homem precisa provar a si mesmo que não está submetido ao medo de uma maneira última, que, ao fim e ao cabo, para além do medo, ele está ali, e até mesmo que ele só existe para além do medo, porque enquanto o medo o governa ele ainda não é um homem.

Se é verdade, porém, que, no todo, o homem não pode ceder ao medo, no mínimo ele recua e difere indefinidamente o momento em que será preciso defrontar-se com o que é o objeto de seu medo, no mínimo ele recua e difere indefinidamente o momento em que se encontrará nu diante de si mesmo, em que não terá mais o socorro da razão tal como Deus garante, em que que não terá mais o socorro de Deus tal como a razão garante.

É necessário recuar, diferir, mas é necessário saltar, e talvez só se tenha recuado para melhor saltar.

Parece-me, quanto a isso, que o exemplo de Sade é um dos mais susceptíveis de nos atingir, pois no que diz respeito ao salto, não se pode dizer que Sade não o tenha dado! E creio até que se quisermos encarar com cuidado uma realidade como a obra de Sade, é preciso reconhecer que ela nos ultrapassa de todas as maneiras: aquele que consegue ler *Os 120 dias de Sodoma e Gomorra* reconhecendo seu próprio mundo ainda não apareceu.

Há nessa brutalidade que não pode conhecer limites para si mesma um modo de fazer recuar, em todo caso, antes de saltar. Talvez, aliás, as representações cruéis de Sade possam ser consideradas exatamente como a definição do salto que é necessário realizar, no sentido de que não estamos necessariamente limitados ao salto que Sade representa quando pinta personagens entregando-se às suas mais assustadoras fantasias; mas, se não é necessário seguir exatamente esses personagens em sua conduta, o ultrapassamento que tais condutas designam está suficientemente indicado ao menos quanto à sua altura.

Se não é necessário começar a tratar o próximo como faziam os personagens de *Os 120 dias de Sodoma e Gomorra*, ao menos, a partir de certo ponto, não será preciso dar a essa liberdade moral que acabei de evocar a distância que é marcada pelos cadáveres de Sade? Não é possível brincar a partir de um certo ponto. Não é possível brincar precisamente porque a deflagração das paixões está em jogo, e porque a deflagração das paixões é o bem que sempre soube animar os homens da maneira que vimos, que lhes permitiu conduzir-se com uma brutalidade sem exemplo, até mesmo quando reduzem o bem às pobres coisas que sabemos!

A deflagração das paixões é o único bem – é isso o que eu tinha a dizer, nesta noite, de essencial – a partir do momento em que a razão não é mais divina, a partir do momento em que não há mais Deus. Não há mais nada em nós que mereça ser chamado de sagrado, que mereça ser chamado de bem, a não ser a deflagração das paixões.

O que significam estas atividades que temos? O que significam estas reflexões que perseguimos? O que significa este trabalho que nos dá de comer? Significam sempre alguma coisa que se situa além de nós, como a cenoura se situa além do burro quando se quer fazer com que ele avance com uma corda. Não há nenhuma possibilidade de nos determos em outra coisa a não ser no momento em que nada mais conta para nós senão o que está livre, no momento em que nada mais conta para nós senão o que existe no próprio instante.

É possível, aliás, perceber a fraqueza desse argumento, pois no próprio instante estou falando dele; e a partir do momento em que falei dele, subordinei minha vida a algo que não era o instante presente. Não posso ter a pretensão, nem mesmo no momento em que elevo um pouco a voz, de deflagrar aqui minha paixão. Não estou aqui diante de vocês sequer minimamente destravado.[5] Estou mesmo muito exatamente travado. E quando elevo a voz, talvez se trate apenas de um gemido, pois não consigo de modo algum encontrar a menor frase que responda à minha vontade. Estou no meio de vocês, procurando, mas sabendo que enquanto estiver procurando com vocês estarei limitado pela procura que podemos fazer juntos; e esse limite permanecerá tal que a procura não poderá passar de uma procura e que em nenhuma medida seu objeto aparecerá diante de nós.

---

5 No original, "*déchaîné*". (N.T.)

Para que esse objeto aparecesse diante de nós, seria preciso ao menos fazer o que não é admissível fazer quando se discursa, pois é precisamente de discurso que se trata neste momento: eu precisaria falar como falam os poetas. Eu precisaria esquecer que tenho algo a dizer-lhes. Eu precisaria diante de vocês absorver-me em mim mesmo, esquecê-los e não viver mais nada senão minha loucura.

Ainda que o fizesse, eu não poderia ter certeza de que teria êxito, pois a própria poesia está sujeita a toda espécie de peso, e creio que as exigências que lhe foram dadas são de natureza a mostrar a carga de que falo.

Todo o trabalho que foi feito para dar à poesia uma liberdade que, a cada instante, ela perde marca a distância que eu disse que é preciso transpassar por meio de um salto. Esse salto pode ser a poesia, mas a poesia que pretende dá-lo, a partir do momento em que ela se julga, a partir do momento em que ela percebe o salto que deve ser dado, e em que ela ainda não destruiu tudo, a poesia é também a impotência da poesia.

Não falarei mais por muito tempo. Responderei ao que se queira perguntar.

Aplausos.

JEAN WAHL: Perguntarei quem quer tomar a palavra, embora seja evidentemente difícil tomar a palavra depois dessa exposição.
Vou dizer algumas palavras, mas é muito difícil, pois a mais formidável objeção que eu poderia fazer a Bataille seria se eu lhe dissesse: evidentemente, você tem razão! Então, o que quer que eu diga...

GEORGES BATAILLE: Creio ter perseguido essa objeção do começo ao fim. Creio que o que expus diante de vocês é uma objeção.

J. WAHL: A segunda coisa, já que não se pode falar dessa objeção, é a seguinte: você disse: nada pode contar mais para mim a não ser o que está livre; só há a paixão deflagrada e colocando finalidades para si própria de maneira inteiramente arbitrária.
Mas será a paixão? Será que ela não acredita razoavelmente nessas finalidades? Não é exatamente da palavra "razoavelmente" que precisaríamos. Mas o homem apaixonado, apesar de tudo, ele

pensa que tem razão em sua própria paixão. Se considero a raiva, por exemplo, é bem difícil conceber uma paixão sem finalidade, sem conteúdo.

Note que digo isso, mas por outro lado eu gostaria de poder responder a mim mesmo, é muito difícil, porém, isolar assim a paixão. E eu chegaria à questão fundamental: você estabeleceu dois pares: a transcendência e a imanência, de um lado, e o profano e o sagrado, de outro. E o que há de novo é que você identifica a transcendência e o profano, o imanente e o sagrado. Em que sentido o profano é transcendente? É num sentido diferente do sentido habitual. Esta mesa de modo algum sou eu. Você disse, no entanto, num parêntese que ela talvez tenha uma relação muito profunda comigo.

G. BATAILLE: Ela não é mais profana.

J. WAHL: Sim, mas até mesmo quando não é mais profana, ela tem uma certa relação comigo. Há uma parte em mim que é profana, que uso para escrever: ela não tem relação com o eu sagrado, mas tem uma relação com o eu profano. Sim.

Enfim, encontrei um eco do em-si e do para-si de Sartre. Você diz: esta mesa é esta mesa. No fundo, não tenho certeza disso. Tampouco no mundo cuja estabilidade não encontramos em nós. É uma pura ficção dizer: esta mesa é esta mesa. Esta mesa é mutante.

G. BATAILLE: É enquanto transcendência que ela é ficção.

J. WAHL: O imanente é o sagrado: mas não seria preciso fazer distinções entre as paixões? Posso conceber a paixão que não teria caráter sagrado. A questão é saber se não deve haver condições que a paixão deva ter para tornar-se sagrada. Nem toda paixão seria sagrada.

É uma questão que me coloco.

G. BATAILLE: É uma questão bem difícil, e que depende de uma ciência profana. Isto é, é necessário encarar as coisas de muito perto, como fazem as ciências profanas, como faz a sociologia.

J. WAHL: Não sei nem se ela nos daria uma resposta!

G. BATAILLE: É de viés que poderíamos partir da sociologia.

J. WAHL: Sou então forçado a pedir-lhe informações, já que não é ela quem dá a resposta. Por que certas formas de paixão são sagradas e outras não?

G. BATAILLE: É perpetuamente confuso, pois constantemente a divisão entre profano e sagrado torna-se formal, e a partir do momento em que se define formalmente o sagrado, a confusão se introduz de todas as maneiras.

J. WAHL: Eu bem gostaria que uma outra pessoa continuasse a conversa.

UM OUVINTE: Eu me pergunto se de Sade justamente não poderíamos nos perguntar se não é um ser sagrado, que é exasperado por sua própria danação; e quando ele busca a morte de seus personagens em suplícios, não é porque acha que a morte habitual, a morte do burguês em seu leito, é uma morte profana, e porque tenta torná-la sagrada cercando-a de suplícios, mergulhando esses seres no fogo, ou então fazendo como se fez durante a guerra: pessoas inteiras foram mergulhadas em fornos crematórios, cidades foram dispersadas pela bomba atômica em Hiroshima como diz Bataille num dos últimos números da revista *Critique*.[6]

Eis, então, a pergunta que faço: será que Sade não é o sagrado que se exaspera por tornar-se profano?

G. BATAILLE: Não sei se Sade teve a preocupação de ser sagrado ou profano. De todas as maneiras, se há na noção de sagrado alguma vida, Sade respondeu perfeitamente ao que há ali de vivo. O essencial me parece dado por Sade a esse respeito quando ele não admite sequer por um instante que um interesse frio possa intervir nas deflagrações que eram as dele. E é nesse sentido que a definição do mal que é dada em *A filosofia na alcova* é a condenação profunda de tudo o que vimos os alemães operarem. Pois é claro que, comparadas às execuções do Terror que Sade considerava em *A filosofia na alcova*, as execuções dos nazistas respondiam bem mais às imagens, às sugestões de Sade. Mas igualmente elas respondiam o tempo todo à objeção fundamental que Sade fazia às execuções do Terror, uma vez que do início ao fim a deflagração das paixões que causou estragos em Buchenwald ou em Auschwitz era uma deflagração que estava sob o governo da razão.

---

6 *À propos de récits d'habitants d'Hiroshima* (1947), artigo sobre John Hershey: *Hiroshima* (Nova York, 1946 e "France-Soir" de 10 a 16 de setembro de 1946).

E talvez seja por isso que, atualmente, uma oposição que pode ser feita entre a moral tradicional representada pelo platonismo e essa moral tão profunda e tão estupefaciente que é dada por Sade pode hoje tomar um sentido maior, e até mesmo servir como ponto de referência de uma maneira talvez definitiva.

UM OUVINTE: É um pouco fora do tema, mas em que medida você acha que as civilizações que o homem dá a si mesmo são a caricatura das loucuras que se recusa?

G. BATAILLE: É muito difícil responder. Eu não sei, nesse sentido, se Buchenwald pode ser considerado como uma caricatura de *Os 120 dias de Sodoma e Gomorra*. A palavra caricatura talvez seja um pouco limitada.

MESMA PESSOA: Não penso precisamente em Buchenwald, mas penso nas sociedades, nas civilizações em devir, tanto quanto na sociedade comunista, por outro lado.

G. BATAILLE: Para mim é difícil falar de uma sociedade que não existe.

MESMA PESSOA: Mas que, no entanto, se faz!

G. BATAILLE: Que se faz. Mas ninguém pretenderia que o comunismo exista, nem os próprios comunistas soviéticos, em nenhuma medida.

MESMA PESSOA: Em potência, até certo ponto.

J. WAHL: Não vejo como sua fórmula poderia ser aplicada com facilidade.

MESMA PESSOA: Entretanto, poderia, uma vez que o apelo à realização da sociedade comunista comporta outros apelos a uma certa deflagração das paixões que podem ir muito além da realização dessa sociedade; mas chega um momento em que uma barragem é criada, e em que essas paixões são guilhotinadas, eu diria.

G. BATAILLE: Parece-me inteiramente impossível que exista uma sociedade que admitiria em seu seio uma multidão de Sades tão livres uns quanto os outros. Não sou eu quem faz desta vez a objeção. Digo que me parece difícil que isso exista. Não farei nada em todo caso para impedir que isso aconteça, e considero uma falta contra a moral mais profunda fazer o que quer que seja para impedir que isso aconteça.

UM OUVINTE: O Sr. Bataille poderia explicar o que disse quando disse: Deus está morto, e é difícil estar mais morto.

G. BATAILLE: Isso não se explica!

J. WAHL: Pode-se discutir o "mais morto".

BATAILLE: É permitido, até mesmo no discurso, fazer às vezes intervir o absurdo poético; este é bem pobre.

UM OUVINTE: Você considera a deflagração da ação em Malraux como uma caricatura da deflagração das paixões tal como você a descreve?

G. BATAILLE: A palavra "caricatura" me parecer em todo caso deslocada aqui.

MESMA PESSOA: Parece-me que se pode tirar como conclusão que não há instância mais radical do que a deflagração das paixões.

G. BATAILLE: De fato.

MESMA PESSOA: Por outro lado, por meio da ação parece-me que Malraux foi bastante longe no sentido da intensidade a que se mistura uma paixão bem marcada. Parece-me que é superior àquilo a que se pode chegar na paixão pura que você preconiza; enquanto, para Malraux, ela propicia de toda maneira uma via de criação.

G. BATAILLE: É possível que, do ponto de vista da razão que talvez seja o ponto de vista do comunismo, Malraux tenha incorrido no mesmo erro ao fazer intervir a paixão. De todo modo, num momento dado, o divórcio entre a razão e a paixão se pronuncia em Malraux, e parece atualmente resultar mais numa certa confusão.

MESMA PESSOA: Não quero ficar defendendo Malraux, estou simplesmente pensando na ação que constitui um terceiro termo que você deixou completamente de lado. Você opôs a razão e a paixão, mas o que mais se opõe à paixão talvez seja a ação.

G. BATAILLE: Atribuo uma certa importância ao fato de que a ação que não é perfeitamente razoável, que consequentemente se subordina à paixão, é uma ação que não pode levar a nada.

MESMA PESSOA: A paixão deflagrada poderia ser evitada. Trata-se da razão, de uma pequena contabilidade; de qualquer modo, talvez haja marcas mais profundas na razão.

G. BATAILLE: Parece-me bastante claro que toda a história é composta por entorses no que eu disse no sentido do que você está dizendo.

MESMA PESSOA: Se a deflagração das paixões fosse a instância mais forte, a última, será que, de todo modo, historicamente não nos encaminhamos para ela?

G. BATAILLE: Talvez seja bastante difícil falar sobre esse ponto, pois, no fim das contas, se realmente a paixão se deflagra de tal modo que seja admissível ter falado de *Os 120 dias de Sodoma e Gomorra*, bem, aí estaríamos situados tão além desta conversa que não podemos nos dedicar a evocações que seriam realmente muito deslocadas, a partir do momento em que falamos, por exemplo, numa reunião; até quando se está só consigo mesmo não é tão fácil.

MESMA PESSOA: Finalmente, em Sade, há ações bastante fortes, e mesmo bastante sangrentas que ocorreram. Creio que talvez não lhes faltasse uma certa grandeza; e justamente, nesse sentido puramente positivo, ele deflagra a paixão.

G. BATAILLE: Parece-me que, na medida em que tinham essa grandeza, elas não eram exatamente o que queriam ser, a menos que não tenham buscado essa grandeza por si própria, que tenham, entretanto, se subordinado a essa grandeza, ao governo da razão, ainda que apenas àquele mínimo de governo da razão que pertencia a Hitler.

E essa fraqueza profunda de toda ação, das duas uma: ou ela pretende executar uma operação da razão, e nesse caso não falemos mais de paixão; ou ela é um falso-semblante destinado a liberar a paixão, e nesse caso a paixão se encontra moralmente sob o governo da razão que lhe é estrangeira. E é esse o sentido profundo de tudo o que eu disse esta noite, é o que faz com que a ação me pareça impossível enquanto não tiver sido inteiramente separada da paixão. E talvez por essa razão a ação esteja, como qualquer coisa humana, imediatamente situada na categoria do impossível.

MESMA PESSOA: A respeito da razão, as características meio mesquinhas que você lhe atribui são de toda maneira superadas em alguns autores, como Kant, e justamente no plano moral. E pode-se até ver alguma coisa: a razão kantiana, por seu rigor, pela espécie de caráter sagrado no qual ela se reflete, chega a postular Deus. Consequentemente, a passagem de Deus à razão não impede um retorno a Deus por meio da própria razão, a própria razão sendo quase irracional e se ultrapassando nos postulados.

G. BATAILLE: Quanto a isso, eu preferiria aprender a responder.

J. WAHL: O que se pode dizer é que, quando a razão apareceu em Heráclito, quando ele emprega a palavra "logos", ela tinha características que poderíamos qualificar como profundamente irracionais. As duas coisas são mais unidas, e há um aspecto mais contraditório no "logos" em seu nascimento. Portanto, o que você criticou foi a razão a partir de uma certa época.

G. BATAILLE: Sim. Há no fato do nascimento da razão, em suas relações com a transcendência, laços que são infinitamente difíceis de cortar. Talvez haja aí, no fundo, uma das questões mais difíceis da filosofia, e ainda mais difícil na medida em que só poderia ser resolvida historicamente, o que supõe conhecimentos que não tenho.

J. WAHL: Podemos suspender a sessão se ninguém pedir a palavra.

A religião surrealista[1,2,3]

(Terça-feira, 24 de fevereiro de 1948)

Senhoras, Senhores,

O surrealismo foi estranhamente comparado ao Renascimento. Não se tratava, aliás, de insistir nas aproximações, mas, antes, de marcar diferenças. Não sei se se tinha tanta razão em ressaltar as diferenças, pois, no fim das contas, a meu ver, a aproximação apresenta um grande interesse. Em primeiro lugar, ela tem esse valor, ela marca a importância considerável que mudanças aparentemente insignificantes podem ter. Aparentemente, o Renascimento se limita a mudanças na ordem das cornijas e na ordem dos estudos clássicos. Entretanto, ninguém poderia negar o valor decisivo das mudanças que se efetuaram nos séculos XV e XVI e que culminaram exatamente no mundo atual. Sem o Renascimento, vê-se mal como teria nascido o marxismo, o Renascimento está na base do mundo de que fazemos parte, ainda que inicialmente ele só tenha sido esta coisa simplíssima, um interesse lançado para trás em torno de um homem havia muito tempo desaparecido, o homem da Antiguidade. O homem da Idade Média, em certo momento,

---

[1] Esta conferência foi proferida no "Club Maintenant" e remete a uma série de artigos e notas dedicados por Bataille ao surrealismo desde 1946.

[2] *Aviso do editor francês*: A transcrição desta conferência e da discussão que a segue tem muitos problemas. Corrigimos os erros mais grosseiros e introduzimos o sinal [//] quando uma ou várias palavras parecem ter escapado à estenotipia. [Mantivemos o sinal proposto na versão original, suprimindo alguns trechos com falhas flagrantes de transcrição, que impediam uma tradução rigorosa. (N.T.)]

[3] Primeira versão de Fernando Scheibe, revista por mim. (N.T.)

acreditou precisar retornar a fontes mais distantes, reencontrar no homem grego ou no homem romano uma forma de existência que fora perdida. Eu não gostaria de superestimar as consequências de um movimento uma vez que elas são, no tempo em que estamos falando, imprevisíveis. No entanto, pode haver interesse em sublinhar o sentido de um movimento tal como o surrealismo representando que ele pode ser, que ele certamente é, em grande parte, o renascimento de um homem ainda mais perdido do que era há cinco séculos o homem antigo, e que é o homem primitivo; parece-me muito claro e muito nítido que, no sentido do surrealismo, se não em sua definição precisa, a busca da vida do homem primitivo representou a parte principal, a mais viva e a mais decisiva. Mas aparece de imediato, se colocarmos a questão nesses termos, que o homem primitivo era um homem religioso, o que faz com que logo pareça difícil poder segui-lo, uma vez que, na medida em que nos aproximamos destes movimentos avançados da literatura atual, nos afastamos na mesma proporção do que foi o mundo religioso de nossa infância. Não podemos, porém, resolver tão rapidamente a questão; se é certo que um grande passo foi dado quanto ao conhecimento do homem primitivo, e se, após cerca de vinte anos do movimento moderno, não podemos dizer que estamos muito mais distantes do homem primitivo do que os homens do Renascimento estavam do homem antigo, nós nos vemos diante de uma diferença fundamental: o homem primitivo era por essência inconsciente, e isso em todos os sentidos do termo, ele não tinha a consciência do que era, ele tampouco tinha, de modo geral, consciência do que se define em nós como inconsciente. O que caracteriza, ao contrário, o homem moderno é que em seu retorno ao primitivo ele está compelido à consciência, e se até visa reencontrar em si os mecanismos da inconsciência, nunca é sem ter a consciência do que visa. Ele está, consequentemente, ao mesmo tempo mais próximo e mais distante.

Agora represento o homem consciente que somos como aquele que tem a consciência do que foram os primeiros homens, [//] ao menos sob uma certa forma, naquele sentido de que não podemos duvidar de que os primeiros homens estiveram mais próximos da deflagração das paixões do que nós, de que foram menos domesticados, de que foram, como diz a voz popular, selvagens e ao mesmo tempo homens religiosos; mas uma vez que dirigimos nossa atenção lúcida para esses fatos, somos obrigados a ver que, quando dissemos que o primitivo era um homem religioso, sabemos ao mesmo tempo que sua maneira de ser religioso era precisamente materialista. Entendamo-nos: não se trata de decidir se os conteúdos religiosos do pensamento primitivo eram mais próximos de uma filosofia material ou espiritualista, trata-se simplesmente de destacar este fato: não é possível acompanhar nada na vida dos primitivos se não percebermos que cada um de seus atos esteve ligado a um interesse material. Os ritos que estudamos daqueles que representam menos mal o homem que pode ter povoado a terra no início da humanidade, os ritos que os animam nas deflagrações de paixão, são sempre comandados pela preocupação com um interesse material. Trata-se sempre do bem de uma comunidade, frequentemente até do bem econômico dessa comunidade. Esses ritos puderam ser estudados num sentido que geralmente os associava a ritos agrestes; podia haver aí um exagero, uma simplificação, mas ninguém poderia negar a importância da agricultura nos fatos que nos aparecem como os mais poéticos no tocante à vida dos primitivos. As festas que os animam, que os levam ao último grau do transe, que os incitam à orgia, têm por fim a fecundação da terra. Há desde o início no termo religião, uma vez que essas festas reúnem o essencial do que pôde ter sido a religião, há no termo religião uma espécie de sentido de batalha. Quando estamos diante do homem primitivo, a religião não é exatamente o que esperamos se compararmos com as religiões morais, com o cristianismo ou o budismo. A religião cristã ou a religião budista nos parecem desinteressadas, a religião primitiva é interessada.

Para dizer a verdade, é difícil acreditar que passamos desses ritos simples e dessas festas orgíacas às religiões morais tais como o cristianismo [//]; de toda maneira, os atos nos quais a paixão continua a despeito de tudo a ser deflagrada sob o jugo religioso perderam todo valor interessado. A doutrina da salvação tem por base a preocupação com um interesse do ser; trata-se, dessa vez, de um interesse espiritual, mas não se trata jamais de outra coisa a não ser de durar, não se trata jamais de outra coisa a não ser de assegurar a vida, não se trata jamais de outra coisa a não ser de torná-la possível. Isso pode levar a realçar a antinomia que está contida no termo religião: tornar a vida possível indo o mais longe que se possa no sentido do impossível; a deflagração das paixões suprime a possibilidade da vida; se ela é reencontrada, por exemplo, durante as festas dos primitivos, é apenas por um tempo curto e a fim de assegurar a possibilidade do que se seguirá, mas jamais o impossível, em nenhum caso, é tomado como tal, jamais o homem vai além dessa deflagração das paixões que está contida nele mesmo para que possa vivê-la sem fim e sem preocupação com a possibilidade de ulterior, vivê-la como um impossível de ser vivido apenas pela razão de que está a ela destinado e de que o homem que não aceita seu destino está condenado aos compromissos e às hipocrisias que continuam a pesar sobre nós e dos quais o movimento de que estou falando neste momento tem o sentido preciso de querer emancipá-lo.

Quanto ao surrealismo, ele certamente se opõe ao que se pode chamar de religião no sentido claro de que o valor da paixão que ele pôs em primeiro plano jamais lhe foi imposto a partir da preocupação com a duração, da preocupação em assegurar os interesses materiais dos homens que o assumiam. Há na atitude surrealista algo de perfeitamente radical que de saída o opõe às formas religiosas que pareciam mais elevadas e que, numa atmosfera de compromisso, mantinham o equívoco entre a preocupação com uma vida apaixonada, com uma vida afetiva alçada à incandescência, e a preocupação com o interesse pessoal, com a duração. Isso desaparece no surrealismo sobre a simplíssima forma do escândalo. Há uma oposição fundamental entre as formas religiosas estabelecidas nos países civilizados e um movimento como o surrealismo, e essa oposição se traduz regularmente pelo escândalo que foi o surrealismo e que ele ainda é, a despeito das aparências. O surrealismo pôs – e mantém – em primeiro plano, sob uma forma por vezes discreta, um elemento negro que lhe está associado de maneira indiscutível. Julien Gracq, no livro que dedicou a André Breton, e de modo mais geral ao surrealismo, realçou esse lado maldito que persevera através dos aspectos felizes dados por Breton ao surrealismo atual. Não se trata apenas de uma água negra, de sangue negro, mas de coração negro, e esse elemento negro sempre domina, triunfa, assegura não sei que arrancamento do mundo que nos dominou um dia. A fórmula, a última fórmula de *Arcano 17*, "Osíris é um deus negro", dá sequência à tradição escandalosa do surrealismo. E acima de todos esses fatos, as ideias de romper com o passado dominam a sorte que o surrealismo deu pela primeira vez à figura perfeitamente negra de Sade. Sabe-se, aliás, que para Breton o ato surrealista mais simples não consistia num ato anódino, não consistia num ato literário, o ato surrealista mais simples, escreveu ele, consiste em descer, consistiria em descer na rua e atirar ao acaso na multidão. Não se trata, portanto, de alguma forma que possa ser conciliada com a possibilidade, não há nada de possível no fato de atirar ao acaso na multidão; atirar ao acaso na multidão significa exatamente a vontade do impossível e nada além disso, no sentido de que, no final das contas, ninguém fez isso, no sentido de que não se pode passar do estado atual em que um homem civilizado vive ao estado que outras pessoas conheceram. Isso significa de todo modo uma orientação em relação à qual não se pode voltar atrás.

Qualquer que seja a reserva que eu possa ter manifestado a respeito do sentido religioso do surrealismo em função do valor equívoco de uma outra religião, o último juízo a que acabo de me referir aproxima de modo mais claro a atitude surrealista das formas religiosas conhecidas. Sabe-se que nas ilhas da Malásia perpetuou-se uma tradição que de tempos em tempos destina um indivíduo à sorte de que Breton se servia para caracterizar o ato surrealista mais simples. O costume do amok é bem conhecido; os países onde reina o costume do amok conhecem, como uma espécie de atitude tradicional, a súbita fúria de um indivíduo que se arma subitamente de um punhal, entra correndo numa multidão e mata até o momento em que for morto. Não se trata aí exatamente de um ato de loucura, já que há uma tradição perpetuada. É evidente, por outro lado, que a multidão não perdoa o amok, ela o mata, mas torna-se cúmplice do ato desse pretenso louco, já que, previamente, ficou entendido que era natural que um homem fosse tomado pela loucura do amok, que era uma coisa natural que um homem estivesse na obrigação de lançar-se sobre seu semelhante e de matá-lo. Tentarei agora, para além dessa definição talvez exageradamente simbólica, representar os aspectos religiosos que caracterizam em geral o surrealismo. Aparentemente, foram tomadas as maiores precauções para evitar aproximações. Quando mostrei que devia haver necessariamente um caráter penoso, quando insisti no caráter escandaloso que separa o surrealismo da moral cristã, a despeito da preocupação em evitar um vocabulário que foi gasto pelo cristianismo, é fácil reconhecer as formas tradicionais, em particular através de inúmeras passagens das obras de André Breton. [//] Que haja aí algo de fundamental, que haja aí algo que deve ser definido como ligado a um dos sentidos da palavra religioso, não creio que possa haver dúvidas a esse respeito. O recente desenvolvimento do surrealismo, aliás, insistiu num outro aspecto profundo da vida religiosa; a marcada preocupação do surrealismo atual com o mito é uma das indicações mais claras nesse sentido. O mito é evidentemente na vida religiosa, junto com o sagrado, um dos movimentos essenciais; com o sagrado, ele está ligado a tudo o que foi analisado pela filosofia sob forma de participação. E é evidente que, ao colocar em primeiro plano a ideia de mito, o surrealismo respondia a uma nostalgia viva no espírito dos homens atuais, viva não apenas desde Nietzsche, mas até mesmo desde o romantismo alemão. Além disso, o que constitui a religião é a ligação dos ritos com o mito. Ora, ninguém atualmente ignora que a tendência nitidamente assumida pelo surrealismo é conseguir reencontrar as atitudes que permitiram que os homens primitivos se reunissem em ritos e, mais exatamente, que reencontrassem em ritos as formas mais agudas, mais tangíveis da vida poética. Tudo o que Breton coloca em primeiro plano – que se trate dessa busca do sagrado, da preocupação com os mitos, de reencontrar os ritos semelhantes aos dos homens primitivos – representa a exploração da possibilidade que reencontramos, a possibilidade num outro sentido, trata-se simplesmente, dessa vez, de explorar tudo o que pode ser explorado pelo homem, trata-se de reconstituir tudo o que estava no fundo do homem antes que sua natureza humana fosse subjugada pela necessidade do trabalho técnico. O trabalho técnico ordenou em nós juízos e atitudes que estão completamente subordinados a um resultado ulterior, que estão completamente subordinados a um resultado material. Ninguém pode pensar em infringir a legitimidade desses juízos e dessas atitudes, mas ninguém deixa de perceber que a concessão à atividade técnica, em particular quando, no mundo moderno, ela se tornou maquinal (mas vem desde os tempos primitivos), é de natureza a alterar profundamente aquilo que, na natureza humana, permaneceu indestrutivelmente semelhante ao que percebemos quando nos colocamos de uma maneira nua diante do espetáculo da natureza e, mais exatamente, diante do espetáculo do universo. O homem que trabalha é um homem que se separa do universo, o homem que trabalha é um homem que já se fecha em casas, que se liga a seus chefes, a suas mesas, a suas bancadas, a suas plainas. O homem que trabalha é um homem que destrói a realidade profunda [//]. E não resta nenhuma dúvida de que, em comum com os ritos do homem primitivo, a preocupação do surrealismo foi reencontrar fora dessa atividade técnica que pesa sobre as massas humanas atuais aquele elemento irredutível através do qual o homem não tem semelhante mais perfeito do que uma estrela. É preciso dizer que isso poderia aparecer como um aspecto do surrealismo que conhecemos atualmente e que alguns tendem a achar, em relação ao surrealismo primitivo, degenerado. Entretanto, é fácil mostrar que o fundamento do surrealismo, a saber, a escrita automática, já trazia em si próprio ao mesmo tempo a virtude e a necessidade desses desenvolvimentos ulteriores. O que caracteriza essencialmente a escrita automática, e faz com que um homem como André Breton tenha permanecido ligado a seu princípio a despeito de um relativo fracasso que ele reconhece quanto ao resultado desse método, é um ato de ruptura – que certamente, no espírito de Breton, era definitivo – em relação a um encadeamento que, a partir do mundo da atividade técnica, é dado nas próprias palavras, na medida em que elas participam do mundo profano ou do mundo prosaico. Aquele que se senta confortavelmente, que esquece ao máximo o que existe para escrever ao acaso na folha em branco as loucuras mais vivas que lhe passam pela cabeça, pode não chegar a nada no plano do valor literário; não importa, ele conheceu, ele fez a experiência de uma possibilidade que é a da ruptura sem reserva com o mundo em que agimos para nos alimentar, em que agimos para nos cobrir e nos abrigar. Ele deu prova essencialmente de insubordinação, num certo sentido fez um ato soberano, deu prova de soberania; ao mesmo tempo realizou o que, no mesmo sentido das religiões, poderia aparecer como predominante, ele realizou a própria destruição da personalidade. Aquele que dá prova de surrealismo na escrita automática deve primeiramente abandonar a preocupação que tem o literato quando escreve para fazer um livro com uma intenção dada, quando escreve um livro da mesma maneira que se cava um jardim; ele necessita num dado momento esquecer que pertence a esta humanidade cujos pés estão amarrados a enxadas; ele necessita esquecer que, enquanto literato, ele é esperado pela edição, pela necessidade de fazer aquilo que, apesar de tudo, os surrealistas fizeram até um certo ponto, carreira literária. Num dado momento, ele teve que renunciar a si mesmo da maneira mais profunda, e aí o próprio cristianismo acompanha, se posso dizer, o surrealismo a reboque, pois no cristianismo a abnegação é muito mais curta, a renúncia é muito mais curta na medida em que o que se perde se reencontra em Deus. O surrealista que faz ato de escrita automática, por mais humilde que possa parecer essa simples mudança em suas atitudes gerais, renuncia, de uma maneira que a posteriori é fácil julgar incontestavelmente como agressiva, à prerrogativa de Deus que jamais foi abandonada pelo homem, que, precisamente, foi mantida pelo homem cristão, à prerrogativa de Deus que é a de tudo saber, de tudo querer, de tudo encadear e de jamais se esquecer de si mesmo. Mas se remetemos agora às dificuldades em que vimos o surrealismo se debater, percebemos que essas operações, que tentei definir em relação com um conhecimento da vida religiosa primitiva que podemos chamar de científico, não deixaram de implicar dificuldades extremamente penosas; assim designei as relações entre o surrealismo e a política. O surrealismo, se admitirmos a definição que dei, é a mais perfeita negação do interesse material, é impossível ir mais longe; é evidente que seus limites permanecem na fraqueza humana, mas essa fraqueza, no surrealismo, é qualificada como aquilo que ela é, é qualificada como fraqueza. Mas como o homem atual pode negar o interesse material? Ele só pode fazê-lo sob a forma que o interesse material assumiu atualmente, a saber, sob a forma do interesse pessoal, exatamente sob a forma do interesse na sociedade capitalista. No momento em que se percebeu essa impossibilidade de atingir o interesse material diretamente e a necessidade de passar pela forma que o interesse material assumiu nas condições presentes, percebe-se que o surrealismo é uma negação bem mais fraca desse interesse pessoal do que o comunismo. O comunismo aparece de uma maneira inteiramente evidente como infinitamente mais capaz de negar o mundo do interesse pessoal do que o surrealismo. Todo mundo sabe que o próprio surrealismo reconheceu implicitamente essa dificuldade. André Breton não tardou, após a criação do movimento, em dar prova sem reserva de comunismo. Parece-me que a atitude que o guiou nesse sentido era irrecusável, que o partido tomado por André Breton era o único que ele podia tomar; a experiência, contudo, mostrou que, entre os partidários de uma luta contra o mundo capitalista e a atitude surrealista, uma antinomia podia se desenvolver. De fato, por outro lado, aparece da experiência revolucionária que a luta comunista contra o mundo material do interesse pessoal, longe de suprimir o interesse material no mundo, criou uma situação histórica em que o primado do interesse material só se acentuara. A coisa deveu-se, evidentemente, a circunstâncias fortuitas, o fato de que a revolução se desenvolveu num país atrasado estava ligado, para muitos, à necessidade em que se viu o comunismo de apoiar-se, da maneira mais intensa, no valor do interesse econômico. O comunismo não pode de modo algum negar o fato de que os interesses econômicos não são esses interesses [//]. Há, assim, se me entendem bem, ao mesmo tempo no surrealismo e no comunismo um equívoco. O surrealismo não pode sair do equívoco por sua negação do interesse material, e por isso o comunismo também não sai do equívoco, porque sua negação do interesse pessoal não resulta inteiramente no que poderíamos chamar simplesmente de interesse comum, ela resulta no interesse técnico que é ainda um interesse particular. Não é o caso de fazer aqui a crítica do comunismo, e as poucas palavras que acabo de dizer de modo algum poderiam ser tomadas nesse sentido. Mas quero hoje me explicar tão claramente quanto possível sobre a questão do surrealismo. É certo que as dificuldades que enunciei estabeleceram uma espécie de estado de crise no interior do surrealismo. O que aparece é inicialmente penoso; quando se está diante da atitude surrealista tal como ela se manifesta concretamente na vida dos indivíduos que pertencem a um grupo dado, é o caráter, digamos, inoperante, ligado ao caráter irreal dos valores que são postos em primeiro plano. Pelo fato de o surrealismo ter abandonado um certo equívoco, aquele que defini como inerente à religião tal como ela existiu até o cristianismo, o valor poético que nos ritos antigos era garantido pelo valor material do rito, pelo valor real do rito – valor que não era, talvez, profundamente real, mas que era considerado como tal por todos aqueles que praticavam o rito –, esse valor material deixou de garantir a autenticidade do rito. Não há atualmente nenhuma possibilidade de dar à vida surrealista aquela garantia que a crença dava à eficácia. Daí resulta aquela espécie de sentimento de vazio, de inútil, de supérfluo, de frívolo que caracteriza a obra surrealista – não direi aos olhos daqueles que queiram aprofundar seu conteúdo, mas aos olhos da maioria dos homens, e não pode caber a ninguém transgredir esse limite no sentido de que apenas a existência comum seria de natureza a oferecer o caráter de profunda realidade que o surrealismo procura. Esse surreal não pode culminar em verdadeiras realidades, porque os homens não creem nele, porque o conjunto dos homens não crê nele e não pode crer. Parece-me que essa dificuldade foi sentida como penosa, não apenas por André Breton, mas por todos aqueles que se aproximaram do surrealismo, seja por terem pertencido ao próprio grupo, seja por sua atividade ter sido vizinha da atividade do grupo, e por esse viés não hesito em designar a mim mesmo nesse sentimento de mal-estar, nesse sentimento de impotência que me parece bastante tristemente caracterizar o resultado do surrealismo. Entendo que não tenho, com isso, a intenção de definir um fracasso do surrealismo, não há na vida, na história, resultados que não comportem uma parte de fracasso, e o fracasso está longe de ser tomado como o tomam aqueles que não querem ir adiante, como uma espécie de prova da vaidade; o fracasso só pode ser tomado, ao contrário, como o que deve buscar o mais atentamente possível aquele cuja impaciência conclama um novo salto. Aqui excederei o que são as conquistas estabelecidas do surrealismo para representar aquilo que, a meu ver, permanece possível. Trata-se, bem entendido, de uma simples evocação, é impossível falar do que poderia advir sem manifestar uma profunda reserva. O profetismo não pode ser o próprio do homem atual, não sabemos, não vemos mais longe que a ponta de nosso nariz, e, ainda por cima, isso nos agrada; suponho que não há nada de agradável no fato de transformar um delírio simples num delírio profético; queremos viver dentro de nossos limites, queremos viver no instante presente, não queremos subordinar o que vivemos imediatamente a preocupações que podem ser postergadas. Entretanto, isso nos deixa em presença de problemas que são inerentes a nossa natureza de homens, somos obrigados, diante de um impasse, a procurar uma saída; essa saída, acredito tê-la definido quando representei, no início desta exposição, o fato de que, nesse renascimento possível do homem primitivo, o homem atual não podia reencontrar as formas desaparecidas a não ser de uma maneira inteiramente alterada pela consciência, que é o fato que o caracteriza. Só podemos ser conscientes, e é afundando na consciência que podemos tentar transgredir as dificuldades do mundo atual. Não depende de nenhum de nós suprimir a realidade capitalista; [//] cada um de nós pode praticar uma ação cujo sentido é claramente definido, como a supressão do capitalismo, mas daí não decorre que possamos passar do mundo capitalista em que estamos para o mundo que o sucederá; não se pode sequer dizer que o mundo soviético tenha realizado esse salto; estamos, queiramos ou não, encerrados no mundo capitalista; estamos reduzidos a análises conscientes da posição em que nos encontramos, não podemos conhecer diretamente o que seria uma vida em que o interesse pessoal tivesse sido suprimido. A primeira coisa que nos cabe a esse respeito é a compreensão aberta de tudo o que se passa no sentido de uma vontade de transformar o mundo. Pode ser penoso em certos momentos perceber que aqueles que deram a vida por uma reviravolta das formas sociais não atingiram resultados que tinham sido definidos previamente. É certo que há uma diferença entre o programa de Lenin tal como foi enunciado em *O Estado e a Revolução* e o estado atual do mundo soviético, independentemente da maneira como o definimos. Mas se rejeitamos pura e simplesmente esse esforço por conta das consequências graves que ele pode ter tido, em particular no sentido das restrições provisórias ou não à liberdade; se opomos à vontade daqueles que agiram como puderam e em condições que não escolheram nossa incompreensão pura e simples, parece-me que reduzimos profundamente as chances que tínhamos no ponto de partida de assentar nossa consciência sobre dados que não estejam deformados pelo presente estado do mundo. Creio que é apenas na medida em que podemos compreender com simpatia aqueles que tentaram fazer um mundo real que podemos começar a formar juízos conscientes sobre nós mesmos. Nenhum juízo consciente pode ser formado pelo homem na medida em que está deformado por um meio que é o do interesse pessoal, na medida em estamos submetidos a esse interesse, na medida em que nós próprios somos guiados por ele, na medida em que vivemos diante de outros homens guiados pelo mesmo interesse. Uma deformação profunda altera todas as possibilidades que estão em nós, como, em particular, a do que eu chamaria de bom grado de ato poético: poderia ele ocorrer enquanto dois seres estiverem profundamente separados pela existência de um interesse pessoal de cada um deles? Como a comunicação da poesia seria possível enquanto os interesses daquele que a escuta e daquele que a diz diferirem?

Sabe-se o que as leituras das obras poéticas frequentemente são: cada um transcreve numa espécie de quadrante indicações de extrema banalidade e substitui a noção poética por essas indicações que são comandadas pela existência dos interesses variados que existem atualmente no mundo. Até mesmo o interesse pela existência de um movimento, em particular, o interesse de um editor, de uma revista, tudo isso deforma profundamente a comunicação poética, tudo isso frequentemente a reduz à preocupação em formar um juízo análogo ao que se forma quando se fabrica. Somos frequentemente levados a nos vermos diante de um quadro ou de um livro com uma atitude parecida com a de um comerciante. [//] Aí reside um fracasso que não se deve esquecer. E não creio que me engano ao dizer que se nos separamos por um instante, se deixamos de estar despertos, e emprego aqui o termo no sentido forte, se num dado momento abandonamos esse esforço tão doloroso para passar a protestos que sabemos de antemão perfeitamente inúteis, passamos imediatamente do estado do homem que quer negar a si mesmo e pode transformar a si mesmo em poesia ao estado do homem que vive no ciclo dos interesses pessoais. Creio que não se pode insistir o bastante nessa necessidade de ligar a consciência à despersonalização. Parece-me que o surrealismo avançou profundamente nesse caminho, parece-me também que esse caminho permanece aberto e que precisamos adentrar mais por ele. Pode ser bom pensar em criar mitos, em criar ritos e, de minha parte, não sinto sombra de hostilidade contra tendências dessa ordem. Entretanto, parece-me que quando falei de um mal-estar decorrente do fato de que nem esses mitos nem esses ritos serão verdadeiros mitos ou ritos porque não receberão o assentimento da comunidade, ressaltei a necessidade de ir mais longe e de representar uma possibilidade que, à primeira abordagem, poderá passar por negativa e que talvez seja apenas, no fundo, a forma mais acabada da situação. Se dizemos simplesmente, por lucidez, que o homem atual se define por sua avidez de mitos, e se acrescentamos que ele também se define pela consciência de não poder aceder à possibilidade de criar um mito verdadeiro, definimos uma espécie de mito que é a *ausência de mito*. Expresso aqui uma ideia relativamente difícil de seguir. É fácil, porém, imaginar que se nos definimos como incapazes de chegar ao mito e como em sofrimento, definimos o fundo da humanidade atual como uma ausência de mito. E essa ausência de mito pode ser encontrada diante daquele que a vive, que a vive – entendamo-nos – com a paixão que animava aqueles que queriam outrora viver não mais na terna realidade mas na realidade mítica, essa ausência de mito pode ser encontrada diante dele como infinitamente mais exaltante do que o foram outrora mitos que estavam ligados à vida cotidiana. A essa ausência da particularidade no mito – porque ao definir assim a ausência de mito definimos simplesmente a supressão da particularidade –, a essa ausência está ligada uma característica que poderá passar, que pode passar por singular, é o fato de que é impossível contestar a ausência de mito. Ninguém pode dizer que ausência de mito não existe enquanto mito; não há homem que não esteja obrigado a receber, até mesmo na medida em que se esforça em criar um mito particular, a receber a imagem da ausência de mito como um mito real. A essa primeira supressão da particularidade pode, ou deve, ser acrescentada a necessidade de uma *ausência de comunidade*. O que significa de fato um grupo senão uma oposição de alguns homens ao conjunto dos outros homens? O que significa, por exemplo, uma Igreja como a Igreja cristã senão a negação do que não é ela? Há uma espécie de empecilho fundamental no fato de que, no passado, toda religião estava ligada à necessidade de se afirmar como Igreja; toda espécie de atividade religiosa, na medida em que era deflagração de paixão, tendia a suprimir os elementos que separam as pessoas umas das outras. Ao mesmo tempo, porém, a única finalidade da fusão operada pela festa antiga era a de criar um novo indivíduo, que poderíamos chamar de indivíduo coletivo. Não pretendo com isso dizer que os indivíduos não sejam chamados a se agrupar como sempre foram, mas, para além da necessidade imediata, o pertencimento de toda comunidade possível ao que estou chamando – em termos que são para mim habitualmente estranhos – de ausência de comunidade deve ser o fundamento de toda comunidade possível; o que significa dizer que o estado de paixão, o estado de deflagração que era inconsciente no espírito do primitivo, pode passar a uma lucidez tal que o limite que era dado pelo contrário do primeiro movimento na comunidade e que o encerrava em si mesmo deve ser transgredido pela consciência. Não pode haver limite entre os homens na consciência, e, além disso, a lucidez da consciência restabelece necessariamente a impossibilidade de um limite entre a própria humanidade e o resto do mundo. O que deve desaparecer do fato de que a consciência se torna cada vez mais aguda é a possibilidade de distinguir o homem do resto do mundo. Isso deve ser levado, creio eu, até a *ausência de poesia*, não que não possamos atingir a poesia de outra maneira que não por intermédio dos poetas reais, mas sabemos todos que cada voz poética comporta em si própria sua impotência imediata, cada poema real morre ao mesmo tempo em que nasce, e a morte é a própria condição de sua realização. É na medida em que a poesia é levada à ausência de poesia que a comunicação poética é possível. O que significa dizer que o estado do homem consciente que reencontrou a simplicidade da paixão, que reencontrou a soberania desse elemento irredutível que está no homem, é um estado de presença, um estado de vigília levado até o extremo da lucidez e cujo termo é necessariamente o silêncio.

Tentei mostrar que caminho podia ir além das antinomias presentes. Eu não gostaria, contudo, de insistir nessas antinomias; ao contrário, eu gostaria, para terminar, de insistir na viabilidade profunda de toda essa efervescência que prossegue em nossos dias. Parece-me que, quaisquer que sejam essas dificuldades, o movimento dos espíritos converge; há em toda parte, e não poderíamos subestimá-lo a despeito da aparência frequentemente isolada que as atitudes individuais podem ter, uma efervescência que destina o homem a um retorno a uma vida muito mais livre, muito mais altiva, a uma vida que poderíamos qualificar como selvagem. Há no homem atual intolerância profunda em relação à humilhação que se exige todos os dias da natureza humana e de que ela padece em todos os lugares, de que ela padece nos escritórios, nas ruas, de que ela padece no campo. A natureza humana é em toda parte sentida pelo homem como profundamente humilhada, e o que resta de religião acaba de humilhá-la diante de Deus, que não passa, no fim das contas, da hipóstase do trabalho. Não creio que se pensaria em negar essa nostalgia, suponho que, se estamos aqui reunidos, por diversos que sejam os elementos que possam ter contribuído para a presença de uns e outros nesta sala, existe um elemento dominante que certamente determinou essa presença, é a nostalgia de uma vida que deixe de ser humilhada, é a nostalgia de uma vida que deixe de ser separada do que está por trás do mundo. Não se trata de encontrar por trás do mundo algo que o domine, não há nada por trás do mundo que domine o homem, não há nada por trás do mundo que possa humilhá-lo, por trás do mundo, por trás da pobreza em que vivemos, por trás dos limites precisos em que vivemos, há somente um universo cujo brilho é incomparável e por trás do universo não há nada.

GEORGES-ALBERT ASTRE: Senhores, Senhoras, Senhoritas, é uma tradição do "Club Maintenant" promover discussões depois das exposições. A conferência de Georges Bataille foi tão densa que creio que se quiséssemos esgotar seus problemas continuaríamos aqui até a noite de amanhã. Mas eu gostaria muito que um debate ocorresse em torno do próprio ponto que foi levantado, o destino do surrealismo. Há, entre vocês, alguém que tem questões a propor a respeito, por exemplo, das definições que foram dadas dos objetivos do surrealismo? Sei que há na sala um número considerável de escritores que, de perto ou de longe, se interessam por essas questões, e eu gostaria muito que um deles tomasse a palavra. Quando Jean Wahl ainda não estava na América, ele tinha a especialidade de tomar a iniciativa e levantar um certo número de lebres, não sei se algum de vocês fará esse papel esta noite. Patri, você concorda com tudo o que disse Georges Bataille?

AIMÉ PATRI: Certamente que não, mas vou esperar.

G.-A. ASTRE: Klossowski, você concorda?

PIERRE KLOSSOWSKI: Inteiramente de acordo em termos diferentes.

G.-A. ASTRE: O Sr. Guibert teria algo a acrescentar? Nada? Estou convencido de que questões não faltam sobre os problemas levantados em torno da posição do surrealismo em relação ao próprio problema do político e do temporal. Patri, ofereça-se.

G. BATAILLE: Estou um pouco surpreso com a afirmação de Klossowski, Klossowski é católico, e eu não exatamente.

P. KLOSSOWSKI: Você é católico.

G. BATAILLE: Eu sou católico? Não protesto porque não vejo nada para dizer. Eu sou também tudo o que se quiser.

G.-A. ASTRE: São questões precisas.

P. KLOSSOWSKI: Eu quero perguntar ao Sr. Bataille por que os meios de escrita têm que estar ligados a uma carreira literária.

Parece-me que é uma concepção, é a marcha direta rumo a uma prostituição. Para que os meios estejam ligados a uma carreira literária, você concorda quanto à prostituição?

G. BATAILLE: Creio que você não me entendeu muito bem. Tudo o que eu disse ia no sentido de um protesto contra o fato de que a escrita culminava na carreira literária.

P. KLOSSOWSKI: Mas você disse que ela devia culminar aí. Eu queria perguntar outra coisa: você disse que estamos num mundo capitalista, eu pretendo que não estamos mais num mundo capitalista. É negar toda a oposição que pode ser encontrada – a força da poesia vai mais longe que a do interesse de que você fala – e que a poesia deve ser feita para todos.

G. BATAILLE: Concordo com você, mas acho que a poesia é menos eficaz do que parece, ela pode ser eficaz numa medida que me parece bastante limitada.

P. KLOSSOWSKI: Não se trata da minha opinião em relação ao capitalismo ou ao não capitalismo, é uma questão de classes, há privilegiados que foram habituados a receber a poesia.

G. BATAILLE: Parece-me que você fala muito bem, talvez mais claramente [//].

P. KLOSSOWSKI: Achei você católico em certos momentos.

G. BATAILLE: Não me sinto disposto a protestar contra essa qualificação de católico. Se me dizem algo inteiramente insustentável, não respondo.

A. PATRI: Já eu, não achei você católico, mas budista. Porque, enfim, parece-me que os católicos sempre foram acusados de destacar demais a noção de interesse pessoal, eles se preocupam demais com a própria salvação, mas os budistas estimam que, uma vez que a pessoa é uma ilusão, a verdadeira libertação consiste em afastar esse interesse. Mas a esse respeito tanto o surrealismo quanto o comunismo convergiriam, no sentido de que em ambos os casos estaria em pauta a destruição do mito da personalidade. Será que estou enganado?

G. BATAILLE: Foi mais ou menos o que eu quis dizer sob uma forma mais vaga.

A. PATRI: Então você se reconhece budista?

G. BATAILLE: Não me reconheço budista porque o budismo reconhece uma transcendência. De algum modo esse mínimo de transcendência está ligado no budismo a uma manutenção da preocupação pessoal sob uma forma que é bastante conhecida. É certo que o ciclo das metempsicoses e a preocupação com esse ciclo, que desempenha um papel eminente no budismo, não podem ser considerados como um esquecimento do interesse pessoal. Eu me encontro mais próximo do budismo que do catolicismo. No que diz respeito à convergência entre o comunismo e o surrealismo, é evidente que ela é pouco clara, por uma boa razão, é porque ela se situa inteiramente no futuro, mas não poderíamos negar o fato de que há no comunismo uma vontade de negar a pessoa, ao menos no sentido do interesse pessoal.

A. PATRI: Parece-me, quanto a esse ponto, que há uma confusão entre o comunismo marxista e o das ordens monásticas, pois não é a mesma coisa: se nos referimos ao texto de Marx, nada se diz a respeito em nenhum momento, em compensação, se nos referimos ao comunismo monacal, encontramos de fato toda espécie de coisa contra o interesse pessoal, mas não há nada parecido em Marx. Há fórmulas que vêm do humanismo do Renascimento, sempre falo das intenções, não me ocupo com as realizações.

G. BATAILLE: De toda maneira, o interesse material na forma atual da sociedade é mais predominantemente o interesse pessoal do que o seria na forma comunista. Há em Marx, de fato, uma espécie de confusão, de fusão mais exatamente, entre o interesse comum e o interesse pessoal, mas há negação.

A. PATRI: Não há fusão, ele mantém bastante nitidamente uma sociedade na qual a liberdade de todos vai se tornar a condição de cada um; a liberdade de cada um não é suprimida, ela permanece posta como a meta [//], o fim permanece individualista.

G. BATAILLE: Sim, naturalmente.

A. PATRI: São, antes, as realizações.

G. BATAILLE: É preciso dizer que, nessas matérias, são mais as realizações do que os projetos que contam.

X: [//] Creio que pelo próprio fato de haver essa separação entre o mundo de antes da revolução e o mundo de depois da revolução, pelo fato de que a revolução demorou, vemos que há uma questão, a de um problema que só devia se mostrar depois da revolução e que já se mostra, questões mais profundas sobre essas formas sociais [//]. Há algo de profundo, há um mal-estar mais profundo que não será resolvido pela revolução. Em que ponto está Bataille em relação a essa questão?

G. BATAILLE: Nessas questões, o surrealismo definiu a si mesmo na pessoa de André Breton, que disse mais ou menos isto: que a condição artificial, a precariedade artificial da condição social atual mascarava para nós a precariedade real da condição humana, e quanto a isso, tive uma certa dificuldade em acompanhá-lo, eu só poderia insistir em meu nome pessoal no sentido em que você falou, e parece-me que seria uma fórmula feliz dizer que não haveria nenhuma razão a menos para um homem como Rimbaud fugir num mundo pós-revolucionário do que no mundo atual. Parece-me muito simplesmente que isso significa que as possibilidades que se oferecem no mundo de hoje poderiam ser multiplicadas num mundo posterior, e, para dizer a verdade, isso não vai essencialmente em meu espírito no sentido da beatitude. Não quis muito falar de beatitude de um mundo pós-revolucionário; não quero dizer que imagino que esse mundo não será separado de sua condição; o homem será separado de sua condição profunda, que se assemelha mais a um abismo do que a uma calçada. É evidente que o mundo que poderia suceder uma revolução, o mundo no qual simplesmente nada mais haveria a fazer a não ser olhar o mundo do abismo porque todos os problemas estariam resolvidos, para mim trata-se de algo antes teórico, esse mundo talvez fosse bem assustador. Para dizer a verdade, parece-me que o homem está na medida desse pavor e que estar separado desse pavor é também a medida de sua miséria.

G.-A. ASTRE: Haveria questões considerando mais particularmente o surrealismo? Em particular, relativas às questões da consciência "indistinta" com o mundo? Você acha que a consciência tem o papel de chegar à fusão com o universo como você disse no final?

G. BATAILLE: É evidentemente um dos temas de todas as religiões e em particular da mística. De minha parte sou levado a dar uma importância relativamente grande a esse princípio.

G.-A. ASTRE: Você considera que o surrealismo tem por ideal uma consciência perfeitamente lúcida?

G. BATAILLE: A via da consciência não podia ser evitada, parece-me. Se consideramos, para além do surrealismo que se define de maneira estreita, um surrealismo mais amplo, veem-se aparecer agora possibilidades de precisão dessa lucidez. Parece-me que a ocasião é favorável para falar, a esse respeito, do esforço de Maurice Blanchot no sentido da lucidez, que se concretizava numa análise dos recursos de Sade[4] que poderia passar por exemplar, que não pode ser considerada como estranha ao surrealismo, que o surrealismo não pode tomar como exterior a ele.

X: É difícil considerar o Sr. Georges Bataille como um poeta porque ele recusou o direito da necessidade de prever o futuro. A opacidade que nos interdita prever o futuro torna evidente a ausência de poesia que você mesmo tentou definir e que define a você mesmo como um poeta ausente. Creio que há poesia surrealista na medida em que há profecia e visão no futuro. Creio que a poesia deve tornar presente a verdadeira vida que hoje está ausente.

G. BATAILLE: Não vejo o que eu poderia dizer contra isso. Indiquei que eu tinha a opinião contrária, isso é tudo, não vejo por que a poesia estaria condenada a dizer o futuro. É um juízo geral sobre o futuro e não um juízo sobre a poesia. Você pode ver em Rimbaud o futuro, mas pode-se também não ver e sentir sua comunicação poética.

X: Há comunicação entre um poeta e um leitor que lê a poesia na medida em que o leitor participa de uma vida que não é presente e em que essa vida presente está situada no futuro.

G. BATAILLE: É exatamente contra isso que não paro de falar. Falei para precisar, oponho continuamente o instante presente à preocupação com o futuro, e para mim a poesia se define pela preocupação com o instante presente. Isso não significa que por isso eu me pretenda poeta.

X: Quais são as relações com a pintura?

---

[4] Trata-se de "À la rencontre de Sade" (*Les Temps Modernes*, 25 out. 1947 – republicado em *Lautréamont et Sade*, Les Éditions de Minuit, 1939) – cf. Bataille, *Œuvres complètes*, t. VIII, L'Histoire de l'érotisme, p. 149-157.

G. BATAILLE: Para Breton, a pintura é a mesma coisa que a poesia, a pintura só existe na medida em que é poesia, e concordo plenamente com ele.

[DURAND?][5]: Há vários aspectos sobre os quais haveria reflexões a apresentar. Você me permitirá assinalar que, no que disse a respeito da posição cristã, há uma certa interpretação da qual um cristão não compartilharia. Você disse que o cristianismo busca a salvação como se a salvação fosse o desejo, como se a salvação fosse inspirada pela busca do interesse pessoal, mas a salvação que o cristão busca, se não o cristão ordinário, banal, mas o cristão que chegou a uma certa profundidade, é uma salvação coletiva, e essa noção se concretiza na ideia do corpo místico. Isso é de tal forma verdade que a santidade sempre é acompanhada de uma vontade expiatória; o sujeito, o santo escolhe a si mesmo em expiação dos pecados. Creio que se há interesse, é um interesse que ultrapassa as fronteiras da individualidade, e de resto, eu de modo algum pensaria em dizer que você é católico, creio, ao contrário, que esse é um dos eixos de sentimento mais integral; mas é sobre um outro ponto que eu gostaria de lhe fazer uma pergunta; há um problema que o surrealismo trata, o da razão. Sei que me exponho a críticas extremamente ácidas ao pronunciar essa palavra a que não dou o sentido limitado da lógica, mas que considero simbólica de toda uma ordem de relações tais como a da linguagem, a da vida em sociedade, como, de uma maneira geral, a da consideração dos valores secundários em relação aos valores do instante. Suponhamos que dizíamos que há três espécies de valores, o do instante, que chamarei de valor primário, aquele em que o indivíduo busca, sem preocupação com o futuro e sem preocupação de se integrar a uma novidade, a simples satisfação imediata. Parece-me que o surrealismo não se definiria muito mal por uma espécie de religião dos valores primários, mas o que fazer, no mundo em que somos chamados a viver quer o queiramos, quer não, o que fazer com todos os problemas que se colocam para nós pelo fato de não estramos certos de ter interesse [//], e é aqui que a razão constitui para o surrealismo um problema que

[5] *Durant* foi corrigido, por uma mão que não é a de Bataille, por *Duron* ou *Durou*.

ele elude ou que declara inexistente, mas que ele não pode se recusar a considerar se quiser realmente justificar o sentido de seus empreendimentos. O que seria um mundo em que todo mundo fosse surrealista? E que espécie de ações esse mundo produziria? Será que a vida, a linguagem, as categorias éticas seriam ainda possíveis? É essa a pergunta que me permito lhe fazer.

G. BATAILLE: No que diz respeito ao cristianismo, você tem toda razão em insistir nesses aspectos que são, contudo, aspectos menores. O aspecto mais geral é o da salvação pessoal do homem; esse aspecto se coloca por si próprio; ele é válido nas definições gerais de uma Igreja e na prática da piedade; ele é rapidamente sentido como intolerável e parece-me que na medida em que a piedade cristã se dirigiu para a santidade, em particular para a santidade mística, ela não pôde evitar dividir-se entre os caminhos que indiquei, e encontraríamos entre os surrealistas e os místicos mais agudos, por exemplo, Bossuet [//]. No que diz respeito à questão da razão, não há nenhuma dúvida de que a razão é continuamente ameaçada pelas deflagrações das paixões e, de fato, se eu tivesse inteira e convenientemente articulado esta exposição, ela teria sido centrada no fato de que tudo repousa continuamente entre a impossibilidade devida à deflagração das paixões e a possibilidade reintroduzida pela existência da razão. É pela deflagração das paixões que entramos no instante, é pelo uso da razão que dominamos o futuro, e a vida humana se define por uma certa capacidade de dominar o futuro; o que dominamos, de fato, no presente jamais é outra coisa que não o futuro. A dominação industrial é sempre dirigida para o futuro, ela culmina no gozo, evidentemente, mas deixa-lhe apenas um pequeno quinhão, determinando-se em sua atividade geral como uma organização do futuro. Resta a questão de saber como uma conciliação é possível entre os dois. Parece-me que é exatamente nisso que consiste a história das religiões, e quanto a definir exatamente o que o surrealismo representa a esse respeito, parece-me que é simplesmente impossível pela razão que o surrealismo atualmente só é representado por grupos bastante restritos, sem influência sobre a sorte do mundo. Quando o surrealismo, se isso um dia acontecer, tiver uma influência sobre a indústria e sobre o conjunto das atividades humanas, parece-me que essas atividades humanas terão sido profundamente transformadas, e que o surrealismo também, por sua vez, terá se desenvolvido em sentidos que não poderemos ter previsto.

[DURAND?]: Se o surrealismo e a razão fossem duas posições diferentes, creio que de fato o futuro permitiria sínteses, conciliações possíveis, mas se a questão se coloca nos termos de uma antinomia absoluta entre o surrealismo e a razão, não vejo como o surrealismo poderá se conciliar com ela sem perder sua essência, pois é aí que está sua essência. Cada um, no surrealismo, buscará esta espécie de transporte de que fala Breton, encontrando-o em atos que poderão ser sociais, mas dos quais se pode facilmente prever, se nos referirmos a certas declarações de sua exposição, que serão bem mais seguramente antissociais. É essa posição que não vejo. [//] Pode-se conceber uma organização da vida que não seja necessariamente capitalista, o ângulo sob o qual se coloca o problema capitalista ou não capitalista é um ângulo um pouco diferente que não concerne à verdadeira saída. Nessa sociedade surrealista, o que será da poesia ou mais geralmente da arte, entendida como conjunto de técnicas, fruto de uma colaboração entre as gerações passadas e a vontade presente de criação? Aqui ainda, tenho a impressão de que o surrealismo irá no sentido da instantaneidade pura, no sentido da negação de todos os modos de comunicação transpessoal. Não vejo nada claro quanto às possibilidades que teria o surrealismo de dar à luz uma sociedade habitável.

G. BATAILLE: Na medida em que se pode julgar o surrealismo ulterior pelo surrealismo atual, veem-se possibilidades de sobrevida. Eu gostaria de acrescentar minha reação pessoal [//]. É evidente que o silêncio resolve, singularmente talvez, não direi custosamente, o problema que você colocou.

[DURAND?]: É uma mística, não é uma ação.

G. BATAILLE: Evidentemente, sendo a ação, talvez, deixada para outros [//]. A supor que o surrealismo um dia se dirija para uma forma de experiência mística nova, não é certo, nesse momento, que a incandescência atingida em certos momentos não deixe o homem intacto para responder a todos os problemas que se colocam para ele. São paixões insatisfeitas, mais do que paixões que chegaram ao extremo da consumação, que criam no mundo uma desordem considerável. É preciso levar em conta o seguinte: eu falava com amigos da condição animal no que concernia particularmente à vida amorosa, e estávamos completamente de acordo para considerar que era literalmente um inferno, a paixão amorosa dos animais resulta em algo de praticamente torturante, uma vez que só temos ela sob nossos olhos, só a atividade dos cães, temos aí um espetáculo quase cotidiano em certas épocas que é literalmente aterrador, não se pode imaginar um martírio mais tenebroso nem sobretudo mais cômico, a impotência; e creio que quanto mais nos encontramos na animalidade, mais as paixões são impotentes, e, consequentemente, mais os meios que temos de satisfazê-las resultam em estragos mais ou menos tenebrosos. No entanto, essa dificuldade pode ser levada ao extremo. O artigo de Blanchot, sob uma outra forma, simplesmente sob a forma de pura meditação, o artigo de Blanchot está no fundo centrado no fato de que o sadismo só é compreensível a partir do momento em que se percebe que o que está investido na concepção de Sade é realmente a destruição total, não apenas do objeto do sadismo, mas do sujeito. O sadismo só é concebível sob a condição de que os suplícios que ele causa a outros e que provocam em outros as piores dores se transformem para ele – se ele, por sua vez, os experimenta – em delícias. Ora, o que é a vida do místico senão uma transposição moral desse personagem de Sade tal como Blanchot o define? O místico é no fundo um homem para quem os suplícios se tornam delícias.

X: As almas do Purgatório, em Dante, se relançam por si próprias em seus tormentos, não por pura transformação desinteressada de seus tormentos em delícias, mas porque assim veem seu fim.

[DURAND?]: E sobretudo porque vão até o fim de suas delícias.

X: Mas creio que a questão das delícias aí é secundária.

G. BATAILLE: Conheço bastante mal *O Inferno* de Dante, não posso acompanhá-lo muito bem. Tenho a impressão de que vocês estão colocando um problema fundamental no que diz respeito à mística, porque a experiência mística é o próprio de um homem e que um homem tem sempre necessariamente como base projetos; a experiência mística prossegue na medida em que se torna impossível e ela está sempre limitada pelo fato de que quanto mais se realiza, mais se torna impossível.

X: E nesse sentido, entendo que você aproxime a posição do místico da posição do surrealista.

[DURAND?]: Digo, ao contrário, que se o místico aceita e solicita por si mesmo o tormento, é no espírito de caridade, não é de modo algum num espírito egoísta e num espírito de gozo pessoal.

G. BATAILLE: É verdade na história do misticismo até aqui.

[DURAND?]: O místico parte da ideia, da constatação de que a presença do mal no mundo só pode ser superada se ele mesmo aceitar, se oferecer como vítima. Porém, se não ficarmos jogando com as palavras, que diferença pode ser maior, como identificar essas duas experiências?

G. BATAILLE: Tenho a impressão de que o que está em causa a cada vez é a um só tempo a supressão do sujeito e do objeto. A diferença consiste no fato de que no sadismo começa-se por suprimir o objeto ao passo que no misticismo é preciso suprimir o sujeito.

A arte, exercício de crueldade[1]

O pintor está condenado a agradar. Por meio de nenhum desvio ele poderia fazer de um quadro um objeto de aversão. Um espantalho tem por finalidade assustar os pássaros, enquanto o quadro mais aterrador está ali para atrair visitantes. Um suplício real pode por si só interessar, mas não diríamos que tem essa finalidade: ele ocorre por um complexo de razões; até mesmo em princípio seus fins diferem pouco dos fins do espantalho: ao inverso do objeto de arte, ele é proposto à visão para afastar do horror que expõe. Ao passo que o supliciado dos quadros não tenta mais nos corrigir. Jamais a arte toma para si a tarefa do juiz. Não desperta nosso interesse por nenhum horror em si mesmo: isso sequer é imaginável. (É verdade que na Idade Média as imagens religiosas o fizeram em relação ao inferno, mas é precisamente pelo fato de que a arte se distinguia mal do ensino.) Quando o horror é proposto à transfiguração de uma arte autêntica, é um prazer, um prazer forte, mas um prazer que está em jogo.

Seria inútil tentar ver nesse paradoxo o simples efeito de um vício sexual.

Uma espécie de determinação muda inevitável e inexplicada, vizinha da dos sonhos, sempre possui obstinadamente, nos cortejos de figuras que formavam o pano de fundo de festa deste mundo, os espectros fascinantes da infelicidade e da dor. Nenhuma dúvida de que a arte não tenha essencialmente o sentido da festa, mas justamente,

[1] Texto publicado em 1949 na revista *Médecine de France* (n. 4, junho de 1949).

na arte como na festa, uma parte sempre esteve reservada àquilo que parece o oposto do regozijo e do consentimento. A arte liberou-se finalmente do jugo da religião, mas manteve essa servidão em relação ao horror; ela permanece aberta à representação do que repugna.

Esse paradoxo da festa, que no sentido mais geral é o paradoxo da emoção, mas também, no sentido mais agudo, o paradoxo do sacrifício, deveria ser realmente encarado com a mais penetrante atenção. Todos nós, quando crianças, sempre suspeitamos: talvez sejamos, agitando-nos estranhamente sob o céu, vítimas de uma armadilha, de uma farsa cujo segredo um dia conheceremos. Essa reação é certamente infantil e vivemos afastados dela num mundo que se impõe a nós como "inteiramente natural", bem diferente daquele que outrora nos exasperara. Crianças, não sabíamos mais se íamos rir ou chorar, mas, adultos, "possuímos" este mundo, dispomos dele sem limites, ele é feito de objetos inteligíveis e disponíveis. É feito de terra, de pedra, de madeira, de vegetais, de animais: laboramos a terra, construímos casas, comemos pão e carne. Nós nos esquecemos, habitualmente, de nossa exasperação pueril. Deixamos, numa palavra, de desconfiar.

Apenas uma pequena parcela entre nós se demora, em meio aos grandes agenciamentos desta sociedade, em sua reação realmente pueril, ainda se pergunta ingenuamente o que faz sobre o globo e que farsa lhe é encenada. Estes querem decifrar o céu ou os quadros, passar para trás destes fundos de estrelas e destas telas pintadas, e como garotos que buscam as fendas de uma cerca, tratam de olhar pelas falhas deste mundo. Uma de suas falhas é o cruel costume do sacrifício.

É verdade que o sacrifício hoje não é mais uma instituição viva. É, antes, um rastro no vidro que permanece riscado. Mas é possível para nós experimentar a emoção que ele suscitou, pois os mitos do sacrifício se assemelham aos temas das tragédias, e o sacrifício da cruz mantém sua imagem no meio de nós como um emblema proposto à mais elevada reflexão, e como a mais divina expressão da crueldade da arte. Mas o sacrifício não é apenas essa imagem multiplicada a que a civilização da Europa deu o valor soberano; é a resposta à obsessão secular de todos os povos do globo. Se há, assim, alguma verdade na ideia de que nossa vida humana é uma armadilha, poderemos pensar – é bizarro, mas o que fazer? – que, uma vez que o suplício nos é "universalmente proposto como uma isca", é refletindo sobre a fascinação experimentada que poderemos descobrir o que somos e o mundo de cima, em perspectivas que ultrapassem a armadilha.

A imagem do sacrifício se impõe tão necessariamente à reflexão que, tendo ultrapassado o tempo em que a arte era o divertimento, em que apenas a religião respondia à preocupação de entrar no fundo das coisas, percebemos que a pintura moderna deixou de nos propor imagens indiferentes, e simplesmente belas, que ela tem a preocupação de, na tela, fazer "transparecer" o mundo. Apollinaire já dizia do cubismo que era uma grande arte religiosa, mas o sonho de Apollinaire não se perdeu. A pintura moderna prolonga, nesse sentido, a obsessão multiplicada da imagem sacrificial, e as destruições de objetos que ela opera respondem de uma maneira já relativamente consciente à função duradoura das religiões. De todas as maneiras, o homem que caiu na armadilha da vida que somos se move num campo de atração determinado por um ponto fulgurante em que as formas sólidas são destruídas, em que esses objetos disponíveis de que o mundo é feito se consomem como num braseiro de luz. Para dizer a verdade, o caráter da pintura atual – destruição, fogo de São João dos objetos – não é posto claramente em destaque, não é percebido na linha do sacrifício. De uma maneira fundamental, o que o pintor surrealista deseja a qualquer preço olhar sobre a tela em que reúne as imagens não difere daquilo que, com todos os seus olhos, a multidão asteca vinha ver ao pé das pirâmides onde se arrancava o coração das vítimas. É sempre uma fulguração, que consuma, que é esperada. Nós certamente nos afastamos da crueldade se consideramos as obras modernas, mas ao fim e ao cabo os astecas tampouco eram cruéis. Ou o que nos perde é a ideia demasiado simples de que temos crueldade. Chamamos geralmente de crueldade o que não temos a coragem de suportar, e o que suportamos facilmente, o que para nós é banal, não nos parece cruel. Tanto que sempre nomeamos como crueldade a dos outros, e que, não podendo, contudo, abrir mão da crueldade, negamo-la quando é nossa. Essas fraquezas nada suprimem, mas tornam difícil a tarefa de quem procura em seus atalhos o movimento esquivo do coração humano.

O fato do vício sexual não simplifica essa tarefa. No vício, de fato, os juízos comuns são tomados às avessas, e aquele que se confessa a si próprio um viciado se vale dos termos de horror, que estigmatizam. O asteca teria negado a crueldade de assassinatos sagrados cometidos aos milhares. Ao contrário, o sádico diz a si mesmo, repete com prazer, que a flagelação é cruel. Eu não tenho as mesmas razões para usar essa palavra. Faço-o para ser claro; de modo algum reprovo, tenho apenas a preocupação em mostrar a intenção esquiva. Num certo sentido, essa intenção não é cruel: acreditando-se tal, ela teria deixado de ser (a prática do sacrifício desapareceu à medida que os homens se tornaram mais conscientes), mas é sempre um desejo de destruir.

Trata-se apenas, para dizer a verdade, de um desejo moderado. De acordo com nossos meios (nossos costumes, nossa força), só gostamos de destruir de modo obscuro, recusamos as destruições terríveis e ruinosas, ao menos as que nos parecem tais. Contentamo-nos com uma impressão pouco consciente de destruir.

★

Mostrei até aqui que a destruição fulgurante é, na armadilha da vida, a isca que não deixa de nos atrair. Mas a armadilha não pode ser reduzida à isca. Ela supõe, se não a mão que a coloca, a finalidade perseguida. O que acontece com quem morde a isca? Quais são, para quem cede à fascinação, as consequências de sua fraqueza?

Isso leva em princípio a colocar a questão prévia, é nela que reside o essencial de minha busca. Não basta observar que, em geral, ficamos fascinados por uma destruição que não apresenta perigo muito grave. Mas que razões temos para ficarmos seduzidos pela própria coisa que para nós significa, de uma maneira fundamental, um dano, e que chega a ter o poder de evocar a perda mais inteira que sofreremos na morte?

De toda maneira, é ponto pacífico que só o consentimento nos leva ao ponto em que ocorre a destruição. Só entramos na armadilha por livre e espontânea vontade. Mas poderíamos imaginar *a priori* que uma isca deveria ter o aspecto contrário, que nada deveria haver nela que assustasse.

Na verdade, a questão colocada pela natureza da isca não difere da que é colocada pela finalidade da armadilha. O enigma do sacrifício – que é o enigma decisivo – está ligado à nossa preocupação de encontrar o que a criança tomada por um sentimento de farsa procura. O que perturba a criança e subitamente a transforma num pião de vertigem é o desejo de agarrar, para além das aparências deste mundo, uma resposta a uma interrogação que ela seria impotente para formular. Ela pensa, então, que é filha de um rei, mas o filho de um rei não é nada; ela pensa ainda, com sagacidade, que talvez seja Deus: seria o enigma resolvido. A criança, isso é evidente, não fala disso com ninguém: ela se sentiria risível num mundo em que cada objeto lhe devolve a imagem de seus limites, e em que ela se sabe profundamente pequena e "separada". Mas é precisamente de não ser mais "separada" que ela tem sede: e somente o fato de não ser mais "separada" lhe daria o sentimento de resolução sem o qual ela naufraga. A prisão estreita do ser "separado", do ser separado como um objeto, dá a ela um sentimento contrário de farsa, de exílio, de agradável conjuração contra si. A criança não ficaria surpresa em despertar como Deus, que por um tempo se teria posto – a si mesmo – à prova: então o embuste de sua posição minúscula lhe seria subitamente revelado. A criança, desde então, ainda que em pequena medida, permanece com a fronte colada no vidro, à espera de um momento fulgurante.

É a essa espera que responde a isca do sacrifício; o que esperamos desde a infância é essa perturbação da ordem em que sufocamos. Um objeto deve aí ser destruído (destruído enquanto objeto e, se possível, "separado"); deslizamos na negação desse limite da morte, que fascina como a luz. Pois a perturbação do objeto – a destruição – só vale na medida em que nos perturba, em que perturba ao mesmo tempo o sujeito. Não podemos em nós mesmos (o sujeito) erguer diretamente o obstáculo que nos "separa". Mas podemos, se erguermos o obstáculo que separa o objeto (a vítima do sacrifício), participar dessa denegação de toda separação. O que nos atrai, por assim dizer, no objeto destruído (no próprio momento da destruição) é que ele tem o poder de pôr em causa – e de arruinar – a solidez do sujeito. Assim, a finalidade da armadilha é de nos destruir enquanto objeto (na medida em que permanecemos encerrados – e ludibriados – em nosso isolamento enigmático).

Assim, nossa ruína, quando se abre a armadilha (ao menos a ruína de nossa existência separada, dessa entidade isolada, negadora de seus semelhantes), se engaja a contrapelo da angústia, que prossegue sem trégua, egoistamente, na conta das conquistas e perdas dessa entidade decidida a perseverar em seu ser. A mais contrastante contradição, interior a cada pessoa, se evidencia nessas condições. Sob certa perspectiva, a existência limitada, minúscula e inexplicável que um dia sentimos como exilada, vítima da brincadeira, da farsa imensa que é o mundo, não pode resolver abandonar o jogo; por outro viés, ela escuta o apelo exigente de que esqueça seus limites. Esse apelo, em certo sentido, é a armadilha, mas só o é na medida em que a vítima da brincadeira insiste, como é banal – e, digamos, até mesmo necessário –, em permanecer vítima. O que torna difícil esclarecer essa situação é que assim, em cada sentido, a armadilha nos espera. (Pois, por assim dizer, a armadilha é dupla.) De um lado, os objetos disponíveis deste mundo se propõem à angústia como iscas – num sentido contrário ao do sacrifício: eis-nos desde então pegos na armadilha de uma realidade separada, minúscula, exilada da verdade (na medida em que a palavra remete, mais do que a um horizonte estreito, à ausência de limites). Do outro, o sacrifício nos promete à armadilha da morte. Pois a destruição dada ao objeto só tem o sentido da ameaça que ela é para o objeto. Se o sujeito não for realmente destruído, tudo continua no equívoco. E se ele for destruído, o equívoco se resolve, mas no vazio em que tudo é suprimido.

Mas desse duplo impasse emerge justamente o sentido do momento da arte, que, lançando-nos no caminho de um desaparecimento completo – e deixando-nos ali por um tempo suspensos –, propõe ao homem um arrebatamento sem descanso. É claro que ainda se pode dizer, desse arrebatamento, que ele é a armadilha mais fechada: se o atingimos, é claro, mas ele nos escapa no instante – na estrita medida em que realmente o atingimos. Além dele, ou aquém, entramos na morte, ou voltamos ao mundo minúsculo. Mas a festa infinita das obras de arte está aí para nos dizer que um triunfo, a despeito de uma vontade resoluta de só dar valor àquilo que dura, está prometido a quem salta na irresolução do instante. É por isso que jamais se poderia considerar excessivo o interesse pela embriaguez multiplicada, que atravessa a opacidade do mundo com raios aparentemente cruéis, em que a sedução se liga ao massacre, ao suplício, ao horror. Não se trata da apologia dos fatos horríveis. Nem do apelo ao retorno deles. Mas no impasse inexplicável em que nos movemos, em certo sentido, em vão, esses momentos reluzentes, que só enganosamente são de promessas de resolução, que só prometem, ao fim e ao cabo, a queda na armadilha, portam em si, no instante do arrebatamento, toda a verdade da emoção.

É que, de toda maneira, a emoção, se o sentido da vida se inscreve nela, não pode ser subordinada a alguma obra útil. Assim, o paradoxo da emoção quer que ela tenha tanto mais sentido quanto não tiver nenhum. A emoção que não está ligada à abertura do horizonte, mas a algum objeto estreito, a emoção nos limites da razão não nos propõe senão uma vida atarracada. Com o peso de nossa verdade perdida, a emoção é gritada desordenadamente, assim como a criança a sonha medindo a janela de seu quarto pela profundidade da noite. A arte, certamente, não é de modo algum comprometida com a representação do horror, mas seu movimento a coloca sem dificuldade na altura do pior, e, reciprocamente, a pintura do horror revela sua abertura para todo o possível. É por isso que devemos nos deter no timbre que ela atinge na vizinhança da morte.

Se ela não nos convidar, cruel, a morrer no arrebatamento, ao menos terá a virtude de destinar um momento de nossa felicidade à igualdade com a morte.

O sagrado no século XX[1,2]

É em princípio paradoxal e, sobretudo, é bastante difícil falar do sagrado num tempo em que, em suma, na vida comum da humanidade, ele não tem mais do que um lugar de segundo plano, quase insignificante. Antigamente, nos cruzamentos, nas esquinas das ruas, nas praças, era habitual dispor signos sagrados, como, por exemplo, os calvários. Nos mesmos locais, porém, colocamos hoje, principalmente, placas indicativas para turistas ou painéis de publicidade. Há pouco tempo, edificavam-se santuários em cujo interior nós mesmos ainda experimentamos uma forte impressão de sagrado. Mas as igrejas construídas em nossos dias não dão mais de modo algum a mesma impressão. Comparadas às da Idade Média, parece-nos que lhes falta alguma coisa. Os arquitetos atuais constroem bancos, grandes lojas, silos, imóveis para renda; dentro desses limites, ficam à vontade. Mas quando se trata de uma igreja – e uma igreja é, exatamente, um lugar sagrado –, eles não têm mais o estado de espírito que convém.

Assim como eu mesmo, agora, no momento de lhes falar do sagrado, fico embaraçado. Receio ser tão incapaz de fazê-lo quanto o arquiteto moderno de construir um santuário autêntico. Só tenho, a princípio, um recurso, eu deveria falar do passado, da mesma forma

---

1 Trata-se da transcrição de uma gravação, supostamente para um programa de rádio, sobre a qual não há maiores informações. Os editores das Œuvres complètes publicaram o texto como uma das conferências realizadas entre 1951 e 1953.

2 Primeira versão de Laura Gryner de Moraes, revista por mim. (N.T.)

que o arquiteto copia as igrejas de outrora. Mas o que direi arrisca ser sem alma, como são, creio eu, as igrejas do século XX. Eu poderia fazer o que fazem os arqueólogos, estudando os ritos dos egípcios ou dos gregos. Para quê?

Devo dizer que essas possibilidades frias me dão até um sentimento de revolta. No isolamento a que me condena o pensamento deste mundo imenso ao qual agora me dirijo, que do sagrado só guarda uma espécie de reminiscência, a rigor uma nostalgia bem impotente, eu gostaria, apesar de tudo, de não me deixar encerrar. Parece-me possível formular ao menos este protesto.

Creio que o sagrado morreu de excesso de elevação de espírito, feita ela própria de um medo irreprimível do que é fascinante e violento. Ele não morre apenas por um desenvolvimento excessivo do profano, do mundo da ciência e da máquina: ele morre ao mesmo tempo de uma espécie de esgotamento, de pobreza exangue. O que é preciso lembrar a respeito disso é que, para a Igreja, Deus não é sagrado sozinho. O diabo não é menos sagrado do que ele. É evidente que a humanidade atual acredita ainda menos no diabo do que em Deus. Mas, enfim, não está distante o tempo em que apenas do nome do diabo emanava um terror insano: esse terror, se posso dizer assim, acendeu milhares de fogueiras de bruxas. Mas, precisamente, esse terror inspirado pelo diabo compensava o empobrecimento sofrido pouco a pouco pelo mundo divino, que acabou ficando demasiado puro – e, sobretudo, *não aterrorizante o bastante*.

O diabo talvez não passe de um contragolpe do terror inspirado por Deus. Mas o fato de que o diabo existiu queria dizer que o divino se dividia em duas partes que deviam se ignorar e desconhecer uma à outra. A parte divina pura se empobreceu. Ora, eu não creio que possamos representar, hoje em dia, o sentimento do sagrado se não percebermos ao mesmo tempo a totalidade desses aspectos, o divino e o diabólico. O que move o sentimento do sagrado é o horror. Esse sentimento morre da fraqueza dos homens atuais: que não sabem mais, nem querem mais saber, que nada é mais fascinante do que o horror. O que nos causa mais horror é a morte, e, no sentimento do sagrado, a existência é vizinha da morte: como se, num sonho, o conteúdo de um caixão nos puxasse em sua direção. Ora, é preciso para isso que a morte tenha ao menos o sentido que lhe emprestam aqueles que evitam pensar nela. É que a vida tem sua maior intensidade no contato glacial com seu contrário. A imagem da corrupção e do aniquilamento nos fascina, ela nos decompõe e nos petrifica. Ela sozinha nos projeta num mundo mais violento, cuja medida é a tragédia, e onde o silêncio e o frio nos ganham, mas então somos tomados por uma espécie de embriaguez, de exaltação, de triunfo, dos quais as violências da poesia podem dar uma ideia.

Não receio, pois, dizer-lhes que, se não temos mais o sentido de sagrado, é porque temos medo. Não buscamos mais a exaltação, nem a embriaguez, mas a segurança e o conforto. Queremos viver como se a morte já não existisse mais, como se pudéssemos limitar o mundo ao trabalho eficaz e às comodidades. Estamos distantes da poesia, suas violências gélidas nos perturbam. Estamos reduzidos a cultivar em segredo um medo que já não dominamos mais, mas que resta em nós vergonhosamente, como uma dor de barriga contínua. Ao desprezar as fogueiras, as bruxas de outrora buscavam os terrores dos sabás. Elas preferiam a exaltação insana a uma vida segura e tranquila: preferimos agora a duração tranquila, embora, para terminar, não tenhamos nem uma nem outra.

Carta a René Char sobre as incompatibilidades do escritor[1,2]

Meu caro amigo,

A questão que você colocou, "Há incompatibilidades?", na revista *Empédocle*[3] tomou para mim o sentido de uma intimação esperada, que no fim, entretanto, eu desesperava de ouvir. Percebo a cada dia um pouco melhor que este mundo, onde estamos, limita seus próprios desejos a dormir. Mas uma *palavra* convoca no tempo desejado uma espécie de crispação, de retomada de si.

---

[1] Texto publicado em 1950 na revista *Botteghe oscure* (Roma, n. VI, 1950).

[2] Primeira versão de Fernando Scheibe, revista por mim. (N.T.)

[3] Há incompatibilidades? Embora pareça relativamente inútil colocar hoje semelhante questão, uma vez que os recursos da dialética, se julgamos pelos resultados conhecidos, permitem responder favoravelmente a *tudo* (mas favoravelmente não significa *verdadeiramente*), a revista *Empédocle* propõe que se examine com atenção a questão moderna das incompatibilidades, *moderna* porque age sobre as condições de nosso Tempo, que, todos hão de convir, é simultaneamente suspeito e efervescente. Afirma-se sob uma grande quantidade de ângulos que certas funções da consciência, certas atividades contraditórias podem ser reunidas e mantidas pelo mesmo indivíduo sem prejudicar a verdade prática e sã que as coletividades humanas se esforçam por atingir. É possível, mas não é seguro. O político, o econômico, o social, e que moral...
A partir do momento em que queixas, reivindicações legítimas se elevam, lutas se engajam e remédios são formulados, vocês não acham que se o mundo atual deve encontrar uma harmonia bastante relativa, sua diversidade cintilante, ele o deverá em parte ao fato de que poderá ser resolvido ou ao menos colocado seriamente o problema das incompatibilidades, problema vital, problema de base, e como que caprichosamente escamoteado?

Acontece agora, com bastante frequência, que o desenlace pareça próximo: em tal momento uma necessidade de esquecer, de não mais reagir, sobrepõe-se à vontade de continuar a viver... Refletir sobre o inevitável, ou tentar não mais simplesmente dormir: o sono parece preferível. Temos assistido à submissão daqueles que uma situação pesada demais ultrapassa. Mas será que aqueles que gritaram estavam mais acordados? O que vem é tão estranho, tão vasto, tão pouco à medida da espera... No momento em que o destino que os conduz toma figura, a maior parte dos homens se remete à sua ausência. Aqueles que parecem resolvidos, ameaçadores, sem uma palavra que não seja uma máscara, perderam-se voluntariamente na noite da inteligência. Mas a noite em que se deita agora o resto da terra é mais espessa: ao sono dogmático de uns se opõe a confusão exangue de outros, caos de inumeráveis vozes bêbadas, esgotando-se na sonolência daqueles que escutam.

Minha vã ironia talvez seja uma maneira de dormir mais profunda... Mas escrevo, falo, e só posso me regozijar se a ocasião me é dada de *responder*-lhe, de até mesmo *querer*, com você, o momento do despertar, em que ao menos não será mais aceita esta confusão universal que agora faz do próprio pensamento um esquecimento, uma tolice, um latido de cachorro na igreja.

O que mais é: respondendo à questão que você colocou, tenho o sentimento de atingir ao fim o adversário – que, seguramente, não pode ser este ou aquele, mas a existência em sua integralidade, atolando, adormecendo e afogando o *desejo* –, e de atingi-lo enfim no ponto em que ele deve ser atingido. Você convida, você provoca a sair da confusão... Talvez um excesso anuncie que o tempo vem. A longo prazo, como aceitar que a *ação, sob formas tão infelizes*, conclua a "escamoteação" da vida? Sim, talvez venha agora o tempo de denunciar a subordinação, a atitude servil, com o que a vida humana é incompatível: subordinação, atitude aceita desde sempre, mas da qual um excesso nos obriga, hoje, a nos separarmos lucidamente. Lucidamente! não há, bem entendido, a menor esperança.

Para dizer a verdade, ao falar assim, sempre corremos o risco de enganar. Mas você sabe que estou tão longe do abatimento quanto da esperança. Escolhi simplesmente *viver*: espanto-me a cada instante de ver homens ferventes e ávidos por agir zombando do prazer de viver.

Esses homens confundem visivelmente a ação e a vida, sem jamais ver que, sendo a ação o meio necessário à manutenção da vida, a única aceitável é aquela que se apaga – a rigor que se prepara para se apagar – diante da "diversidade cintilante" de que você fala, e que não pode, e jamais poderá ser reduzida ao útil.

A dificuldade de subordinar a ação a seu fim provém do fato de que a única aceitável é a mais rapidamente eficaz. Daí, inicialmente, a vantagem de entregar-se a ela sem medida, de mentir e de ser desenfreado. Se todos os homens admitissem agir tão pouco quanto a necessidade exige da totalidade deles, mentira e brutalidade seriam coisas supérfluas. São a propensão transbordante da ação e as rivalidades que dela decorrem que fazem a eficácia maior dos mentirosos e dos cegos. Assim, nas condições dadas, não podemos fazer nada para sair disso: para remediar o mal da ação excessiva, é preciso ou seria preciso agir! Não fazemos então mais do que condenar verbalmente e em vão aqueles que mentem e cegam os seus. Tudo se estraga nessa vaidade. Ninguém pode condenar a ação a não ser pelo silêncio – ou pela poesia –, abrindo sua janela para o silêncio. Denunciar, protestar, é ainda agir, é ao mesmo tempo esquivar-se diante das exigências da ação!

Parece-me que jamais marcaremos o bastante uma primeira incompatibilidade dessa *vida sem medida* (falo do que é, *no conjunto*, que, para além da atividade produtiva, é, na desordem, o análogo da santidade), a única que conta e que, sozinha, é o sentido de toda humanidade – em consequência da própria *ação sem medida*. A ação não pode ter evidentemente valor senão *na medida* em que tem a humanidade por razão de ser, mas ela raramente aceita essa medida: pois a ação, de todos os ópios, é o que proporciona o sono mais pesado. O lugar que ela assume faz pensar nas árvores que impedem de ver a floresta, que se fazem passar pela floresta.

É por isso que me parece oportuno que nos oponhamos ao equívoco e que, não *podendo realmente agir*, nos esquivemos sem rodeios. Digo nós, mas penso em você, em mim, naqueles que se parecem conosco. Deixar os mortos aos mortos (salvo impossível), e a ação (se ela for possível), àqueles que a confundem apaixonadamente com a vida.

Não queria assim dizer que devamos em todos os casos renunciar a qualquer ação, é claro que jamais poderemos deixar de nos opor às ações criminosas ou pouco razoáveis; mas precisamos claramente reconhecê-lo, uma vez que a ação racional e aceitável (do ponto de vista geral da humanidade) se torna, como poderíamos ter previsto, o quinhão daqueles que agem *sem medida*, correndo assim o risco de, racional de início, ser transformada dialeticamente em seu contrário, só poderíamos nos opor a ela sob uma condição, se substituirmos, ou antes, se tivermos a coragem e o poder de substituir aqueles de cujos métodos não gostamos.

Blake o diz mais ou menos nestes termos: "Falar sem agir engendra a pestilência".

Essa incompatibilidade entre a vida sem medida e a ação desmesurada é a meus olhos decisiva. Tocamos no problema cuja "escamoteação" sem dúvida alguma contribui para a *démarche* cega de toda a humanidade presente. Por mais bizarro que isso inicialmente pareça, creio que essa escamoteação foi a inevitável consequência do esmorecimento da religião. A religião colocava esse problema: ou melhor, era o seu problema. Mas ela foi, aos poucos, abandonando o campo ao pensamento profano, que *não soube ainda colocá-lo*. O que não se pode lamentar, pois, colocando-o com autoridade, a religião colocava-o mal. Sobretudo, colocava-o de maneira equívoca – no além. Em seu princípio, a ação permanecia a tarefa d*este* mundo...: todos os seus verdadeiros fins permaneciam celestes. Mas cabe a nós, finalmente, colocá-lo sob sua forma rigorosa.

Assim sua questão me leva, após minha afirmação demasiado geral, a me esforçar em precisar, do meu ponto de vista, os dados atuais e o alcance da incompatibilidade que me parece fundamental.

Ainda não se percebe claramente o bastante que, no tempo presente, é – embora em aparência ele já tenha durado muito – o debate sobre a literatura e o engajamento que é decisivo. Mas justamente não podemos ficar nisso. Creio que, em primeiro lugar, importa definir o que é posto em jogo pela literatura, que não pode ser reduzida a servir um senhor. NON SERVIAM é, dizem, a divisa do demônio. Nesse caso, a literatura é diabólica.

Gostaria nesse ponto de deixar de lado toda reserva, de deixar em mim falar a paixão. É difícil. É resignar-me à impotência de desejos excessivamente grandes. Queria evitar, na própria medida em que a paixão me faz falar, recorrer à fatigada expressão da razão. Seja como for, ao menos *você* poderá sentir em primeiro lugar que isso me parece vão, até mesmo impossível. Seria obscuro dizer que, diante da ideia de falar sagazmente dessas coisas, experimento um grande mal-estar? Mas endereço-me a você, que verá logo de saída, através da pobreza das palavras sensatas, o que minha razão só capta ilusoriamente.

Sobre o que sou, o que são meus semelhantes ou o mundo em que estamos, parece-me honesto afirmar rigorosamente que não posso saber *nada* a respeito: aparência impenetrável, luz mesquinha vacilando numa noite sem limites concebíveis, que envolve por todos os lados. Seguro-me, em minha impotência espantada, numa corda. Não sei se amo a noite, pode ser, pois a frágil beleza humana só me comove até o mal-estar porque sei que é insondável a noite de onde ela vem, para onde ela vai. Mas *amo* a figura longínqua que os homens traçaram e não cessam de deixar de si mesmos nessas trevas! Ela me arrebata e eu a amo e chega muitas vezes a fazer-me mal amá-la demais: ainda em suas misérias, suas tolices e seus crimes, a humanidade sórdida ou terna, e sempre *desgarrada*, me parece um desafio embriagante. Não foi Shakespeare, foi ELA quem lançou esses gritos para se dilacerar, não importa se infindavelmente ELA trai o que ela é, que a excede. ELA é mais *comovente* na platitude, quando a noite se faz mais suja, quando o horror da noite transforma os seres num vasto refugo.

Falam-me de meu universo "insuportável", como se eu quisesse em meus livros exibir chagas, como fazem os infelizes. É verdade que, em aparência, comprazo-me em negar, ao menos em negligenciar, em tomar por nada os múltiplos recursos que nos ajudam a *suportar*. Desprezo-os menos do que parece, mas, seguramente, tenho pressa de *entregar* o pouco de vida que me cabe ao que se esquiva *divinamente* diante de nós, e se esquiva à vontade de reduzir o mundo à eficácia da razão. Sem ter nada contra a razão e a ordem racional (nos inúmeros casos em que é claramente oportuno, sou como os outros a favor da razão e da ordem racional), não sei de nada neste mundo que tenha parecido *adorável* que não excedesse a necessidade de utilizar, que não devastasse, que não transisse ao encantar, que não estivesse, numa palavra, a ponto de não poder mais ser suportado. Cometi, talvez, o engano de, sabendo-me claramente limitado ao ateísmo, jamais ter exigido menos deste mundo do que os cristãos exigiam de Deus. A própria ideia de Deus, na medida em que teve por fim lógico explicar o mundo, não nos fazia gelar? não era ela própria "intolerável"? Com mais forte razão, *o que é*, de que nada sabemos (a não ser em pedaços soltos), que por nada pode ser explicado, e de que a impotência ou a morte do homem é a única expressão relativamente plena. Não duvido de que, ao nos afastarmos do que nos tranquiliza, aproximamo-nos de nós mesmos, daquele momento divino que morre em nós, que já tem a estranheza do riso, a beleza de um silêncio angustiante. Como sabemos há muito tempo: não há nada que encontrássemos em Deus que não possamos encontrar em nós. Seguramente, na medida em que a ação útil não o neutralizou, o homem é Deus, votado, num transporte contínuo, a uma "intolerável" alegria. Mas o homem neutralizado ao menos não tem mais nada daquela dignidade angustiante: só a arte herda hoje, sob nossos olhos, o papel e o caráter *delirantes* das religiões: é a arte hoje que nos transfigura e nos rói, que nos diviniza e faz pouco de nós, que exprime por suas mentiras pretendidas uma verdade vazia, enfim, de sentido preciso.

Não ignoro que o *pensamento* humano se desvia em sua integralidade do objeto de que falo, que é *o que somos soberanamente*. Ele com certeza o faz: nossos olhos não se desviam menos necessariamente do ofuscamento do sol.

Para aqueles que querem limitar-se a ver o que veem os olhos dos deserdados, trata-se do delírio de um escritor... Abstenho-me de protestar. Mas endereço-me a você, através de você, àqueles que se parecem conosco, e você sabe melhor do que eu aquilo de que estou falando, tendo a vantagem sobre mim de jamais dissertar a respeito. Você acha que um objeto como esse não exige daqueles que o abordam que eles escolham? Um livro frequentemente desdenhado, que testemunha, no entanto, um dos momentos extremos em que o destino humano se busca, diz que ninguém pode servir dois senhores. Eu diria antes que ninguém pode, por mais vontade que tenha, servir um *senhor* (qualquer que seja), sem negar em si próprio a soberania da vida. A incompatibilidade que o Evangelho formula não deixa de ser, de saída, a despeito do caráter útil, de juiz e de benfeitor, atribuído a Deus, a incompatibilidade entre a atividade prática e o objeto de que estou falando.

Não se pode, por definição, prescindir da atividade útil, mas uma coisa é responder à triste necessidade, outra, ceder o passo a essa necessidade nos juízos que decidem a respeito de nossa conduta. Uma coisa é fazer do sofrimento dos homens o valor e o juiz supremos, outra, só receber por *soberano* meu objeto. A vida, de um lado, é recebida numa atitude submissa, como um peso e uma fonte de obrigação: uma moral *negativa*, então, responde à necessidade servil da obrigação, que ninguém poderia contestar sem crime. No outro sentido, a vida é desejo do que pode ser amado sem medida, e a moral é *positiva*: ela dá exclusivamente o valor ao desejo e a seu objeto. É comum afirmar uma incompatibilidade entre a literatura e a moral pueril (não se faz, dizem, boa literatura com bons sentimentos). Não deveríamos, no intuito de ser claros, marcar em contrapartida que a literatura, *como o sonho*, é a expressão do desejo – do *objeto* do desejo – e, portanto, da ausência de obrigação, da insubordinação ligeira?

A literatura e o direito à morte[4] denega a seriedade da questão "O que é a literatura?", que "só recebeu até hoje respostas insignificantes". "A literatura [...] parece o elemento de vazio [...] para o qual a reflexão, com sua própria gravidade, não pode se voltar sem perder a seriedade". Desse elemento, porém, será que não poderíamos dizer que ele é justamente o objeto de que estou falando, que, absolutamente soberano, mas não se manifestando senão pela linguagem, não é no seio da linguagem mais do que um vazio, uma vez que a linguagem "significa" e que a literatura retira das frases o poder de designar outra coisa que não meu objeto? Ora, desse objeto, se tenho tanta dificuldade em falar, é porque ele nunca aparece realmente desde o instante em que *falo* dele, uma vez que, como parece, a linguagem "é um momento particular da ação e não se compreende fora dela" (Sartre[5]).

Nessas condições, a miséria da literatura é grande: é uma desordem que resulta da impotência da linguagem em designar o inútil, o supérfluo, a saber, a atitude humana que ultrapassa a atividade útil (ou a atividade encarada sob o modo do útil). Para nós, contudo, para quem a literatura foi de fato a preocupação privilegiada, nada conta mais do que os livros – que lemos ou que fazemos –, a não ser o que eles põem em jogo: e colocamos na nossa conta essa inevitável miséria.

---

[4] Alusão ao ensaio *La littérature et le droit à la mort,* de Maurice Blanchot, publicado em 1949 na revista *Critique* e, em seguida, na coletânea *La part du feu* (Gallimard, 1949). (N.T.)

[5] Na verdade Sartre diz "La parole [e não *le langage*] est un certain moment particulier de l'action et ne se comprend pas en dehors d'elle". Cf. Sartre (1972, p. 22). (N.T.)

Escrever não é menos em nós o poder de acrescentar um traço à visão desconcertante, que maravilha, que assusta, de que o homem pertence a si mesmo incessantemente. Sabemos bem, das figuras que formamos, que a humanidade passa tranquilamente sem elas: mas mesmo supondo que o jogo literário inteiro seja reduzido, subjugado à ação, o prodígio está lá de qualquer maneira! A impotência imediata da opressão e da mentira é até maior do que a da literatura autêntica: simplesmente, o silêncio e as trevas se estendem.

Todavia, esse silêncio, essas trevas, preparam o ruído rachado e os clarões tremidos de tempestades novas, preparam o *retorno* de condutas soberanas, irredutíveis ao atoleiro do interesse. Cabe ao escritor não ter outra escolha senão o silêncio, ou essa soberania tempestuosa. À exclusão de outras preocupações maiores, ele só pode formar essas figuras fascinantes – numerosas e falsas – que o recurso à "significação" da linguagem dissipa, mas em que a humanidade perdida se reencontra. O escritor não muda a necessidade de assegurar as subsistências – e a repartição delas entre os homens –, ele tampouco pode negar a subordinação a esses fins de uma fração do tempo disponível, mas ele próprio fixa os limites da submissão, que não é menos necessariamente limitada que inelutável. É nele, é por ele que o homem aprende que permanece para sempre inapreensível, sendo essencialmente imprevisível, e que o conhecimento deve finalmente resolver-se na simplicidade da emoção. É nele e por ele que a existência é, em geral, o que a moça é para o homem que a deseja, quer ela o ame, quer o descarte; quer lhe traga o prazer, quer lhe traga o desespero. A incompatibilidade entre a literatura e o engajamento, que obriga, é, portanto, precisamente a incompatibilidade dos contrários. Jamais homem engajado escreveu algo que não fosse mentira, ou que não ultrapassasse o engajamento. Se parece acontecer de outra forma, é porque o engajamento de que se trata não é o resultado de uma escolha, que respondesse a um sentimento de responsabilidade ou de obrigação, mas o efeito de uma paixão, de um insuperável desejo, *que jamais deixaram escolha*. O engajamento cujo sentido e cuja força de coerção resultaram do temor da fome, da subjugação ou da morte de outrem, da *pena dos homens*, afasta, ao contrário, da literatura, que parece mesquinha – ou pior – para aquele que busca a pressão de uma ação indiscutivelmente premente, à qual seria covardia ou futilidade não se consagrar inteiramente. Se há alguma razão de agir, é preciso dizê-la o menos literariamente possível.

É claro que o escritor autêntico, que não escreve por razões pífias ou inconfessáveis, não pode, sem cair na platitude, fazer de sua obra uma contribuição aos desígnios da sociedade útil. Na própria medida em que servisse, essa obra não poderia ter verdade soberana. Ela iria no sentido de uma submissão resignada, que não tocaria apenas a vida de um homem entre outros, ou de um grande número, mas aquilo que é humanamente soberano.

É verdade, essa incompatibilidade entre a literatura e o engajamento, ainda que fundamental, nem sempre pode ir contra os fatos. Pode acontecer de a parte exigida pela ação útil incidir sobre a vida inteira. Não há mais, no perigo, na urgência ou na humilhação, lugar para o supérfluo. Mas desde então, *não há mais escolha*. Alegou-se justamente o caso de Richard Wright: um negro do sul dos Estados Unidos não poderia sair das condições de coerção que pesam sobre seus semelhantes, nas quais ele escreve. Essas condições, ele as recebe de fora, ele não *escolheu* estar engajado assim. A esse propósito, Jean-Paul Sartre fez essa observação: "...Wright, escrevendo para um público dilacerado, soube manter e, ao mesmo tempo, ultrapassar esse dilaceramento: ele faz dele o pretexto de uma obra de arte".[6] Não é nem um pouco estranho, no fundo, que um teórico do engajamento dos escritores situe a obra de arte – é exatamente aquilo que *ultrapassa*, inutilmente, as condições dadas – para além do engajamento, nem que um teórico da escolha insista ele próprio no fato de que Wright não podia escolher – sem tirar daí as consequências. O que é lamentável é a livre preferência, quando nada ainda é exigido de fora e o autor decide por convicção fazer antes de mais nada obra de prosélito: ele nega, de propósito, o sentido e o fato de uma margem de "paixão inútil", de existência vã e soberana, que é *em seu conjunto* o apanágio da humanidade. Há menos chance, então, de que, apesar dele, essa margem se encontre, como no caso de Wright, sob forma de obra de arte autêntica, que, no fim das contas, tem a predicação apenas como pretexto. Se há urgência verdadeira, se a escolha não é mais dada, permanece ainda possível reservar, talvez tacitamente, o retorno do

[6] Cf. Sartre (1972, p. 103). (N.T.)

momento em que cessará a urgência. Apenas a escolha, se ela é livre, *subordina* ao engajamento aquilo que, sendo soberano, não pode ser senão soberanamente.

Pode parecer inútil demorar-se tão longamente numa doutrina que certamente só atingiu alguns espíritos angustiados, perturbados por uma liberdade de humor grande demais, vaga demais. O mínimo que se pode dizer, além disso, é que ela não podia fundar uma exigência precisa e severa: tudo devia permanecer no vago, na prática, e a incoerência natural ajudando... Por outro lado, o próprio autor reconheceu implicitamente a contradição em que esbarra: sua moral, totalmente pessoal, é a da liberdade que incide sobre a escolha, mas o objeto da escolha é sempre... um ponto da moral tradicional. Ambas as morais são autônomas, e não se vê, até aqui, o meio de passar de uma à outra. Esse problema não é superficial: o próprio Sartre está de acordo, o edifício da velha moral está carcomido, e seu pensamento acaba de abalá-lo...

Se chego, seguindo tais vias, às proposições mais gerais, aparece em primeiro lugar que o salto de *Gribouille*[7] do engajamento põe à luz o contrário do que buscava (tomei o contrapé daquilo que Sartre diz da literatura): as perspectivas logo se compuseram com facilidade. Em segundo lugar, parece-me oportuno não levar em conta a opinião corriqueira sobre o sentido *menor* da literatura.

Os problemas de que tratei têm outras consequências, mas eis aqui sob que forma me parece que, de agora em diante, poderíamos dar mais rigor a uma incompatibilidade cujo desconhecimento rebaixou ao mesmo tempo a vida e a ação, a ação, a literatura e a política.

Se cedemos o passo à literatura, devemos ao mesmo tempo confessar que nos preocupamos pouco com o crescimento dos recursos da sociedade.

Qualquer um que dirija a atividade útil – no sentido de um crescimento geral das forças – assume interesses opostos aos da literatura. Numa família tradicional, um poeta dilapida o patrimônio, e é amaldiçoado; se a sociedade obedece estritamente ao princípio da utilidade, aos seus olhos, o escritor desperdiça

[7] Segundo o *Petit Robert*: "pessoa ingênua e mal avisada que se lança estupidamente nos problemas, nos próprios males que queria evitar". Daí a expressão proverbial "*Fin comme Gribouille qui se jette à l'eau par crainte de la pluie*" ["Fino como Gribouille, que se lança na água por temor à chuva"], designando ironicamente aquele que se lança a um risco maior do que aquele que pretende evitar. (N.T.)

os recursos, pois deveria servir o princípio da sociedade que o nutre. Compreendo pessoalmente o "homem de bem" que julga bom suprimir ou subjugar um escritor: isso quer dizer que ele leva a sério a urgência da situação, talvez seja simplesmente a prova dessa urgência.

O escritor, sem se demitir, pode acabar de acordo com uma ação política racional (ele pode até apoiá-la em seus escritos) no sentido do crescimento das forças sociais, se ela for uma crítica e uma negação do que é efetivamente realizado. Se seus partidários têm o poder, ele pode não a combater, não se calar, mas somente na medida em que nega a si mesmo que a sustenta. Se o faz, ele pode dar à sua atitude a autoridade de seu nome, mas o espírito sem o qual esse nome não teria sentido não pode seguir, o espírito da literatura está sempre, queira ou não o escritor, do lado do desperdício, da ausência de fim definido, da paixão que rói sem outro fim senão ela mesma, sem outro fim senão o de roer. Uma vez que toda sociedade deve ser dirigida no sentido da utilidade, a literatura, a menos que seja encarada, por indulgência, como um relaxamento menor, está sempre na direção oposta a essa.

Desculpe-me se, para precisar meu pensamento, acrescento por último essas considerações sem dúvida penosamente teóricas.

Não se trata mais de dizer: o escritor está certo, a sociedade dirigente está errada. Sempre ambos estiveram certos *e* errados. É preciso ver sem agitação o que é: duas correntes incompatíveis animam a sociedade econômica, que sempre oporá *dirigidos* e *dirigentes*. Os dirigentes tentam produzir o máximo possível e reduzir o consumo. Essa divisão se encontra, aliás, em cada um de nós. Quem é dirigido quer consumir o máximo possível e trabalhar o mínimo possível. Ora, a literatura é consumo. E, no conjunto, por natureza, os literatos estão de acordo com aqueles que amam dilapidar.

O que sempre impede de determinar essa oposição e essas afinidades fundamentais é que, normalmente, do lado dos consumidores, todo mundo puxa para os dois lados ao mesmo tempo. Além disso, os mais fortes atribuíram a si próprios, à porfia, um poder acima da direção da economia. De fato, o rei e a nobreza, ao deixarem à burguesia a preocupação de dirigir a produção, esforçaram-se em reservar para si uma grande parte dos produtos consumíveis. A Igreja, que assumia, em acordo com os senhores, o cuidado de colocar acima do povo figuras soberanas, utilizava um prestígio imenso para reservar para si uma outra parte. O poder – real, feudal ou eclesiástico – do regime que precedeu a democracia teve o sentido de um compromisso por meio do qual a soberania, bastante superficialmente dividida em domínios opostos, o *espiritual* e o *temporal*, se punha indevidamente a serviço ao mesmo tempo do bem público e do interesse próprio do poder. Com efeito, uma atitude soberana que fosse inteira seria vizinha do sacrifício, e não do comando ou da apropriação das riquezas. O poder e o abuso que o soberano clássico faz destes últimos subordinam a outra coisa que não a ela própria uma atitude soberana – que é a autenticidade do homem ou não é nada, e que não é mais autêntica, evidentemente, se tiver outros fins que não ela própria (em suma, soberana quer dizer: que não serve outros fins que não ela própria). No mínimo é preciso que o instante em que a soberania se manifesta (entenda-se: não pela autoridade, mas pelo acordo com o desejo sem medida) triunfe de maneira decidida sobre as consequências "políticas" e financeiras de sua manifestação. Tanto quanto possível, em tempos recuados a soberania atingia os deuses e os reis com a morte e a impotência. A soberania do rei, cujo prestígio está arruinado ou se arruína, é uma soberania degradada, ela se compõe há muito tempo com a força militar, pertencendo ao comandante do exército. Nada está mais distante da santidade e da violência de um momento autêntico.

Sem dúvida a literatura, como a arte, outrora discreta auxiliar dos prestígios religiosos ou principescos, não tinha então autonomia: ela respondeu por muito tempo a encomendas ou a expectativas que confessavam seu caráter menor. Mas desde sempre, desde que assume, por oposição à vaidade do autor, a simples soberania – desgarrada no mundo ativo, inconciliável –, ela deixa ver o que sempre foi, a despeito dos compromissos múltiplos: movimento irredutível aos fins de uma sociedade utilitária. Frequentemente esse movimento é levado em conta nos mais baixos cálculos, mas jamais se reduz a eles por princípio, para além do caso particular em que se encontra. Ele, em verdade, jamais está reduzido a não ser em aparência. Os romances de sucesso, os poemas mais servis, deixam intacta a liberdade da poesia ou do romance, que o mais puro ainda pode atingir. Ao passo que a autoridade legal arruinou, por uma confusão irremediável, a soberania dos príncipes e dos padres.

Ao herdar os prestígios divinos desses padres e desses príncipes atarefados, seguramente, o escritor moderno recebe ao mesmo tempo em partilha o mais rico e o mais temível dos quinhões: é com razão que a dignidade nova do herdeiro leva o nome de "maldição". Essa "maldição" pode ser feliz (ainda que de uma maneira aleatória). Mas o que o príncipe acolhia como o mais legítimo e o mais invejável dos benefícios, o escritor o recebe inicialmente como dom de triste advento. Sua partilha é em primeiro lugar a má consciência, o sentimento de impotência das palavras e... a esperança de ser ignorado! Sua "santidade" e sua "realeza", talvez sua "divindade", aparecem-lhe para melhor humilhá-lo: longe de ser autenticamente soberano e divino, o que o arruína é o desespero ou, mais profundamente, o remorso de não ser Deus... Pois ele não tem autenticamente a natureza divina: e no entanto não tem a liberdade de não ser Deus!

Nascida da decadência do mundo sagrado, que morria de esplendores mentirosos e pálidos, a literatura *moderna* em seu nascimento parece ainda mais vizinha da morte do que esse mundo decaído. Essa aparência é enganadora. Mas é duro, em condições desarmantes, sentir-se sozinho o "sal da terra". O escritor *moderno* só pode estar em relação com a sociedade produtiva se exigir dela uma reserva, em que o princípio de utilidade não reine mais, mas, abertamente, a negação da "significação", o não-sentido do que é primeiro dado ao espírito como uma coerência acabada, o apelo a uma sensibilidade sem conteúdo discernível, de emoção tão viva que deixe à explicação a parte derrisória. Mas ninguém poderia sem abnegação, ou melhor, sem lassidão, recorrer ao brilho de mentiras que compensam as da realeza ou da Igreja, e delas só diferem num ponto: elas se oferecem por si mesmas como mentiras. Os mitos religiosos ou da realeza eram ao menos tidos por reais. Mas o não-sentido da literatura moderna é mais profundo que o das pedras, sendo, por ser não-sentido, o único sentido concebível que o homem pode ainda dar ao objeto imaginário de seu desejo. Uma abnegação tão perfeita exige a indiferença, ou antes, a maturidade de um morto. Se a literatura é o silêncio das significações, é na verdade a prisão de que todos os ocupantes querem evadir-se.

Mas o escritor moderno recolhe, em contrapartida a essas misérias, um privilégio maior em relação aos "reis" a quem sucede: o de renunciar a esse poder que foi o privilégio menor dos "reis", o privilégio maior de *nada* poder e de reduzir-se, na sociedade *ativa*, de antemão, à paralisia da morte.

Hoje é tarde demais para procurar um viés! Se o escritor *moderno* ainda não sabe o que lhe cabe – e a honestidade, o rigor, a humildade lúcida que isso exige –, pouco importa, mas desde então ele renuncia a um caráter soberano, incompatível com o erro: a soberania, ele devia saber disso, não permite ajudá-lo mas destruí-lo, o que ele podia exigir dela era que fizesse dele um morto vivo, talvez alegre, mas roído por dentro pela morte.

Você sabe que esta carta inteira é a única expressão verdadeira que posso dar à minha amizade por você.

O silêncio de Molloy[1,2]

Samuel Beckett, *Molloy*, romance, *Les* Éditions de Minuit, 1951. In-16, 276 p.

O que nos conta o autor de *Molloy* é, por assim dizer, a coisa do mundo mais abertamente insustentável: ali não há mais do que uma fantasia desmedida, tudo ali é fantástico, extravagante, tudo ali é sórdido, sem dúvida, mas esse sórdido é maravilhoso; ou mais precisamente, *Molloy* é o maravilhoso sórdido. Ao mesmo tempo não existe história mais necessária nem mais convincente; o que *Molloy* expõe não é somente realidade, é a realidade em estado puro: é a mais pobre e a mais infalível realidade, esta realidade fundamental que se oferece incessantemente a nós, mas da qual incessantemente um terror nos afasta, que nos recusamos a ver e na qual devemos incessantemente nos esforçar para não afundar, que só é conhecida por nós sob a forma inapreensível da angústia.

Se eu não estivesse preocupado nem com o frio, nem com a fome, nem com os múltiplos dissabores que se abatem sobre o homem que se abandona na natureza à chuva, à terra, ao imenso atolamento do mundo e das coisas, eu seria eu mesmo o personagem de Molloy. Posso dizer ainda que eu o encontrei e que vocês o encontraram: tomados por uma vontade aterrorizada, nós o encontramos numa esquina, figura anônima composta pela inevitável beleza dos trapos, pela atonia e pela indiferença do olhar, e pela invasão secular da sujeira: ele era o *ser* finalmente *desamparado*, o empreendimento que todos nós somos, em estado de destroço...

[1] Texto publicado em 1951 na revista *Critique* (n. 48, maio de 1951).

[2] Primeira versão de Inês Oseki-Dépré, revista por mim. (N.T.)

Há nessa realidade, que é o fundo ou o resíduo do ser, algo de tão *geral*, aqueles *vagabundos* acabados que às vezes encontramos, mas que logo *perdemos*, têm algo de tão essencialmente indistinto que não imaginamos nada mais anônimo. A tal ponto que a palavra *vagabundo*, que acabo de escrever, os trai. Mas *miserável*, que tem talvez sobre a primeira a vantagem de uma indeterminação maior, não os trairia menos. O que se encontra aí é de tal maneira o fundo do ser (mas "o fundo do ser" não poderia ser determinado por essa expressão sozinha) que não temos qualquer hesitação: a *isso* não podemos dar nome, isso é indistinto, necessário e inapreensível, isso é *silêncio*, só isso. O que chamamos apenas por impotência de *vagabundo, miserável*, que na verdade é *inominável* (mas *inominável* é também uma palavra que nos confunde), não é menos mudo do que o morto. Desse modo, sabemos de antemão que é vã a tentativa de falar com aquele espectro que assombra o dia claro das ruas. Se conhecêssemos as circunstâncias e condições precisas de sua vida (?) e de sua miséria, não teríamos absolutamente avançado: este homem, ou, antes, este ser cuja palavra poderia, sustentando-o, fazer dele um homem, a palavra, que subsiste ou, antes, esgota-se nele, não o sustenta mais – assim como a palavra não o atinge mais. Qualquer conversa que pudéssemos manter com ele não passaria de um espectro, de uma aparência de conversa. Ela nos afastaria, remetendo-nos a alguma aparência de humanidade, a outra coisa além dessa *ausência* de humanidade, anunciada pelo destroço que se arrasta na rua e que fascina.[3]

[3] Lembro-me de ter tido quando muito jovem uma longa conversa com um *vagabundo*. Ela durou uma grande parte da noite que passei esperando um trem numa pequena estação de trânsito. É claro que ele não estava esperando nenhum trem, estava apenas usando como abrigo a sala de espera, e deixou-me ao amanhecer para ir preparar um café sobre uma moita. Não era exatamente o ser de que estou falando, era até muito falante, talvez mais do que eu. Parecia satisfeito com a vida, e muito idoso, divertia-se expressando sua felicidade ao jovem entre quinze e vinte anos que eu era, que o escutava com admiração. Entretanto, a lembrança que ele me deixou, no pavor maravilhado que ela ainda provoca em mim, não cessa de evocar em mim o silêncio dos animais. (O encontro impressionou-me a tal ponto que um pouco depois comecei a escrever um romance no qual um homem que o tinha encontrado no campo o assassinava, talvez na esperança de aceder à animalidade de sua vítima.) – Uma outra vez, encontrando-me de carro com amigos, deparamo-nos em pleno dia, numa floresta, com um homem à beira da estrada deitado no mato e, por assim dizer, na água sob a chuva espessa. Ele não estava dormindo, talvez estivesse doente, não respondeu às nossas perguntas. Propusemos a ele levá-lo ao hospital: se bem lembro, ele continuou não respondendo, ou se fez um esforço para responder, foi por um vago grunhido de recusa. (GB.)

★

Precisemos agora o essencial: não há razão para pensar que Samuel Beckett tenha tido a intenção de descrever esse "fundo do ser" ou essa "ausência de humanidade" de que falei. Parece-me até mesmo improvável que ele tenha querido fazer de Molloy uma figura de vagabundo (ou do que essa palavra anuncia de inominável), como Molière quis fazer de Harpagon uma figura de avarento, de Alceste uma figura de misantropo. Na verdade, sobre as intenções do autor de Molloy, não sabemos quase nada, e em geral o que sabemos dele reduz-se a nada. Nascido em 1906, irlandês, ele foi amigo, e até mesmo de certa maneira tornou-se discípulo de Joyce. Suas amizades – ou suas relações – situam-no, aparentemente, no meio que Joyce frequentou na França. Escreveu antes da guerra um romance em língua inglesa da qual ele próprio forneceu uma versão francesa antes da guerra, e, bilíngue, parece ter decididamente escolhido o francês.[4] A evidente influência de Joyce sobre Beckett, por outro lado, está longe de ser a chave deste último. Na melhor das hipóteses, o interesse concedido às possibilidades desgrenhadas dadas no livre jogo – apesar de tudo voluntário, apesar de tudo concertado, mas violento – da linguagem aproxima os dois escritores. E certamente uma espécie de confiança – um olho aberto, talvez, mas com ar de cego – dada à violência criativa da linguagem situa com exatidão o abismo que separa Samuel Beckett de Molière. Mas esse abismo não seria no fundo semelhante àquele que separa o misantropo, ou o avarento, da *ausência* de humanidade e do caráter *informe* de Molloy? Somente um fluxo incontinente da linguagem teria a virtude de atingir essa ausência (essa incontinência, esse fluxo equivaleriam eles próprios à negação, à ausência do "discurso" sem o qual a figura do avarento ou a do misantropo não teriam essa *forma* acabada, sem a qual não podemos concebê-las). E reciprocamente, seria possível que o abandono do escritor, que não mais

[4] O primeiro romance, *Murphy,* foi publicado em 1938, em inglês, pela Routledge; em 1947, em francês, pelas edições Bordas. É preciso dizer que a leitura é um pouco decepcionante: a narrativa é fundada no procedimento que consiste em representar sem coerência aspectos expressamente incompletos da realidade. Trata-se de uma literatura provocante, ácida, muito moderna, a que ainda faltam a autenticidade e a autoridade extremas de *Molloy*. Samuel Beckett é o autor de dois romances franceses inéditos, *Malone meurt* [*Malone morre*] e *L'Innommable* [O Inominável], que seriam do mesmo calibre que *Molloy* e cuja publicação não tardará.

reduz a escrita ao modo de exprimir sua intenção, que aceita responder a possibilidades dadas, mas confusamente, nessas correntes profundas que atravessam a agitação oceânica das palavras, atinja por si mesmo, sob o peso de um destino ao qual ele sucumbe, a *informe* figura da *ausência*.

"*Sei*, diz Molloy (ou o autor), *o que sabem as palavras e as coisas mortas e isso dá uma pequena soma bonitinha, com um começo, um meio e um fim, como nas frases bem construídas e na longa sonata de cadáveres. E que eu diga isso ou aquilo ou outra coisa, na verdade pouco importa. Dizer é inventar. Falso como se espera. Você não inventa nada, acredita inventar, escapar, não faz mais que balbuciar sua lição, restos de um castigo, tarefa decorada e esquecida, a vida sem lágrimas, tal como você a chora*" (p. 46).[5] Isso não é um manifesto de escola, não é um manifesto, mas uma expressão, entre outras, de um movimento que excede a escola e que quer que no final a literatura faça da linguagem essa fachada desgrenhada pelo vento e esburacada, que tem a autoridade das ruínas.

Assim, sem tê-lo querido, ou por tê-lo querido, e até mesmo na falta de tê-lo querido, a literatura, tão fatalmente quanto a morte – sob o golpe de uma necessidade imperativa, própria a cada caminho que leva ao cume, que não deixa mais lugar para escolha –, conduz à insondável miséria de *Molloy*. Esse indefensável movimento tem o sentido do capricho mais arbitrário; entretanto, o peso da fatalidade o comanda. A linguagem decidiu sobre esse mundo calculado, cujas significações sustentam nossas culturas, nossas atividades e nossas casas, mas o fez na medida em que se reduziu a um meio dessas culturas, dessas atividades, dessas casas; liberta dessas servidões, ela não é mais que o castelo inabitado cujas aberturas escancaradas deixam entrar o vento e a chuva: não é mais a palavra que significa, mas a expressão desamparada que a morte assumiu por um desvio.

Por um desvio, porém. A morte seria por si mesma aquele silêncio extremo jamais atenuado por aparências enganosas. Ao passo que a literatura alinha ao silêncio uma onda de palavras incôngruas. Se pretende ter o mesmo sentido que o silêncio da morte, esse silêncio não passa de

---

[5] Os números de página referem-se à edição francesa. As traduções das citações foram extraídas da seguinte edição brasileira: BECKETT, Samuel. *Molloy*. Tradução e prefácio Ana Helena Souza. 2. ed. São Paulo: Editora Globo, 2014. (BECKETT, Samuel. *Molloy*. Biblioteca Azul. Edição do Kindle. [Copyright © 1951 by Les Éditions de Minuit]). (N.T.)

sua paródia. Mas não é tampouco a verdadeira linguagem: talvez até a *literatura* já tenha profundamente o mesmo sentido do silêncio, mas ela recua diante do último passo que o silêncio seria. E da mesma forma, esse Molloy, que é sua encarnação, não é exatamente um morto. Da morte ele tem a profunda apatia, ou a indiferença a todo o possível, mas essa apatia encontrou na própria morte seu limite. A interminável deambulação na floresta que uma equivalência da morte conduz sobre muletas difere da morte, apesar de tudo, num ponto: é que, por hábito, ou como que visando perseverar ainda mais na morte, e na negação informe da vida – do mesmo modo que a literatura no final é silêncio na negação da linguagem sensata, mas permanece sendo o que ela é, literatura –, a *morte* de Molloy é *n*esta vida que ela obseda e que não lhe é sequer permitido querer abandonar.

"*Mas*, diz Molloy (agitado, sem angustiar-se, por um agravamento de suas enfermidades), *no fundo, que minha perna pudesse tirar uma folga ou que tivesse de trabalhar, havia uma diferença tão grande, quanto à dor? Penso que não. Pois a que não fazia nada, seu sofrimento era constante e monótono. Enquanto aquela que era obrigada a essa sobrecarga de sofrimento que era o trabalho sentia essa diminuição de sofrimento que era o trabalho suspenso, pelo espaço de um instante. Mas sou humano, creio, e meu progresso se ressentia desse estado de coisas, e de lento e penoso que sempre fora, apesar do que tenha dito, se transformava, com sua licença, em verdadeiro calvário, sem limite de estações nem esperança de crucificação, digo-o sem falsa modéstia, e sem Simão, e me sujeitava a paradas frequentes. Sim, meu progresso me obrigava a parar cada vez mais vezes, era o único meio de progredir, parando. E ainda que não faça parte das minhas intenções cambaleantes tratar a fundo, como no entanto merecem, estes breves momentos de expiação imemorial, despenderei ao menos algumas palavras, terei essa bondade, a fim de que o meu relato, tão claro até aqui, não termine na escuridão, na escuridão desses bosques imensos, dessas folhagens gigantes, onde claudico, escuto, me deito, me levanto, escuto, claudico, perguntando-me às vezes, é preciso que enfatize, se ainda vou rever a odiada luz do dia, enfim pouco amada, estendida palidamente entre os últimos troncos, e minha mãe, para resolver o nosso assunto, e se não faria melhor, enfim, tão bem, me prendendo a um galho, com um cipó. Pois a luz do dia, francamente não me apego a ela, e minha mãe, podia esperar que ainda me esperasse, depois de tanto tempo? E minha perna, minhas pernas. Mas as ideias suicidas tinham pouco apelo para mim, não sei por quê, achava que sabia, mas vejo que não*" (p. 119-120).

É evidente que, para um apego tão fiel à vida, não é possível haver razão; não serve, de fato, para nada dizer que na verdade o objeto dessa fidelidade é a morte: isso só teria sentido se a morte – ou a existência na morte, ou a morte na existência – tivesse um sentido; ora, o único sentido que há aí reside no fato do não-sentido que à sua maneira é um sentido, uma paródia de sentido, talvez, mas, no final das contas, um sentido distinto, que é o de obscurecer em nós o mundo das significações. Essa é, com efeito, a cega intenção dessa narrativa alerta e tão longamente sustentada por uma verve inexaurível que não a lemos com menos interesse impaciente do que um romance de peripécias angustiantes.

*

Lasciate ogni speranza vuoi qu'entrate...

Essa poderia ser a epígrafe de um livro absolutamente surpreendente, cuja exclamação ininterrupta, sem parágrafos, explora com uma ironia nunca atenuada as extremas possibilidades da indiferença e da miséria. Um trecho isolado dá uma ideia sem fôlego e sem poder dessa viagem desmedida que, paradoxalmente, a narrativa ordena à maneira de uma epopeia imensa, ruidosa e agitada por uma irresistível, uma inumana corrida (é difícil, de fato, levar Molloy a sério quando ele se considera por acaso humano, visto que no seio de sua miséria, ele outorga monstruosamente a si mesmo a incongruidade, a obscenidade e a indiferença morais a que, doente de escrúpulos e na angústia, toda a *humanidade* se recusa). *Deixai toda esperança...* na verdade só é exato num sentido, e a violência da ironia impõe-se assim que essas palavras fúnebres são pronunciadas. Pois, no momento em que avança, brutalmente agredido pela polícia, molestado, Molloy marca seus limites com precisão: "*Prosseguindo no meu melhor passo, diz sua ingenuidade, me entreguei àquele momento dourado, como se fosse um outro. Era a hora do descanso, entre o trabalho da manhã e o da tarde. Talvez os mais sábios, estendidos nas praças ou sentados na porta de casa, saboreassem os últimos langores, esquecidos das preocupações recentes, indiferentes às próximas. Outros, ao contrário, aproveitavam para traçar planos, a cabeça nas mãos. Havia ali um só para se pôr no meu lugar, para sentir como eu era pouco, naquela hora, aquele que parecia ser, e nesse pouco que força havia, de amarras esticadas a ponto de arrebentar? É possível. Sim, me encaminhava para essas falsas profundezas, para o falso ar de gravidade e paz, me lançava ali com todos os meus antigos venenos, sabendo que não arriscava nada. Sob o céu azul, sob o olhar do guarda. Esquecido da minha mãe, liberado dos atos, fundido na hora dos outros, dizendo a mim mesmo trégua, trégua*". Para dizer a verdade, esse aspecto poderia ter passado largamente implícito; não digo que com isso o livro teria ganhos positivos, mas uma ou duas frases flamejantes destoam. A sutileza do leitor poderia ter compensado: essa sutileza teria respondido a essa falha ligada a toda literatura, que pode apenas com dificuldade e num sobressalto de brutal ingenuidade superar o movimento que a inclina a desamparar. Em parte, esse trecho é falho, mal-vindo, mas oferece a chave da narrativa, em que jamais falta essa tensão que nos fixa na depressão. Certamente, toda *esperança*, todo projeto razoável ali se abismaram na indiferença. Mas talvez fosse evidente que, no instante atual, no limite do tempo presente, não houvesse nada que prevalecesse, nada que pudesse prevalecer. Nada, sequer um sentimento de inferioridade durável, sequer um destino ligando o herói a uma expiação de seus pecados que não pudesse rebaixá-lo ou humilhá-lo de alguma maneira; ela prosseguia sem razão, sem angústia, num silêncio relutante: "*...Mas podia estar enganado e teria feito melhor talvez em ficar na floresta, poderia, quem sabe, ter ficado lá sem remorso, sem a penosa impressão de estar em falta, quase em pecado. Pois me desvencilhei, sempre, me desvencilhei muito daqueles que me sopravam o ponto. E se não posso com decência me parabenizar por isso, também não vejo nenhum motivo para ficar triste. Mas os imperativos, é um pouco diferente, e sempre tive tendência a obedecê-los, não sei por quê. Pois nunca me levaram a parte alguma, mas sempre me arrancaram dos lugares onde, sem estar bem, não estava pior que em outros, e depois se calaram, deixando-me perdido. Logo, eu os conhecia, os meus imperativos, e, no entanto, os obedecia. Tinha virado um hábito. É preciso dizer que tratavam quase todos da mesma questão, a das minhas relações com a minha mãe, e da necessidade de trazer para elas um pouco de clareza, e até mesmo do tipo de clareza que convinha trazer para elas e dos meios para consegui-lo com o máximo de eficiência. Sim, eram imperativos bastante explícitos, e mesmo detalhados, até o momento em que, tendo conseguido me pôr em movimento, começavam a balbuciar, antes de se calarem de todo, plantando-me lá como um idiota que não sabe para onde vai nem por que motivo*" (p. 132-133). No final, essa expiação a que Molloy é submetido obriga-o a abandonar a floresta o mais rapidamente possível.

Embora só a cogite quando perde o fio, ela se impõe a ele com tal força persuasiva que não há em sua paralisia nada que ele não faça para obedecer-lhe. Não conseguindo mais caminhar, ele prosseguirá rastejando essa viagem de lesma: "*Deitado de bruços, usando as muletas como fateixas, mergulhava-as à minha frente na vegetação do solo da floresta, e quando sentia que estavam bem firmes, arrastava-me para a frente, com a força dos punhos, felizmente ainda bastante vigorosos, apesar da minha caquexia, embora totalmente inchados e atacados por um tipo de artrite, provavelmente deformante. Aqui está em poucas palavras como me virava. Esse modo de locomoção tem sobre os outros, falo dos que experimentei, esta vantagem, que quando você quer descansar, para e descansa, sem quê nem mais. Pois em pé não há descanso, nem sentado. E há homens que circulam sentados, e até ajoelhados, puxando-se para a direita, para a esquerda, para a frente, para trás, com a ajuda de ganchos. Mas no movimento réptil, parar é começar imediatamente a descansar, e até mesmo o movimento em si é uma espécie de descanso, em comparação com outros movimentos, falo daqueles que me cansaram tanto. E dessa maneira avancei pela floresta, lentamente, mas com certa regularidade, e fazia meus quinze passos por dia sem me dedicar a fundo. E fazia até de costas, mergulhando cegamente minhas muletas atrás de mim no mato, nos olhos semicerrados o céu negro dos galhos. Ia para a casa da mamãe. E de tempos em tempos dizia, Mamãe, provavelmente para me animar. Perdia meu chapéu a toda hora, fazia muito tempo que o cadarço se rompera, até a hora em que, num movimento de irritação, afundei-o no crânio com tanta violência que não pude mais levantá-lo. E se tivesse conhecido senhoras, e as tivesse encontrado, estaria impossibilitado de cumprimentá-las corretamente*" (p. 138-139).

★

Mas vão dizer: essa sórdida extravagância não tem muita importância, essas imensas fantasmagorias são cansativas, elas nos deixam estritamente frios.

É sempre uma possibilidade. Mas há uma primeira razão pela qual essa ausência de interesse não é forçosamente sustentável, é a brutal convicção do contrário que a potência e o ímpeto do autor nos impõem. Será que esse movimento furioso de ruína que anima o livro, o qual, consistindo na agressão do leitor pelo autor, é tal que nem por um instante é deixada ao primeiro a liberdade de fechar-se na indiferença, será que esse movimento poderia ter sido produzido se algum motivo poderoso não estivesse na origem de uma convicção tão irresistível?

Eu disse: não temos o direito de supor que o autor teve em princípio um projeto articulado. O nascimento que certamente devemos atribuir a Molloy não é o de uma composição instruída, mas a única que convém à inapreensível realidade de que falei, a de um mito – monstruoso, e surgindo do sono da razão. Duas verdades análogas só podem tomar corpo em nós sob a forma de um mito que são a morte e aquela "ausência de humanidade" que é a aparência viva da morte. Tais ausências de realidade não podem, de fato, ser dadas nas claras distinções do discurso, mas é certo que nem a morte nem a inumanidade, ambas inexistentes, podem ser consideradas como indiferentes à existência que somos, de que elas são o limite, o pano de fundo e a verdade derradeira. A morte não é apenas essa espécie de base fugitiva sobre a qual repousa a angústia: o vazio em que a miséria faz tudo soçobrar, se esta última nos absorve completamente e nos decompõe, não é menos do que a morte objeto deste horror cujo aspecto positivo é a humanidade plena. Assim, essa horrível figura que oscila dolorosamente em suas muletas é a verdade de que somos doentes e que não nos segue menos fielmente que nossa sombra nos segue: é essa própria figura cujo pavor comanda nossos gestos humanos, nossas atitudes retas e nossas frases claras. E reciprocamente essa figura é de certo modo a inevitável fossa que acabará atraindo para enterrá-la este aparato da humanidade: é o esquecimento, a impotência... Não é a desgraça, exangue, que sucumbe à miséria, é a indiferença na qual um homem esquece até mesmo seu próprio nome, é a perfeita indiferença à miséria mais repugnante. "*Sim, me acontecia esquecer não apenas quem eu era, mas o que eu era, esquecer de ser*" (p. 73), assim se evapora o pensamento, ou a ausência de pensamento, de Molloy... E sem dúvida há aí trapaça. Molloy, ou melhor, o autor *escreve*: ele escreve e o que ele escreve é que a intenção de escrever se esquiva nele... Pouco importa se ele diz: "*...sempre me comportei como um porco...*" (p. 35)! Não existe interdito humano que não tenha soçobrado numa indiferença, que pretendia ser definitiva – que não o é, mas, a toda uma indiferença bancal, imperfeita, como não ser no final das contas indiferente? Se o autor infiel ao partido de *comportar-se como um porco* confessa que mente e termina seu livro com estas palavras: "*Então voltei para a casa, e escrevi, É meia-noite. A chuva está batendo nas janelas. Não era meia-noite. Não estava* *chovendo*",[6] é porque Molloy não é ele: Molloy *na verdade* não confessaria *nada*, pois não escreveria *nada*.

*

Que um autor escreva corroído pela indiferença ao que escreve passará por uma comédia, mas o próprio espírito que descobrirá a comédia não está engajado em comédias – igualmente falaciosas, mas na ingenuidade da inconsciência. A verdade despojada de comédia não se deixa atingir tão facilmente, pois, antes de atingi-la, não deveríamos apenas renunciar a nossas comédias, mas esquecer tudo, não saber mais nada, ser Molloy: um cretino impotente, "*não sabendo o que ia fazer até que estivesse feito*". Nós também só podemos partir, à procura de Molloy, como o faz Jacques Moran na segunda parte do livro. Esse personagem de certa maneira inexistente, cujos caráter metódico e manias de viúvo egoísta têm algo de desesperador, é o herói da segunda parte do livro, em que Molloy desapareceu, mas a que Moran foi enviado à sua procura. Como se a figura opressiva da primeira parte não tivesse suficientemente investido o silêncio deste mundo, a impotente procura da segunda parece responder à necessidade de entregar à ausência o universo sem medida: Molloy é mais perfeitamente inencontrável do que presente. Moran, porém, à procura de Molloy inacessível, lentamente despojado de tudo, cada vez mais enfermo, será reduzido à mesma ambulação repugnante que Molloy na floresta.

É assim que necessariamente a *literatura* corrói a existência ou o mundo, reduzindo a nada (mas esse *nada* é horror) essas *démarches* em que vamos corajosamente de um resultado a outro resultado, de um sucesso a outro sucesso. Isso não esgota o possível oferecido na literatura. E é certo que o uso das palavras para outros fins que não úteis abre num sentido contrário o domínio do arrebatamento do desafio, da audácia sem razão. Mas os dois domínios – do horror e do arrebatamento – estão mais próximos um do outro do que supuséramos. Seriam as venturas da poesia acessíveis a quem se esquiva do horror e seria o desespero autêntico muito diferente do *instante dourado* do inominável nas mãos da polícia?

---

6 Essas palavras estão no fim da segunda parte, supostamente escrita não por Molloy, como a primeira, mas por um certo Moran, Jacques. Precisamente, a segunda parte começa assim: "É meia-noite. A chuva está batendo nas janelas". (GB.)

O racismo[1,2]

A palavra raça tem necessariamente dois sentidos, um preciso, na medida do possível, respondendo à exigência da ciência; e o outro vago, quando, para distinguir duas raças, contentamo-nos com a aparência. No primeiro sentido, diremos de uma população, de um indivíduo, que eles são de raça negroide; mas, no segundo, falamos dos povos de raça negra. Na prática, a ideia douta de raça não atua no plano social (na prática, aliás, ela nunca atua quando se trata de homens). As *questões raciais*, cuja importância política se tornou tão grande em nossos dias, só colocam em jogo distinções grosseiras. A ciência só intervém nesse domínio para afirmar a inanidade dessas distinções populares. Ela priva, assim, de valor particular a distinção que parece em geral a mais válida, a saber, a cor da pele. O pigmento de que essa cor depende não possui de fato caráter fundamental: uma população negra que muda de clima poderia, a longo prazo, perder o pigmento; reciprocamente, o pigmento pode ter colorido povos que não são de raça negroide. De todo modo, os etíopes e os polinésios não são negroides; alguns chegam a ver nos etíopes homens de raça caucasoide, e a raça caucasoide corresponde à raça branca de nossos pais, como a negroide à raça negra.

Quando se tratou da raça judaica, a distinção era ainda mais indefensável, visto que, para julgar sobre a raça de um homem, tivemos, oficialmente, que recorrer à diferença religiosa.

---

[1] Texto publicado em 1951 na revista *Critique* (n. 48, maio de 1951).

[2] Primeira versão de Laura Gryner de Moraes, revista por mim. (N.T.)

Na base da atitude racista, existe, portanto, um imenso absurdo, e, como ela implica as crueldades mais inconfessáveis, nada é mais natural do que ver no racismo um flagelo que é preciso destruir. Acrescente-se a isso que esse flagelo parece recente e bastante evitável. A Antiguidade o ignorou, e o mundo muçulmano atual é indiferente às questões de cor. E somos tentados a considerá-lo como o médico considera uma doença que, ontem, não estava aí e que, por exemplo, um antibiótico suprimirá, ou como o bombeiro considera um incêndio que a água apagará. O racismo tem um fundamento, esse fundamento é ruim, ele não tem, portanto, razão de existir... É preciso lutar contra o erro que está na origem do racismo, o erro que os antigos não cometiam.

Parece-me que isso é simplificar e que se falamos do mal racista não dizemos tudo quando o colocamos no plano da distinção racial exata ou não. Evidentemente, o antissemitismo racista é uma forma de ódio mais perniciosa que o ódio aos fiéis do judaísmo, mas isso não se resume, no fim das contas, ao velho antissemitismo característico das massas irreligiosas. Não poderíamos ver, enfim, que a palavra *racismo* nos engana? Ela é cômoda na medida em que deveríamos substituí-la por uma expressão, *fobia dos outros*, ou por um neologismo, *heterofobia*, que não podem significar imediatamente nada de concreto, de facilmente compreensível. Mas é nítido que o racismo é um aspecto particular de uma *heterofobia* profunda, *inerente à humanidade*, e cujas leis gerais não poderiam nos escapar.

Os ódios entre vilarejos, os combates entre vilarejos quase não têm virulência nos dias atuais, mas sabemos que intensidade eles tinham até recentemente. Eram tantos em meados do século XIX que os pedreiros limusinos[3] formavam em Paris clãs distintos por origem que rivalizavam nos canteiros de obras. A princípio, a heterofobia é externa, mas ela pode se manter no interior de uma comunidade política dada (é o caso de que nos ocupamos), basta para isso um critério relativamente duradouro, que mantenha a diferença de maneira clara. Os clãs dos limusinos se preservavam na medida em que os pedreiros emigrantes mantinham contato com o vilarejo para onde retornavam de tempos em tempos, mas a ação sindical os reduziu (ela substituiu o

[3] Da região de Limousin, de onde, até o começo do século XX, provinha regularmente um grande número de pedreiros para trabalhar em obras em Paris. (N.T.)

antagonismo de clã pelo de classe). O antissemitismo é mais sólido (e, aliás, o melhor meio de atenuá-lo foi a guerra em que judeus e não judeus lutaram lado a lado). Na Antiguidade, as populações submissas combatiam rapidamente com os vencedores os inimigos destes. As diferenças sensíveis entre um povoado e outro eram pequenas e os judeus foram os únicos a não se deixar assimilar, a se isolar e manter abertamente uma diferença em relação aos outros: sua participação nas lutas armadas no mundo moderno é recente. O pior caso é o dos negros, cuja diferença visível é inapagável. Podemos chamar esse antagonismo de inevitável, na medida em que uma diferença sensível tem um caráter de estabilidade: é, então, inútil alegar que a diferença é mal fundada segundo a ciência. Não é de ciência que se trata: a teoria na atitude racista teve uma influência apenas secundária. Ver no racismo uma ideia nefasta é voltar as costas para um problema cujos dados jamais se situam no pensamento: eles tampouco estão na *natureza*, eles são contingentes, aleatórios, são *históricos*, quer dizer, *humanos*.

Evidentemente, as diferenças em jogo jamais são irredutíveis. Elas são e elas atuam, mas restam à mercê do movimento. Os brasileiros resolveram o problema sem ter decidido resolvê-lo: as circunstâncias fizeram com que pouquíssimos homens pudessem se manter no Brasil fora do alcance da mistura de "raças". Negros de origem africana, índios e brancos se fundiram. O preconceito de cor não existe lá. A sobrevivência da raça branca pura não tem mais sentido do que a existência de uma nobreza pouco numerosa que mantém sua distinção por meio das alianças. Mas se acontece de um proletariado branco se manter fora do alcance da mistura de cores, como nos Estados Unidos ou na África do Sul, enquanto os negros formam uma massa oprimida, difícil de conter, a crise atinge um nível agudo. A heterofobia se torna mais forte na medida em que a massa branca é pequena numericamente em relação à massa colorida. A situação é, então, irredutível.

O aspecto essencial desses antagonismos se destaca mais cruamente nessa última situação. A diferença de que se trata tem sempre um sentido: ela marca uma inferioridade política. A mesma diferença não atua em todo lugar no mesmo sentido. No mundo muçulmano, a superioridade pertence de saída ao muçulmano negro que dominava o branco cristão. Em país muçulmano, a cor não pode, portanto, ter o sentido da inferioridade, ela não existia como diferença. Cada vez que uma diferença determina o antagonismo, ela significa aos olhos de quem a produz a inferioridade do outro. Ela possui, portanto, um alcance imenso na medida em que é possível oprimir aquele que é atingido pela diferença. Em toda parte, a opressão é possível, mas não poderia ganhar corpo da mesma maneira se o oprimido é em todos os aspectos comparável ao opressor. A opressão do homem de cor é, portanto, uma forma privilegiada de opressão. É a opressão cômoda de uma massa unânime exercida contra uma massa inequivocamente diferenciável.

Podemos dizer da atitude do opressor que ela é moralmente de extrema baixeza. Ela supõe a estupidez e a covardia de um homem que atribui a algum sinal exterior um valor cujo único sentido são seus temores, sua má consciência e a necessidade de carregar os outros, no ódio, com um peso de horror inerente à nossa condição. Os homens odeiam, assim parece, na medida em que são eles próprios odiáveis. É certo, se considerarmos um branco e um negro, que, segundo a expressão de Michel Leiris, "de seus físicos diferentes a suas mentalidades diferentes, não existe nenhuma relação demonstrável de causa a efeito". São culturas, modos de civilização diferentes que fundaram a oposição entre eles.

Mas uma reprovação moral nunca é mais do que a expressão da impotência. Esse antagonismo racial é a forma atualmente assumida nessas condições, nesses lugares por movimentos de oposição que percorrem de toda maneira as massas humanas, e cuja redução, infelizmente, não pode ser operada pela demonstração de que não são dados na natureza. A existência humana não é existência natural e esses fenômenos de antagonismos arbitrariamente motivados opõem precisamente as condutas humanas, históricas, às condutas imutáveis do interesse animal.

MICHEL LEIRIS. *La Question raciale devant la science moderne. Race et civilisation* [*A questão racial diante da ciência moderna. Raça e civilização*] (Paris: UNESCO, 1951. In-8, 48 p.)

A UNESCO, com muita felicidade, confiou a Michel Leiris, etnógrafo vinculado ao Musée de l'Homme, e além disso escritor conhecido, em particular por um livro memorável, *L'Âge d'homme*

[*A idade viril*] (ver *Critique*, n. 11, abril de 1947, p. 291), a redação de uma pequena obra que resume os dados mais sérios referentes aos problemas postos pelos antagonismos de raça.

Michel Leiris resume assim a tese que ele funda a partir de análises precisas: "O preconceito racial não tem nada de hereditário, tampouco de espontâneo; é um 'preconceito', isto é, um juízo de valor não fundado objetivamente e de origem cultural: longe de ser dado nas coisas ou inerente à natureza humana, ele faz parte desses mitos que procedem muito mais de uma propaganda interessada do que de uma tradição secular. Visto que ele está essencialmente ligado a antagonismos, repousando sobre a estrutura econômica das sociedades modernas, é na medida em que os povos transformarão essa estrutura que a veremos desaparecer, como outros preconceitos que não são causas de injustiça social, mas sintomas" (p. 46). Isso se funda numa análise dos dados objetivos que mostra de fato que as diferenças raciais não passam, no fundo, de diferenças de civilização. É inegável, e é igualmente inegável que a injustiça social, ao mesmo tempo que resulta dos movimentos de oposição entre os homens, renova incessantemente os movimentos. Creio, contudo, que é necessário introduzir uma reserva relativa à redução do "preconceito racial" à ação da propaganda. Evidentemente, nada de natural funda esse preconceito. Mas ele está ligado a movimentos mais vastos que aqueles que a ação das propagandas canaliza, e que atravessam a estrutura social e *interferem* nos movimentos econômicos.

Silêncio e literatura[1]

MAURICE BLANCHOT. *Au moment voulu* [No momento desejado], narrativa. Paris: Gallimard, 1951, 167 p.

Quando se pretende comparar Maurice Blanchot com o "homem invisível" de Wells, há uma medida de brincadeira deslocada. O autor em questão, para começar, jamais quis fazer aparecer aquele nada visível que o espectro de Wells revelava ao desfazer as faixas com que se enrolara. É o silêncio que, num outro plano, se revela pelas frases que suas obras romanescas desfazem – ou desenvolvem, se preferirmos. Reconhecerei, contudo, que, à parte essa pequena diferença, a imagem é exata. Essas obras têm um único objeto, o silêncio, e é verdade que o autor nos faz ouvir esse silêncio um pouco da mesma maneira que o homem de Wells fazia ver sua invisibilidade (que o filme extraído da história exibia de maneira tão terrível quanto perfeita).

A brincadeira, no fim das contas, tem este interesse: é difícil, através dela, sugerir o papel que Blanchot dá à literatura em seus livros, mas é ainda mais difícil sem ela. O autor, é verdade, explicou-se a respeito em seus escritos críticos,[2] mas uma representação sensível não é de todo ruim. Devo, contudo, sem delongas, trazer um corretivo: havia na imagem de Wells um elemento penoso, uma espécie de agressividade infeliz, um terror unificado, que fazia dela, mais do que uma armadilha estendida a nós, a tola desventura da infelicidade.

---

[1] Texto publicado em 1952 na revista *Critique* (n. 57, fevereiro de 1952).

[2] *Faux pas* (Gallimard, 1943); *Lautréamont et Sade* (Minuit, 1949); *La part du feu* (Gallimard, 1949).

Não há nos livros de Blanchot nem armadilha nem captura, e se a imagem de um silêncio último sob as palavras não é menos impressionante que aquela, sob as roupas, de um nada visível, se ela incomoda e se chega a parecer contrária a todo repouso, ela é, contudo, neutra, uma vez que é completamente incapaz de intenção, ou que só nos deixa finalmente – talvez – um sentimento de distante amizade, de distante cumplicidade.

De amizade? De cumplicidade? É justamente nisso que reside o paradoxo de Blanchot. Temo que, para a maioria dos leitores, seu nome sugira um mundo feito de angústia ou da reflexão que a angústia encerra. Devo reconhecer, de fato, que a maneira de se expressar do autor é de natureza a alimentar um sentimento como esse. Na verdade, essa literatura é bem talhada para decepcionar em todos os sentidos. Ela se impõe por uma mestria que a literatura raramente atingiu, mas é de se temer que, uma vez reconhecida essa mestria, o leitor se queixe de não ver, ou melhor, de não ver de modo algum o que o autor quer lhe dizer. Essa impressão não se justifica. Mas é inevitável.

Devo, ao contrário, insistir no fato de que as "narrativas" de Maurice Blanchot não participam da depressão quase de regra em nosso tempo. E não somente *Au moment voulu* é um livro feliz, mas não há romance que seja mais do que esse uma descrição da felicidade. Se o livro se presta ainda à confusão é porque o modo de expressão do autor introduz na literatura uma espécie de inversão perfeita, num sentido semelhante ao do movimento do cavalo quando voltamos subitamente a película para trás. É o que minha primeira imagem tentava indicar de uma maneira menos imprecisa: as faixas retiradas revelando o vazio. Nada para o autor é comparável ao silêncio. No silêncio ele é profundamente absorvido, sem esforço, sem infelicidade: o esforço e a infelicidade só começaram no momento em que ele começou a falar.

Como prestar suficientemente silenciosa atenção ao autor que diz (o que, numa espécie de arrancamento brusco e monstruoso, tira, enfim, da linguagem outra coisa que a linguagem, a própria coisa a que a linguagem põe fim):

"*Meu único ponto forte foi meu silêncio. Um silêncio tão grande, quando reflito sobre ele, me parece inacreditável, não um mérito, pois de maneira alguma pretendi falar a respeito, mas justamente, que jamais o silêncio tivesse dito a si mesmo: preste atenção, tem aí alguma coisa que você me deve, o fato que nem minha memória, nem minha vida de todo dia, nem meu trabalho, nem meus gestos, nem minhas falas, nem as palavras saídas da ponta dos meus dedos tenham, de perto ou de longe, feito alusão a algo com que toda a minha pessoa estava fisicamente ocupada, essa reserva, não posso compreendê-la, e eu que, agora, estou falando, eu me volto amargamente para aqueles dias, para aqueles anos silenciosos como para um país inacessível, irreal, fechado a todos e em primeiro lugar a mim mesmo, e onde, no entanto, permaneci durante grande parte da vida, sem esforço, sem tentação, por um mistério que neste momento me espanta.*

Ter perdido o silêncio, o arrependimento que sinto por isso é sem medida. Não posso dizer que infelicidade invade o homem que uma vez tomou a palavra. Infelicidade imóvel, ela própria votada ao mutismo; por meio dela o irrespirável é o elemento que respiro. Tranquei-me, sozinho, num quarto, do lado de fora quase ninguém, mas essa própria solidão começou a falar, e eu, por minha vez, dessa solidão que fala, eu preciso falar, não por derrisão, mas porque acima dela vigia uma maior do que ela e acima desta uma ainda maior, e cada uma, recebendo a palavra a fim de sufocá-la e calá-la, em vez disso repercute-a ao infinito, e o infinito se torna seu eco."[3]

Não poderíamos apresentar com mais precisão o problema do silêncio de que se trata de *falar*, uma vez que o silêncio é a última coisa que a linguagem poderia calar, e aquilo que ela não pode, contudo, tomar por objeto sem cometer uma espécie de crime.

Crime contra a linguagem, em primeiro lugar, em relação ao qual o escritor que elege o silêncio por objeto se comporta da mesma maneira que o incestuoso contra a lei, crime também contra o próprio silêncio. Não sei como o escritor poderia entrar melhor nas vias inextrincáveis do escândalo, como ele poderia se erguer melhor contra o peso que rege os comportamentos e os juízos de todos os homens. E como conceber uma possibilidade de escape? A inevitável trapaça é, no mesmo instante, a impossibilidade da trapaça, uma vez que a exigência a que devemos responder é a nossa. É claro que cada um de nós continua livre para falar, mas agora não se pode entrar no reino em que se conheceria aquilo que a linguagem não revela, aquilo de que Maurice Blanchot falou em seus livros, por uma espécie de esforço prodigioso e terrível, em que só lhe é dado fracassar no limite

---

3 *L'Arrêt de mort* [*Pena de morte*], narrativa (Paris, Gallimard, 1948, p. 64-65).

das forças, e que só é, enfim, tolerável sob uma condição: entregar-se incessantemente ao juízo que denuncia o fracasso.

Ao falar daquele que fala do silêncio, só posso sentir, por minha vez, a atuação de uma dificuldade crescente. Mas isso não é sem contrapartida. Mantive uma latitude... O que digo talvez seja provisório e permito-me – na melhor das hipóteses – simplificá-lo. Se devo falar de *Au moment voulu*, posso ainda dizer (uma vez que não estou de mãos atadas, ou que não estou ao menos agora de mãos atadas, pelo desejo do silêncio), a propósito da aparição que o desenrolar das faixas revelou – que é certamente silêncio e que apenas o silêncio revela –, que, opostamente à imagem do homem de Wells, e embora não tenha, muito pelo contrário, surgido de um momento menos terrível, ela tem o sentido da felicidade. Da felicidade *e* de *nada*; exatamente desta felicidade que jamais nenhuma premeditação alcançou, e que, quase de imediato, a premeditação de sua duração transformaria em *nada*.

Vão me suspeitar de tornar insípido aquilo de que apenas o rigor... A felicidade, na verdade, parece insípido....

Eu gostaria, contudo, de mostrar menos vagamente que se essa felicidade assim surgida da extensão deserta do silêncio tivesse procedido de uma história conforme às regras comuns da linguagem, ela nos teria permanecido desconhecida. Creio que eu poderia resumir a história em questão como se segue. Um homem vem reencontrar depois de um tempo uma mulher, Judith, de quem ele diz: "*...havia manifestamente entre nós uma tal acumulação de acontecimentos, de realidades desmedidas, de tormentos, de pensamentos inacreditáveis e também uma tal profundidade de esquecimento feliz que ela não tinha qualquer dificuldade em não se surpreender comigo*" (p. 8). Mas ela mora então com Claudia, "*da mesma idade... e sua amiga há muito tempo, mas que ficava por trás dela mais como alguém mais velha e de forte personalidade*" (p. 25). Claudia se interpõe então entre o narrador e Judith. Claudia não é vencida, mas de certo modo afogada pela ausência de premeditação do narrador, que se encontra com Judith livremente. Às vezes, e como que de brincadeira, a narrativa segue um curso fácil, de uma realidade convincente, surgida, no entanto, de um semissono da realidade: "*O fogo provavelmente se apagara. Lembrei-me desse fogo com simpatia, ele que se deixara acender tão facilmente havia pouco, e em tempo de neve. Aos flocos sucedera a poeira, à poeira um lado de fora promissor, radiante, algo demasiado manifesto, uma aparência insistente,* *quase uma aparição, – por que isto? O dia quereria se mostrar?*" (p. 81). Mas entre imagens que se sucedem, permanece uma espécie de vazio, feito da ausência na narrativa de um tecido que encadeie estritamente um ao outro uma série de acontecimentos. Faltam essencialmente as preocupações e as intenções dos personagens, que só nos são dados na medida em que o instante presente os possui. Se essas intenções são ditas, contudo, é como se fossem negadas, rendidas à ligeireza do instante. "*Ambas tinham seus deveres domésticos. 'Eu farei esta coisa – Eu farei esta outra coisa.' Era tão importante quanto os grandes projetos de futuro, decisões solenes que se reportavam a um outro mundo. 'Vou descer até a serralheria! – Vou à tinturaria! – Vou falar com o porteiro!' Isso sobrevoava as xícaras das duas, de manhã, como juras de eternidade. 'O aspirador! – A água vazando! – A lixeira entupida!' E a conclusão, o termo lúgubre de toda empreitada: 'A Sra. Moffat vai varrer tudo isto'. As portas batiam, estalavam. O ar, frio e enxerido, corria sem parar atrás delas, atarefado, desocupado, sem outro papel que não o de envolver as idas e vindas delas com um babado de pano*" (p. 73). Mas nada jamais penetra, por meio de uma esperança, um futuro não menos desinteressante do que estas "profundas massas nevadas", esta neve "reconvertida em morna profundeza", este tempo "tão sombrio (de um infinito tão inutilmente branco)". Jamais nestes momentos que se sucedem o passado ou o futuro saem do que deles se cola ao presente de incerto, de inútil, de sufocante. Nada, contudo, de mais movimentado, mais resplandecente, mais alegre. Mas o que, neste mundo abafado de onde às vezes sai um grito animal, está adormecido no final do pensamento é a imagem de uma felicidade que só o silêncio poderia conter (e que ninguém teria expressado se primeiramente não tivesse pertencido ao silêncio que não tem fim):

"*Nesse instante, não havia nem dia, nem noite, nem possibilidade, nem espera, nem inquietude, nem repouso, mas, contudo, um homem de pé envolvido no silêncio destas palavras: não há dia e no entanto é dia, de maneira que essa mulher sentada embaixo contra a parede, com o corpo meio vergado, a cabeça inclinada para os joelhos, não estava mais próxima de mim do que eu estava dela, e o fato de que ela estivesse ali não significava que estava ali, nem eu, mas o flamejar destas palavras: eis que ela chega, algo chega, o fim começa*" (p. 145-146).

"*...O esquecimento não passou sobre as coisas, mas devo constatar: na clareza em que resplandecem, nesta clareza que não destrói os limites delas,* *mas une o ilimitado a um 'Eu o vejo' constante e alegre, elas brilham na familiaridade de um recomeço em que outra coisa não tem lugar; e eu, através dela, tenho a imobilidade e a inconstância de um reflexo, imagem errante entre imagens e arrastada com elas na monotonia de um movimento que parece sem fim assim como foi sem começo. Talvez, quando me ponho de pé, eu tenha fé no começo: quem se levantaria se não soubesse que o dia está começando? Mas embora eu seja ainda capaz de muitos passos, e é por isso que as portas batem, as janelas se abrem e, estando a luz novamente ali, todas as coisas também estão em seu lugar, imutáveis, alegres, decerto presentes, com uma presença firme e até mesmo tão certa que sei que elas são inapagáveis, imóveis na eternidade resplandecente de suas imagens. Mas vendo-as ali onde estão, ligeiramente afastadas de si mesmas no seio de sua presença e, por meio desse insensível recuo, transformadas na beleza feliz de um reflexo, embora eu continue a ser capaz de muitos passos, só posso, eu também, ir e vir na tranquila imobilidade de minha própria imagem, ligada à festa flutuante de um instante que não passa mais. Que eu tenha descido tão longe de mim mesmo, num lugar que podemos, penso, chamar de abismo e que ele me tenha apenas entregue ao espaço alegre de uma festa, é possível que alguém se espante com isso, surpresa que eu compartilharia se não tivesse experimentado a carga dessa leveza incansável, peso infinito de um céu onde o que se vê permanece, onde os confins se exibem e, noite e dia, o longínquo fulgura com o brilho de uma bela superfície*" (p. 158-160).

Dessa linguagem cuja abundância é uma espécie de queda vertiginosa, e no entanto dominada, como não ver que o sentido é o de revelar o que já é um nada, o instante sozinho sendo o seu brilho, o que, neste mundo da duração (e das intenções), não é senão o vazio sem o qual esse estado interior seria menos intenso.

O soberano[1,2]

I

Nada é mais necessário e nada é mais forte em nós do que a revolta. Não podemos amar mais nada, estimar mais nada, que tenha a marca da submissão. No entanto, integralmente, o mundo de que saímos, a que devemos o que somos, viveu uma interminável genuflexão: essa origem nos previne que, se nos deixarmos levar sem desconfiança por nossos sentimentos mais seguros, podemos deslizar de um humor autônomo e caprichoso para aqueles juízos curtos cujo verbalismo subordina o espírito de quem os forma. Não é menos contrário à revolta *submeter-se*, em nome de um princípio de insubmissão, ao mecanismo das palavras do que curvar-se ingenuamente diante de tal força soberana. Todo o passado teria sido subjugado? e tudo seria altivo no ódio ou na inveja recobertos por nossas recusas?

A mais pesada miséria inerente a nossa condição quer que jamais sejamos desinteressados sem medida – ou sem trapaça – e que, em última instância, o rigor, mesmo asperamente desejado por nós, seja ainda insuficiente. O espírito do homem tem muitas dobras profundas sobre as quais de nada serviria demorar-se: pois as verdades que ali se descobrem não desencaminham menos do que as aparências honestas.

---

[1] Texto publicado em 1952 na revista *Botteghe oscure* (Roma, n. IX, 1952).

[2] Primeira versão de Fernando Scheibe, revista por mim. (N.T.)

Nessas condições difíceis, só podemos rir ou temer, mas um riso *insidioso* é mais direto que um tremor: ao menos ele quer dizer que não temos refúgio e que recusamos alegremente ser manipulados.

Isso eu tinha que dizer para começar. De fato, não posso fazer com que a "pretensão" da revolta não se ligue, de perto ou de longe, ao que as dobras de uma alma humana dissimulam de inconfessável, mas *eu me rio* e creio que comigo o espírito revoltado se ri – ainda que, um dia ou outro, no tremor – dessas intermináveis gravidades: rio, como disse, de um riso feliz, mas que meu ardor quer soberanamente "*insidioso*". O próprio da revolta é não se deixar submeter facilmente. Posso colocar a mim mesmo em causa, duvidar de minha boa fé. Mas não posso deixar o *espírito submisso* me levar de volta à autoridade que o faz curvar-se. Assumo aqui com bastante leveza a pretensão da revolta, que é a de nada reconhecer de soberano acima de mim (quando minha solidão mede a perder de vista a obscuridade do universo) e de não mais esperar uma resposta que venha de um silêncio sem falhas.

Guia-me neste instante um desejo de exatidão que não pode afinar-se com o alívio que, em condições de nudez, de abandono, de não-senso, eu encontraria em prosternar-me diante de um poder tranquilizador. Um estado de paixão me proíbe de não deixar vir livremente à tona o soluço que por vezes me rompe por sentir-me só, por jamais ter encontrado outra coisa que não minha sombra à minha volta. Sei que em mim o homem está só da solidão que a morte faz se atinge quem amávamos; e meu apelo é um silêncio que trapaceia: não conheço senão este *instante* nu, imensamente alegre e trêmulo, que nem mesmo um soluço pode *reter*.

II

Eu quis, para começar, opor estes seres revoltados, que somos essencialmente, a este mundo, outrora indiscutido, que a submissão ordenava. Mas não somos *todos* e não somos *igualmente* revoltados. E uma vez que a revolta se liga por si mesma à condição do homem, dada na história, eu não poderia emprestar um sentido à posição de *minha* revolta – de nossa feliz, desajeitada e frequentemente incerta revolta – sem situá-la na história *desde seu princípio*.

Creio que, na submissão, o *ser* se esquiva, mas a fadiga, o desejo de esquivar-se e a deposição que a segue vêm à luz também quando aspiramos, não sem pesadez, à revolta: inversamente, pela astúcia ou pelo dom sem reserva de si, com frequência, a revolta veio à luz sob o aspecto da submissão. Devemos, pois, velar para não a ver nos rancores que falam em seu nome, como para não a ignorar nos terríveis clarões que iluminaram o passado. De encontro àqueles que ligam à obediência os estados mais despertos, devemos até mesmo supor que o ser não tem presença real ou soberana em nós a não ser revoltado; que sua plena manifestação – que não se pode, *como o sol ou a morte, olhar fixamente* – exige o extremo abandono da revolta. Assim o ofuscamento maravilhado, ou a alegria furtiva do êxtase, em aparência ligados a uma atitude de pavor, só são dados *à revelia da* submissão a que o pavor parecia conduzir. Da mesma forma, os caracteres neutros e mornos, o terra-a-terra necessitado ou o raso lirismo dos revoltados nos enganam: não é do lado de uma crença humilde e formal, mas no sobressalto de uma recusa que se abre uma experiência mais ardente, que nos deixa, enfim, deslizar sem limites. Seria uma velhacaria ligar decididamente o ser em sua *démarche* mais perdida a verdades *corretas*, feitas de concessões ao espírito dócil: esse salto que nos arranca à pesadez tem a ingenuidade da revolta, ele a tem, *de fato, na experiência*, e, se é verdade que nos deixa sem voz, não podemos, todavia, nos calar antes de tê-lo dito.

É verdade que uma abertura ilimitada – negligenciando os cálculos que nos ligam a uma existência articulada no tempo – nos abandona a dificuldades bizarras, que aqueles que seguiram (ou pensaram seguir) as vias da obediência não conheceram. Se nos subleva bastante livremente, a revolta nos condena a nos desviar de seu objeto. Essa solidão última e travessa do *instante*, que sou, que também serei, que serei, enfim, de uma maneira acabada na escapada de súbito rigorosamente efetuada de minha morte,[3] não há nada em minha revolta que não a chame, mas

[3] Não pude, nesse desenvolvimento, precisar que está na essência da escapada de que estou falando ser efetuada, de uma maneira não apenas inesperada quanto decidida, de tal modo que o ser cujo instante está em balanço é de certa forma efetuado como se se tratasse de uma escamoteação. Ora, essa escamoteação é tão bem-feita que o público (que o *ser* é tanto quanto é escamoteador ou vítima) é sublevado por um aplauso imenso, como o mar por uma onda: penso num tipo de aplauso

tampouco que dela não me afaste. O *instante*, se o considero isolado de um pensamento que enreda o passado e o futuro com coisas manejáveis, o instante que se fecha num sentido, mas num sentido bem mais agudo, abre-se negando o que limita os seres separados; só o instante é o ser soberano. Por revolta, recuso-me a deixar uma parte soberana, ainda que ela me tenha parecido irredutível em mim, cessar de ser tal e ser submetida a outros poderes, que a tratem e a empreguem como uma coisa, que encadeiem essa coisa nas intenções do pensamento eficaz. Se dou consequências a esse movimento de revolta, devo me esforçar e lutar para negar o poder daquele que me aliena, que me trata como coisa e limita a uma utilidade aquilo que queria arder *por nada*: não saio, assim, da prisão da servidão a não ser para entrar nos encadeamentos de uma revolta consequente; estes não diferem senão *em potência* da prisão que essa revolta quis abrir.

III

Ao me remeter, como marquei minha intenção de fazê-lo, ao curso histórico da revolta, não posso duvidar que o revoltado perde muito – e talvez tudo – se entra na via estreita das consequências: ele deve desde então conduzir, sem clara limitação, um combate em que deverá subordinar o presente a fins distantes, e soçobrar na obediência.

Mas posso remontar o curso da história: no passado, ao menos nos tempos que precederam "a submissão", uma via larga se abria para aquele que logo de saída se recusava a subjugar a vida em sua pessoa. Ele queria manter o *ser* de que era o depositário insubmisso,

---

em que a exaltação é sem medida, uma vez que a beleza da escamoteação é tão grande que leva a um soluço contido. (Não se costuma admitir, creio eu, mas é difícil contestar que se chora com aquilo que leva uma massa à aclamação.) No estreito dado do instante, é preciso dizer que a consciência do *eu* é sutilizada, pois uma consciência que não apreende nada além do próprio presente, esquecido de todo o resto, não pode ser consciente desse *eu* que não poderia se distinguir de outros *eus* se não contasse com sua duração. O próprio instante, na morte (e até mesmo na imaginação da morte), não é ainda esse dado estreito de uma maneira isolada, de uma maneira já idêntica à morte; há no máximo uma fulguração que se perde. Mas sabendo que ela se perde e querendo-o, ela obtém o acordo daquela aclamação desmedida, o qual, crescendo no arrancamento súbito, irresistível mas feliz, vem do último abandono do ser.

jamais subordinando-o a nada: ele não podia servilmente ser o meio de um fim que contasse mais do que ele, ele devia estar ali, soberano, sem limites, e jamais cessar, por nenhum resultado por vir, de recusar o que subjugava. Se engaja a vida, essa atitude é sem réplica: entre a subjugação e a morte, cada um é livre para escolher a morte.

Mas essa resolução ousada não podia evitar que, um pouco mais adiante, a pesadez ganhasse e embrutecesse a humanidade: assim como uma caminhada inabitual entorpece as pernas, o trabalho imposto e infeliz impregnou *os outros*. A humanidade não é o grande sopro de poesia que me esgota em vão: é uma avareza atolada na lama de dezembro de uma fazenda, numa região de frio, de inveja, de doença odienta. O próprio rosto de um ser humano anuncia que é melhor viver sob pequenos cálculos e subordinar cada gesto ao proveito. A desonra ligada a essa conduta não lhe é prejudicial, e seu limite é a subjugação do ser. Todo homem é ainda, em potência, um ser soberano, mas sob a condição de preferir morrer a ser subjugado. Posso, a partir desse momento, não querer mais nada além de meu capricho e, de acordo com minha sorte, eu o farei ou morrerei. É por isso que posso dizer, sem mentir e mesmo sem forçar a verdade, que todo homem é soberano se coloca a vida em jogo em seu capricho. E se o capricho dos príncipes, outrora, dispôs de tudo no mundo, foi na medida em que eles puseram em jogo até mesmo a própria vida. As vicissitudes do homem são tão variáveis que a esse aspecto de princípio se opõem outros aparentemente contraditórios; mas esta verdade primeira: *que houve príncipes*, ainda que, no mais das vezes, seu sentido nos escape, e o fato de nos obstinarmos em não ver *que ela nos domina* não nos lembra menos claramente que uma via soberana mais acessível e mais simples que a revolta esteve primeiro aberta à vontade que não se curva.

Sempre posso, num ponto do movimento que recusa em mim a servidão que a condição humana impõe ao grande número, não me preocupar mais com os outros homens, limitando aos meus e aos meus amigos uma solidariedade sempre precária. Que um pequeno número de homens se tenha colocado dessa maneira *acima* da servidão é menos digno de espanto quando se constata que, tomada em seu conjunto e desde o início, a humanidade tendeu a se colocar um pouco *abaixo*. Se um ponto de história parece pouco contestável, é aquele que diz respeito ao trabalho, ao qual os homens, ao contrário dos animais, ao menos em sua maior parte, se subjugaram por si mesmos. O trabalho vai de par com os interditos aos quais os primeiros homens também parecem ter-se submetido sem a isso serem coagidos por outrem. Aparentemente, esses seres a um só tempo tão próximos e tão distantes de nós se opuseram aos animais, curvando-se por si próprios a leis como as que proibiram o livre comércio sexual e o assassinato. Ainda que precedendo a história em sentido estrito. E mesmo que duvidemos, supondo alguma intervenção antiga da coerção, devemos crer que a humanidade se submeteu por si própria em seu conjunto, aproximadamente ao mesmo tempo, à lei do trabalho e à dos grandes interditos. Ela se submeteu, ela renunciou à soberania natural do animal.

Mas esse movimento de submissão devia justamente implicar, em condições em que a coação não pesava, a necessidade de uma compensação. Uma servidão voluntária tinha necessariamente um fim para além da atividade, comum aos animais e aos homens, que basta às subsistências. A humanidade fez suceder o tempo da licença, em que o longo cálculo dos trabalhos não opera mais – e em que os interditos fraquejam –, ao da subjugação. O movimento soberano da festa, em que nada conta que não seja este instante, que está aí, compensa o movimento contrário, que tinha engajado em atitudes submissas, e de que ele é, pela surdez ao que ele não é, a resolução e o fim.

O que são, no tempo, os caprichos da festa para a subordinação do trabalho, o soberano é, no espaço, para o súdito que trabalha a seu serviço. Não que o soberano não esteja ele próprio submetido a leis: mas estas regulam suas relações com os outros, e as precauções que estes devem tomar em presença dessa força irredutível, que não pode ser subordinada a nada; elas dão de fora limites aos efeitos ruinosos que se propagam a partir daquele que nada limita por si mesmo. Mas no reino do instante, o soberano não submete apenas outros homens ao poder de movimentos perigosos e caprichosos, ele próprio também permanece ali; ele é, assim, aquele que não pode de maneira alguma se abrigar, não podendo viver sob o peso do cálculo.[4]

---

[4] Uma longa dissertação falta nesse ponto, e parece-me que a supor que ela não falte, alguma outra coisa faltaria, que devo calar. E sem dúvida, alguns dirão, eu

A crueldade não está em jogo, mas a soberania sem a escravidão tem algo de consentido... Ao passo que a escravidão foi de tal maneira imposta aos vencidos que só a morte teria permitido a insubmissão. O escravo que trabalha não é mais do que o efeito de uma coerção. Aqueles que não se curvam por si próprios diante do soberano subordinam-lhe – pela força – homens que, de outro modo, recusariam o trabalho. Assim o escravo não colocou por si próprio o senhor acima de si. No final, o soberano, que tinha desejado em si próprio preservar da submissão o *ser* cuja essência lhe parecia a de ser irredutível à submissão, abandona-o no momento em que o *ser* é aquele de um vencido e de um estrangeiro. A recusa que o homem do capricho opõe à subjugação permaneceu em aparência inalterada. Mas a desculpa que ele tinha no acordo íntimo desaparece se o escravo involuntário, e não o súdito, é instado a servi-lo. Ou antes, ele adquire o poder de usar o trabalho para outros fins que não a perigosa soberania do ser: ele pode, nessas condições, querer retirar-se do jogo, permanecer ao abrigo e, longe de viver no instante, privar-se ele próprio da força sagrada que teve de gozar desse instante, para

---

deveria ter-me calado antes... Será que eu devia conceder-me a vertigem de engajar-me no labirinto sem saída dos relatos que sem fim a história retoma – e renova – entre tal noite e a outra que a segue, ou entre tal túmulo e tal berço? Mas se cessássemos de ligar a tais formas objetivas que a história compõe e recompõe (como a servidão e o domínio...) *as experiências interiores* (as reais e aquelas que a imaginação representa facilmente para si mesma) que lhes respondem, renunciaríamos àquilo que somos em verdade, ao ser em nós mesmos dado, em que cada forma objetiva só toma lugar ligada ao sentido que ela tem no plano de um dado subjetivo. Isso seria fazer, é verdade, como se diz, *tábua rasa*, mas de qualquer lado que tenhamos colocado o dado fundamental autêntico, não fizemos mais do que nos fixar numa atitude pedante, em que só nossa estupidez, tímida ou solene, nos impede de confessar claramente que não há dado tão simples que possamos dizer: eu toco o solo, *isoladamente*, de todo o resto... De qualquer modo, esse *solo* em que foi encontrado o *claramente* conhecido não é tão claro para uma consciência à qual ele dá o sentimento oposto da *noite*: daquilo que é simples como seria o mundo para quem, nada vendo e nada discernindo, não poderia dizer *eu penso*, por falta de objetos de pensamento distintos susceptíveis de emprestar à distinção "eu" o sentido preciso que não o distingue apenas de outros objetos mas desse pensamento – que se manifesta nele...: mas para além dessas representações curtas, que só se articulam por algum tempo e nos abandonam na própria esquina em que tínhamos pensado que, enfim, *veríamos*, quem não sabe de fato que o mundo não é para ele (ou não é nele) mais do que essa noite completa, aquilo que, não tendo nome concebível, esquiva-se infinitamente? (GB.)

substituí-la pelo desejo de que o instante dure, que tem justamente o dom de apagar sua chama.

Por fim, o fracasso do soberano dos tempos antigos, cuja via poderia ter parecido menos aberrante que a do moderno revoltado, não é, pois, menos inteiro do que sugere o descrédito geral. Se estamos preocupados em deixar intacto em nós mesmos um movimento soberano do ser, não podemos nem o reduzir em outrem, nem tampouco deixar em nós, provisoriamente, esse movimento se subordinar na espera da liberação final.

IV

É esse dilema que um movimento de submissão sem medida evitava segundo a aparência. Aos olhos do homem submisso, o estado soberano não podia ser acessível à *criatura* que ele era. Ou, se quisermos, para a medida do homem, o estado soberano – em que não há mais limite admitido nem submissão tolerada – é o pecado. E o pecado, devemos, se possível, eliminá-lo da terra, e até mesmo, de maneira geral, do universo, mas não poderíamos – aliás, não queremos – atentar contra aquilo que no seio do ser é soberano, que nos domina e domina o que se eleva humanamente de mais poderoso. A soberania na submissão se torna uma questão do outro mundo: num sentido, o homem submisso, piedoso e religioso não remete a um *mais tarde* ser soberanamente, mas ao além, que não é ulterior se encaramos *de imediato* a totalidade do que é; o que, para nós, não é somente ulterior, mas separado de nós no espaço – ou, se quisermos: na ordem do espaço, fora do espaço.

Essa configuração não é arbitrária. Comparada àquela que definia um soberano *deste mundo*, ela abriu ao ser um campo de possibilidades renovadas. Ela denunciou ao mesmo tempo, ainda que com prudência, os jogos de luzes que abusavam da maneira mais grosseira da humana simplicidade. Mas há nela uma falha cuja consequência é *mortal*, na medida em que dificilmente ela mantém a distância do ser soberano ao homem submisso. Esse Deus que nada de definido manifesta, e que depende em última instância desses homens de que ele é – formalmente – uma representação do espírito, tende a responder ele próprio, por sua vez, às exigências de submissão a que se dobram estes últimos. Ele é soberano, mas a angústia humana, que é a mais forte para medir aquilo que nada limita nem subordina, tende a carregar essa leveza com sua pesadez, a enquadrar na razão o irracional, e a dar leis ao capricho. Um Deus dos filósofos, um bom Deus à imagem do Bem e da Razão é o que o servilismo introduziu e que transforma o presente em preocupação com o futuro, que aniquila o instante e faz do cálculo uma figura vazia oposta ao imenso – como o separado, o fixado, se opõem à recusa de todo limite.

Não quero dizer que a "religião", que é definida pela submissão, está limitada a esse movimento da pesadez que há nela: seu impulso inicial a leva em sentido contrário, mas a "religião" é esse corpo que o entorpecimento e o sono ganham sem fim e que só vive sob a condição de reviver. Não há nada de "religioso" que não exija incessantemente que uma espécie de *revolta* limitada o negue, o reforme ou o recomece: a submissão sempre afasta, insensivelmente, da soberania que é seu fim. Até mesmo um impulso que nada ainda refreou, que nenhuma angústia desviou silenciosamente do objeto soberano de que falei, logo se embaraça nos cálculos que são desde o início essenciais para o espírito dócil.

Esses cálculos, a piedade deveria esquecê-los. Acontece que ela o faça. Por vezes o medo do inferno (ou das reencarnações sucessivas) e o desejo da salvação perdem no sentimento da alma extasiada o sentido que tinham para o ser dócil. Mas, para um salto na divindade, quantos métodos ofegantes e meditações pesadas em que o acesso ao estado soberano é previsto como uma viagem!

Dito isso, os métodos de meditação religiosa, que tendem a nos dar, se não a soberania, a visão da esfera soberana, não podem ser considerados de maneira unilateral. Nunca há humanamente movimento simples: não há estado despreocupado em que o cálculo não tenha sua parte; inversamente, os cálculos mais indiscretos são frequentemente seguidos de movimentos ingênuos.

Entramos, à procura da salvação, num mundo de deslizes, de equívocos, de hábeis mal-entendidos e de trapaças gritantes de sinceridade. A salvação parece à primeira vista ser a operação por excelência. Em oposição a um gozo ingênuo e soberano, não há cálculo mais subjugado do que aquele do devoto que recusa, por espírito de submissão, o atrativo que o instante lhe propõe, condenando a vida imediata em vista do bem, infinitamente maior, que lhe será dado *mais tarde*. O *mais tarde*, porém, não é exclusivo. É verdadeiro para o fiel tentado, no momento da tentação. Outras vezes, o atrativo do soberano bem é *sensível* sem espera. Esse bem nem sempre se propõe com um menor poder de sedução que outros objetos do desejo: mas ele pode nos ser dado de uma maneira independente da realidade exterior, sem que a sorte, a audácia ou o abuso da força o tenham propiciado a nós. Não é a mesma coisa no caso daqueles atrativos a que não podemos normalmente ceder sem pecado, como os do amor ou do assassinato. Só podemos amar ou destruir seres colocados pelo destino à nossa mercê; e devemos, na maior parte dos casos, fazê-lo às custas deles. Ao passo que, a rigor, depende de nós e de nosso esforço aceder ao soberano bem.

Sem dúvida alguma, o divino foi frequentemente dado a homens da mesma maneira que o objeto da sensualidade ou do assassinato: ele lhes foi revelado de fora. Devemos até mesmo imaginar que o divino foi primeiro sensível objetivamente, e que os ritos o revelaram em lugares que lhe foram consagrados. Isso não acontecia sem a destruição que é o sacrifício, e o Deus da Igreja só nos foi ele próprio dado sobre a cruz. Mas foi possível a partir daí evocar na memória o que tinha, assim, a virtude de extasiar. É possível em outros domínios, mas apenas as manifestações do divino foram de início evocações que a solidão enriqueceu em vez de empobrecer. Assim, a meditação sobre a esfera divina foi o cadinho de que o ser humano lentamente se apartou e logo se consumiu no instante, até chegar, desprezando um mundo de carne e de sangue, ao estado soberano mais despreocupado.

Se homens, levando toda a sua atenção ao instante, tivessem tentado, através do modo ordinário do conhecimento, a busca de um momento soberano, apenas a impotência da atenção teria atuado.[5]

---

[5] Com efeito, como poderíamos contar com a atenção para apreender em nós mesmos um presente fora do qual nada de divino, de soberano, de incalculado nos é dado? Necessariamente, a atenção que toma o presente por objeto nos enganaria: ela deveria primeiro, para esse fim, reduzi-lo a um futuro. Pois a atenção é um *esforço* em vista de um resultado, ela tem a forma do *trabalho*, e mesmo ela não passa, simplesmente, de um momento do trabalho. Podemos trabalhar sem atenção, mas o trabalho mais desatento foi primeiro uma consequência da atenção prestada à operação difícil. É o esforço aplicado ao discernimento de um aspecto dado de um objeto. Mas se queremos discernir esse aspecto, é em vista de mudar esse objeto.

Mas, ao atribuir-se uma finalidade – a salvação, que recebia um valor incomparável –, a meditação religiosa realmente não fez mais do que atardar a consciência em torno de um atrativo já sensível. A meditação metódica orquestrou um tema – já dado – ou desenvolveu suas variações, despojando-o até reduzi-lo a um conteúdo elementar, que atinge a sensibilidade tão intensamente que não há mais, para além dele, interesse concebível; e que, nesse ponto, a alma, que primeiramente tinha pretendido *morrer de não morrer*, acolhe em silêncio a simplicidade, vazia de sentido, da morte. Mas a operação tão claramente subordinada que chegou a esse *resultado* não encontrou o que buscava e não buscava o que encontrou, ela jamais se tornou o que quis ser e jamais o místico recebeu resposta ao seu empreendimento, senão aquela de um pássaro gozador, que ele mesmo se tornara, que assobiava onde ninguém esperava nada. É essa, sem dúvida, a razão pela qual os zenistas, sendo "mestres" faceciosos, vendo naqueles que tinham formado o projeto de segui-los as vítimas designadas de uma farsa *soberana*, foram de todos os guias os mais capazes, não foi por meio de discursos, mas em sua conduta que eles arruinaram a noção de empreendimento e de via. Ainda por cima, é permitido crer que se os místicos, ao falar de seus estados, induzem ao erro aqueles que os escutam, já que falam daquilo de que os outros não têm conhecimento, eles encontram a *chance* e não a dificuldade de sua pretensa busca. Não posso admitir, de fato, que haja busca na medida em que jamais encontramos algo a não ser sob a condição de não o buscar. Não que através dos séculos e das civilizações variadas o imenso esforço que tensionava o mundo religioso

---

Podemos não querer mudar nada na *realidade* do objeto assim proposto à atenção, mas ao menos mudamos então (salvo fracasso) o conhecimento que dele temos: mudamos o objeto insuficientemente conhecido em objeto mais bem conhecido. Assim, a atenção prestada ao instante não pode ter *em verdade* por objeto o próprio instante, pois o objeto assinalado o é numa operação que deveria nos fazer conhecê-lo melhor, e o conhecimento, fosse ele um fim em si mesmo, não pode sê-lo *em verdade* na medida em que não é precisamente senão uma obra em vista de um resultado, ou como tal cessa de contar uma vez adquirido – salvo um dia em que teremos a oportunidade de fazer conhecer a outros o resultado. Isso equivale a dizer que em seu princípio o conhecimento atento jamais é contemplação no sentido forte: ele engaja no desenvolvimento indefinido (na servidão sem fim) do discurso: assim, se a atenção considera o instante, ela o muda, de fato, transformando aquilo que nos escapava inconscientemente no que nos escapa com conhecimento de causa, a despeito da atenção que lhe concedemos. (GB.)

não tenha querido dizer nada. Mas se ele teve um sentido, foi *à revelia do* princípio da submissão e do empreendimento da salvação, de que, contudo, tenho mais uma razão para não falar simplesmente demais: não foi ele, com efeito, num outro sentido, uma *revolta* de fato contra uma submissão geral ao mundo real, que limitava o poder de sedução à sorte, e que colocava os momentos soberanos na dependência da força?

V

Assim, o mundo da submissão não cessou de ser percorrido por clarões soberanos imprevistos, mas isso na medida em que recusava a pesadez ligada à submissão. O êxodo do mundo real – a conquista de uma soberania localizada no além – certamente teve de seu lado o sentido de uma recusa da onipotência desse mundo. Mas a submissão, dessa maneira, mantinha nos limites da realidade a soberania da pesadez e da trapaça: soberana afirmação do que era a trapalhada da altivez (os mais altivos sendo desde então os mais comicamente submetidos). Assim o princípio da submissão atuando na escala da humanidade não pôde senão colocar a vida no soberano poder da comédia.

Como imaginar mal-entendido mais intrincado? Ele pôs fim à brutalidade quase cínica... mas não saímos dela a não ser arriscando – querendo hoje resolvê-lo, e não podendo fazê-lo senão na febre da revolta – intrincá-lo ainda mais...

De desintrincá-lo inteiramente, não poderia ser o caso! É preciso, para tentá-lo, não ver que um mundo cujas contradições fossem resolvidas não teria mais fim soberano – ou que um mundo que tem um fim soberano parte de uma contradição fundamental, que opõe a razão (o que é sensato, racional, mas que, não sendo mais do que *meio*, não pode ser *fim*) ao *fim*, que sempre é *inútil*, e sempre é *insensato* (o útil o é para um fim dado que, ele, por definição, não é útil; da mesma forma, nada pode ter, propriamente falando, sentido, senão em relação a alguma outra coisa; aquilo em relação a que o sentido é dado não pode indefinidamente remeter para mais longe: é um momento soberano perdido na inconsequência do instante). Um fundo de insensato, composto ora pela imaginação, ora pela desordem, às vezes pela tensão extrema da vida, escapa sem dúvida alguma a toda racionalização concebível; caso contrário, cessaríamos de estar no mundo *no tempo presente*, estaríamos inteiramente *a serviço* do tempo por vir. Sobretudo, não poderíamos pensar de maneira alguma em fazer entrar na esfera soberana o que quer que seja de racional ou de premeditado. A humanidade, que desde a origem foi orientada por interditos e pela lei do trabalho, não pode ser a um só tempo humana, no sentido em que se opõe ao animal, e autenticamente soberana: nela, a soberania sempre foi reservada, como uma parte de selvageria (de absurdez, de criancice ou de brutalidade, mais raramente de amor extremo, de beleza convulsa, de mergulho extasiado na noite). Como nos surpreender se, em nossos dias, a revolta, recusando-se a alienar aquela parte irredutível que pertence a cada um de nós, não pode, no entanto, assumi-la. Ela precisa, aliás, limitá-la, ao menos no sentido de que não poderíamos sem contradição reduzir a parte de outrem a fim de não reduzir a nossa. Mas o ajuste dos direitos é difícil, e a revolta atola atrelada à tarefa que teve que se dar: ela está tão bem perdida num trabalho interminável que nada agora está mais longe do pensamento dos revoltados do que o fim soberano do ser (esse fim pode ser, talvez, encontrado, mas de medo do escândalo, ele se oferece então como que não é, como útil). Assim, o dilema da soberania não se coloca de uma maneira menos derrisória para o moderno revoltado do que para o rei divino ou o monge. Se ele tem o desejo de escapar às condições que o condenam, só tem, como eles, recurso na chance e na obstinação da recusa. A única mudança que interveio se deve à claridade que apresenta a situação, tão desnudada que nenhum homem até nós pôde concebê-la mais duramente iluminada: a humanidade inteira bloqueada, aqui nas contradições arcaicas dos religiosos ou dos reis, mas ali no impasse de uma revolta que se acaba voltando à submissão, só que mais perfeita e sem além.

Como seria difícil representar, sem ter assim figurado seus antecedentes precisos, as condições nas quais um homem acede a seu fim soberano – imediato – no tempo atual. A revolta abalou e arruinou o que, no fundo das eras, tivera o tom caprichoso da autoridade, e nada resta de soberano, dado ao fora, que possa nos dar o *violento desejo* de nos curvar. Como essas vozes cansadas teriam ainda um poder para nos quebrar? Mal é possível sonhar com um refúgio, uma estadia tranquilizadora nessas ruínas: elas são majestosas, e por vezes acolhem aqueles que não aguentam mais enfrentar um mundo que lhes parece inteiramente hostil. Nada na verdade permanece e nada no universo aparece que possa tranquilizar ou guiar a existência incerta do homem. Não podemos senão nos dar a nós mesmos a glória de ser a nossos próprios olhos essa visão insensata, risível e angustiante. Assim, na noite última em que soçobramos, nos é deixada a possibilidade de nos sabermos cegos e de tirarmos da recusa que opomos a esses cacos de saber que nos imbecilizam uma virtude: a de nos despertar sem medida para essa noite e nos erguer, vacilando ou rindo, angustiados, perdidos numa intolerável alegria!

Mas certamente devemos evitar falar estreitamente de uma experiência ainda por vir. No máximo é permitido dizer que aparentemente o *revoltado soberano* se situa tanto na sequência dos êxtases dos santos quanto na das licenças da festa... Mas cabe-lhe o cuidado de apagar-se e de discretamente partir para a obscuridade que é seu domínio. Se a explosão poética está ligada a ele, se o discurso prolonga nele suas últimas e precisas claridades, sua vida, contudo, abre para uma vertente oposta em que parece que o silêncio e a morte se estabeleceram definitivamente. Por certo, na plena negação que segue a ruína de toda autoridade, não temos mais verdade a não ser no instante.[6] Mas o instante, cuja verdade é a única coisa que nos toca, e que não pode entretanto ser negada, só será melhor o instante sendo o último (ou quando for o instante do último homem...). Ainda descartarei, antes de calar-me, a possibilidade de um raso mal-entendido: não há lugar nesse quadro para nada de pesado ou de orgulhoso, a reputação da morte é sobrestimada, o silêncio de que falo é alegre. A revolta é o próprio prazer, e é também *o que troça com todo pensamento*.

[6] Como se pode imaginar que, com a *autoridade arruinada*, pudesse subsistir neste mundo, fora da verdade do instante, uma verdade que valesse para todos e que tivesse mais interesse do que "esta mesa é verde", "este homem é mais velho que este outro", que respondesse a outras questões que não as de interesse prático? Mas o instante é silêncio. (GB.)

O não-saber[1,2]

I

Viver a fim de poder morrer, sofrer de gozar, gozar de sofrer, falar para não dizer mais nada. O *não* é o meio termo de um conhecimento que tem por fim – ou por negação de seu fim – a paixão de não saber.

Existe um ponto a partir do qual não há nada a dizer; nesse ponto chegamos mais ou menos rápido, mas, definitivamente, se aí chegamos, não podemos mais nos deixar levar pelo jogo.

Nada tenho a dizer contra o jogo. Mas achar que é sério? Mas dissertar gravemente sobre a liberdade ou sobre Deus? Nada sabemos disso, e quando falamos a respeito, é um jogo. Tudo o que vai mais longe do que a verdade comum é um jogo. Mas sabemos que é um jogo e, nesse jogo, encontrando-nos engajados como numa operação séria, só podemos persegui-la um pouco mais seriamente que os outros, a fim de libertá-la da seriedade.

Quanto à esfera do pensamento, é o horror. Sim, é o próprio horror.

[1] Texto publicado em 1953 na revista *Botteghe oscure* (Roma, n. XI, 1953).

[2] Primeira versão de Laura Gryner de Moraes, revista por mim. (N.T.)

É levar, por uma aberração que não passa de um desejo intransponível, a ser levado ao instante de morrer. É deslizar na noite sobre a inclinação de um telhado, sem guarda-corpo e com um vento que por nada é acalmado. Quanto mais o pensamento é rigoroso, mais a ameaça se intensifica.

O pensamento rigoroso, a firme decisão de pensar, já é fraquejo. A possibilidade, no telhado, de um equilíbrio angustiado é ela própria condicionada por uma vocação: a de responder ao apelo do vento, de responder ao apelo da morte.

Mas se a morte apela, ainda que o barulho do apelo encha a noite, é uma espécie de silêncio profundo. A própria resposta é silêncio desprovido de qualquer sentido possível. Isso é irritante: a maior volúpia que o coração suporta, uma volúpia sombria, esmagadora, uma força da gravidade sem limites.

A esse sentimento de vício perfeito, responde a frase: *Deus sum nil a me divini alienum puto*, mas como um buraco negro em que se esvazia todo impulso, toda ironia, todo pensamento; estado tão raso, tão oco quanto uma dor de cabeça. Fiz a luz no meio da noite, no quarto, para escrever: apesar disso, o quarto está escuro; a luz desponta nas trevas perfeitas, não menos superficial do que minha vaidade de escrever, que a morte absorve como a noite rouba a luz de minha lâmpada. Eu *mal* consigo escrever, mal consigo abrir os olhos. O que vivo é estar morto e é necessário afundar-se muito longe no vício para estar certo de assim estar no fundo da volúpia.

Um sentimento estúpido e cruel de insônia, sentimento monstruoso, amoral, de acordo com a crueldade sem regra do universo, crueldade de uma fome, de um sadismo sem esperança: gosto insondável de Deus pelas dores extremas das criaturas, que as sufocam e as desonram. Nessa igualdade com o desvario sem limite, em que eu mesmo sou desvairado, será que um dia me senti simplesmente humano?

Uma leitura me entrega a esse voluptuoso terror: a frase de Husserl para sua irmã Adelgundis, durante sua última doença grave: "Eu não sabia que era tão duro morrer. E no entanto esforcei-me por toda a minha vida para eliminar toda futilidade...! Justo no momento em que estou tão penetrado pelo sentimento de ser responsável por uma tarefa... Justamente agora que chego ao fim e que tudo acabou para mim, sei que preciso começar tudo de novo...". Esse mesmo pavor feliz e esse mesmo sentimento de voluptuosa impotência se mantêm. A futilidade à segunda potência de Husserl não me parece desencorajante.

Se eu não tivesse notado imediatamente, na noite, esse sentimento, eu o teria esquecido. Tais estados supõem uma espécie de desvanecimento da realidade do mundo: eu saía de um sono em que sabia muito bem que iria retornar à inércia da cama, eu era essa vida à deriva que não tinha domínio sobre nada, mas sobre a qual nada mais tinha domínio. É justamente na medida em que tais momentos estão inteiramente fora do mundo que os negligenciamos: sua indiferença, sua solidão, seu silêncio não são objetos de atenção, eles permanecem como se não existissem (assim como acontece com extensões de montanhas desérticas). Emprestamos a eles insignificância, mas apenas os sentidos do dia desapareceram, como o de se vestir, sair, arrumar: é nisso que reside sua insignificância. Os sentidos do sonho também não estão mais lá, mas estes são os sentidos do dia que se tornaram absurdos; sua absurdidade capta a atenção, ela impede de perceber, enfim, a *nudez*: este imenso objeto silencioso, que se esquiva, se recusa e que, ao esquivar-se, deixa ver que o resto mentia.

A despeito de um aspecto febril destas poucas páginas, haveria um espírito mais positivo e mais frio que o meu?

Eu quero precisar o que entendo por soberania. É a ausência de pecado, mas estamos ainda na ambiguidade. Isso define reciprocamente o pecado como falta para com a atitude soberana.

Mas a soberania não deixa de ser... o pecado.

Não, é o poder de pecar, sem ter o sentimento de objetivo perdido, ou é a falta transformada no objetivo.

Vou dar um exemplo paradoxal. Se um de meus amigos está em falta comigo, se se comporta mal em relação a mim, tolero com dificuldade a consciência de minhas próprias faltas: eu as reprovo como irremediáveis. Mas a soberania está em jogo na amizade, minha soberania, quer dizer, a impossibilidade que meu amigo teria de me atingir por sua falta – se eu mesmo não lhe tivesse faltado. É ter-lhe faltado que mancha minha soberania. Mas meu amigo não soube que eu lhe tinha faltado. Se o tivesse sabido, sua falta não teria manchado a soberania que lhe pertence, ele poderia tê-la suportado lucidamente.

Bergson via no misticismo uma possibilidade de falar quando a razão não tem mais esse direito. É difícil para os filósofos resistir à tentação de jogar e brincar, como as crianças. No entanto, se a filosofia coloca para si própria – o que a ciência evita – as questões que a religião pretende resolver, como esquecer, por mais raros que sejam, os momentos em que o homem religioso *se cala*?

Sempre nos afastamos, no exame do pensamento, do momento decisivo (da resolução) em que o pensamento fracassa, não como um gesto inábil, mas, ao contrário, como um acabamento que não pode ser ultrapassado; porque o pensamento mediu a inabilidade implicada no fato de aceitar o exercício: é uma *subserviência*! Os homens rudimentares tinham razão em desprezar aqueles que se rebaixavam a pensar: estes acreditaram escapar à verdade desse desprezo devido a uma superioridade efetiva, que eles se atribuíam na medida em que a humanidade inteira está engajada no exercício do pensamento: mas nem por isso essa superioridade se reduz à maior ou menor excelência numa ocupação servil. Uma excelência acabada deixa, porém, entrever que, sendo a soberania a busca final do homem e do pensamento, o pensamento resolvido é aquele que revela a subserviência de todo pensamento: essa operação pela qual, esgotado, o pensamento é ele próprio o aniquilamento do pensamento. Assim como essa frase é dita no intuito de estabelecer o silêncio que é sua supressão.

É o sentido, ou melhor, a ausência de sentido do que notei na outra noite.

Para perceber o sentido do romance, é necessário ficar na janela e ver passar *desconhecidos*. Partindo da indiferença profunda por todos aqueles que não conhecemos, trata-se do protesto mais inteiro contra o rosto assumido pelo homem sob a espécie do passante anônimo.

O desconhecido é negligenciável e no personagem do romance fica subentendida a afirmação contrária, que por si só esse desconhecido é o mundo. Que ele é sagrado, desde que eu erga a máscara profana que o dissimula.

Imagino o céu sem mim, sem Deus, sem coisa alguma de geral nem de particular – não é o nada.[3] A meu ver, o nada é outra coisa. É a negação – de mim mesmo ou de Deus –, uma vez que Deus e eu mesmo jamais foram, coisa alguma jamais foi (se não, o nada é somente uma facilidade do jogo filosófico). Falo, ao contrário, de um deslizamento de meu espírito para o qual proponho a possibilidade de um total desaparecimento do que é geral ou particular (o geral não sendo mais do que um aspecto comum das coisas particulares): resta, não o que o existencialismo chama de pano de fundo sobre o qual se destacam..., mas, a rigor, o que apareceria à formiga caso ela deixasse a si mesma, o que ela não pode fazer, mas minha imaginação pode representar. No esquecimento ilimitado, que, através da minha frase, em mim mesmo, é o instante na transparência, não há nada que possa, de fato, dar um *sentido* à minha frase, mas minha indiferença (meu ser indiferente) repousa numa espécie de resolução do ser, que é não-saber, não-questão, mesmo que, no plano do discurso, seja essencialmente questão (no sentido de que isso é perfeitamente ininteligível), mas, por aí mesmo, essencialmente remissão, aniquilamento da questão. Tudo o que sobrevém é indiferente – não somos, pelo retorno da complexidade, mais do que um pretexto para a feliz, a onanista angústia de que falei, a angústia que é ironia, que é um jogo. Mas no fundo, se nada sobrevém, não há sequer mais jogo. Não há mais do que negação de sentido, tão realizada quanto o torna possível a persistência – por hábito – do interesse que têm em mim mesmo todos os objetos de meu pensamento.

Não estou sozinho. Eu poderia crer, se estivesse, que em mim o homem é o que acreditei saber, mas, na multiplicidade inconciliável de pensamentos, admiti que, sem um limite, o qual me protegeria

---

[3] Nessa passagem, Bataille faz um jogo entre "*rien*", que traduzimos aqui por "coisa alguma", e "*néant*", que traduzimos por "nada". (N.T.)

de uma agitação sem apaziguamento, meu próprio pensamento se perderia. Mas não é devido a métodos ruins, mas a uma impotência da multidão – que é a grande força do homem –, que nenhum de nós sabe de nada. Acrescento ao tempestuoso ruído da discordância dos espíritos, contudo, esta simples afirmação – comparável à queda no solo de um combatente ferido na batalha, já expirando: "Tínhamos verdades limitadas, cujo sentido, cuja estrutura valiam num dado domínio. Mas daí sempre quisemos ir mais longe, não podendo suportar a ideia desta noite em que entro agora, que é a única desejável, junto à qual o dia é o que a avareza mesquinha é para a abertura do pensamento".

A multidão insaciada, *que sou* (nada me permitiria retirar-me dela? não sou em todos os aspectos comparável a ela?), é generosa, é violenta, é cega. É um riso, um soluço, um silêncio que não é nada, que espera e não retém nada. Pois a gana de possuir tinha feito da inteligência o contrário de um riso, uma pobreza de que se riem sem fim aqueles a quem sua louca generosidade enriquece.

Eu *podia* dizer "Deus é amor, é só amor", "Deus não é", "Deus está morto", "eu sou Deus". A condição rigorosa – rigorosa como o nascimento e a morte o são – era de antemão apagar, enterrar num silêncio *soberano* (relativamente à minha frase, comparável ao que o universo celeste é para a terra) o que eu tinha dito de insensato. Infeliz daquele que apagasse pela metade ou deixasse a porta entreaberta: o silêncio do homem glorioso, vitorioso, exaltado e, como um sol, transfigurado, é o silêncio da morte, posto que toda vontade de resolver o universo numa criação à medida de nossos esforços ali se resolve por si mesma, ali se dissolve.

Não posso dizer o que o silêncio em que entro tem de soberano, de imensamente generoso e de ausente, nem sequer dizer: ele é delicioso, ou odioso. Sempre seria demais e insuficiente.

Minha frase quis fazer o silêncio a partir das palavras, mas o mesmo ocorre com o saber que se perde no não-saber à medida que se estende. O verdadeiro sábio, no sentido grego, utiliza a ciência como ela pode ser utilizada com vistas ao próprio momento em que cada noção será levada ao ponto em que seu limite aparecerá – que está para além de toda noção.

O que trago. A honestidade do não-saber, a redução do saber ao que ele é. Mas a isso se acrescentará que, pela consciência da noite, pelo despertar na noite do não-saber, converti um saber que ultrapassa desonestamente suas possibilidades em encadeamentos aventurosos, injustificados na base, num despertar incessantemente renovado, a cada vez que a reflexão não pode mais prosseguir (pois, prosseguindo, ela substituiria o despertar por operações de discernimento fundadas em falsificações). O despertar, ao contrário, restitui o elemento *soberano*, isto é, impenetrável (inserindo o momento do não-saber na operação do saber; restituo ao saber o que lhe faltava, um reconhecimento, no despertar angustiado, daquilo que preciso resolver, sendo humano, ao passo que os objetos de saber estão subordinados).

Estamos sempre no limite, quando refletimos discursivamente, do instante em que o objeto de nosso pensamento não é mais redutível ao discurso, e em que só nos resta sentir uma pontada no coração – ou nos fechar ao que excede o discurso. Não se trata de estados inefáveis: de todos os estados por que passamos, é possível falar. Mas resta um ponto que sempre tem o sentido – ou antes a ausência de sentido – da totalidade. Ora, uma descrição, do ponto de vista do saber discursivo, é imperfeita, se, por ela, no momento desejado, o pensamento não se abre no próprio ponto em que se revela a totalidade que é o seu aniquilamento.

Eu falaria de Deus?

Precisamente eu me recuso a dizer qualquer coisa sobre o instante em que o ar me faltou. Falar de Deus seria – desonestamente – ligar aquilo de que não posso falar a não ser por negação à impossível explicação do que é.

No que escrevo, há sempre a mistura entre a aspiração ao silêncio e aquilo que fala em mim, exigindo até mesmo dinheiro; ao menos as apropriações que me enriquecem de algum modo e que não podem *todas* ser negação de mim mesmo, negação de meus interesses. Não é triste, aliás, vincular o interesse próprio com a negação do interesse próprio?

II

De duas coisas, uma: ou eu disse tudo, e desde então só me resta viver sem pensar (imagino, frequentemente, que é assim, que a transparência não poderia ser mais límpida, que vivo no instante como o ruído se dissipa no ar...); ou devo voltar a dizer o que disse mal, e logo vem o tormento e a certeza não somente de jamais dizê-lo melhor, mas de traí-lo uma vez mais. Sem dúvida, porém, tenho razão de não ceder à tentação de um silêncio em que eu teria mostrado minha impotência de expressar-me com meias palavras, e na inocência proporcionada por um sentimento de perfeita limpidez. Posso dizer hoje que o menor pensamento concedido a meus projetos, que existem apesar de mim, me ultrapassa e me esmaga. Mas o instante! É sempre o delírio infinito...

Mas isso supõe um campo livre. Exatamente, se vivo um instante sem a menor preocupação do que poderia sobrevir, sei muito bem que essa ausência de preocupação me afunda. Eu *deveria* agir, precaver-me contra ameaças que tomam forma. Se alcanço o cristal impalpável do instante, falto com meu dever a respeito de outros instantes, que sobrevirão se eu sobreviver.

O mais difícil: penso em tal coisa que digo num livro que me custa um esforço extenuante. Na perspectiva desse livro, meu pensamento logo me parece incompatível com esse esforço de que estou doente. Ele toca a relação entre a "apatia" de que fala Sade e o estado teopático, ligado em minha memória ao nome de São João da Cruz. Só extraio seu verdadeiro aspecto com a condição de extraí-lo de um encadeamento rigoroso (talvez não o bastante, porque afinal eu estava *doente*, a ordem dos pensamentos e sua expressão ordenada requeriam um poder que me escapava). Não é que esse encadeamento seja em si mesmo um erro, mas a forma encadeada do pensamento, eu a rejeito no momento em que seu objeto me preenche.

O princípio da moral. Existem duas fases no tempo, a primeira é necessariamente dominada pelas regras da moral e certos fins que lhe são dados só podem remeter à segunda.

O pensamento de Hegel *revoltou*-se num ponto de sua *démarche*. Pouco importa que ele tenha *despertado* nesse ponto (a renúncia à individualidade, creio eu). Esse não era, aparentemente, o *momento desejado*: não é a perda de individualidade que é o escândalo, mas exatamente o *saber absoluto*. Não pelo que ele talvez tenha de imperfeito, ao contrário, pela pressuposição de seu caráter absoluto. O conteúdo revela sua equivalência com o não-saber. Se chegássemos, para além da busca do saber, ao saber, ao resultado, devemos nos desviar dele: não é o que buscávamos. A única resposta não derrisória é *há Deus*, é o impensável, uma palavra, um meio de esquecer a eterna ausência de repouso, de satisfação implicada na busca que *somos*. A incorreção do pensamento que se dá o tempo de pausa da palavra *Deus* é ver em sua derrota uma resolução das dificuldades que encontrou. A derrota do pensamento é êxtase (em potência), de fato, é o sentido daquilo que digo, mas o êxtase só tem um sentido para o pensamento, a derrota do pensamento. Há realmente uma tentação, a de fazer do êxtase um valor para o pensamento: se a dissolução do pensamento me põe em êxtase, retirarei do êxtase um ensinamento. Direi que o que o êxtase me revelou conta mais do que o conteúdo de meu pensamento que me parece ter mais sentido. Mas isso significa somente que o não-sentido tem mais sentido que o sentido.

Se o riso degrada o homem, a soberania ou o sagrado o degradam também. Isso tem, aliás, um sentido pungente: uma vulva de mulher é soberana, ela é sagrada, mas ela é também risível, e aquela que a deixa ver é degradada.

Um projeto demanda um esforço, que só é possível com uma condição: satisfazer, na falta de um desejo, a vaidade. A vaidade existe no nível do projeto, que ela expõe e de que ela é, moralmente, a recensão. O orgulho é para a vaidade o que o instante é para o projeto.

Eu deveria ter dito da escapatória da morte que está em sua essência ser encenada, não somente de uma maneira súbita, mas também "bem encenada", como se se tratasse de uma escamoteação tão perfeita que uma sala inteira a ovacionaria com aplausos e clamores: penso naqueles aplausos em que a exaltação – porque a *beleza* da escamoteação é inesperada e ultrapassa em muito o previsível – é tão grande que deixa no limite das lágrimas. (Não é reconhecido, mas não é menos verdade que podemos chorar com o que faz trepidar uma sala com insuficientes aclamações.) Naturalmente, se morro, sou ao mesmo tempo aquele que encena e aquele que é encenado, o que não quer dizer nada de cognoscível na medida em que nada no instante é apreensível: não há mais no instante *eu* que tenha consciência, pois o *eu* consciente de si mesmo mata o instante ao revesti-lo de um travestido: o do porvir que é esse *eu*. Mas imaginemos que o *eu* não mate o instante! logo é o instante que mata o *eu*! É por isso que jamais há tão perfeitamente instante quanto na morte, é por isso que, somente através da morte, ele propõe a uma multidão de viventes angustiados, mas provisoriamente aliviados, sua apoteose que tira o fôlego.

III

Ao entrar no não-saber, sei que apago as figuras no quadro negro. Mas a escuridão que assim cai não é a do aniquilamento, nem mesmo a "noite em que todas as vacas são pretas".[4] É o gozo da noite. É apenas a morte lenta, a morte de que é possível, lentamente, gozar. E *aprendo*, na lentidão, que a morte se fazendo em mim não faltava apenas a meu saber, mas à profundidade de minha alegria. Só o aprendo para morrer, sei que, sem esse aniquilamento prévio de todo pensamento, meu pensamento seria essa tagarelice servil, mas não conhecerei meu último pensamento uma vez que ele é a morte do pensamento. Eu não gozarei de minha libertação e jamais terei dominado nada: gozarei no momento em que serei livre. E nunca o saberei! Teria sido necessário para sabê-lo que essa alegria que é a fulguração da alegria não fosse a morte de minha alegria e de meu pensamento. Mas não se pode conceber a imundície em que naufrago, imundície divina e voluptuosa, *avesso* de todo pensamento e de todo esse mundo que edificou o pensamento, de modo que todo horror representável está carregado da possibilidade de minha alegria. A morte do pensamento é a voluptuosa orgia que a morte prepara, a festa que a morte dá em sua casa.

---

[4] A formulação é de Hegel, que assim se refere ironicamente à noção de absoluto de Schelling, em que nenhuma determinação seria identificável. (N.T.)

Questão sem resposta? talvez. Mas a ausência de resposta é a morte da questão. E se não houvesse nada a saber? E se a violação da lei, uma vez que ela é, depois da lei, mais do que a lei, a origem de tudo o que amamos, tanto destruísse o fundamento do pensamento quanto pusesse fim ao poder da lei? Chegados ao instante da reflexão expirante, ao cair da noite, assistindo à morte que nos ganha, como manteríamos o princípio de que haveria alguma coisa a saber, que nós não tínhamos sabido? Se eu não tivesse me revoltado contra a lei, eu teria continuado a *saber – o que não sei.* Tampouco sei se não havia nada a saber, mas como o riso revoltado que me toma deixaria de ir até aquele ponto da revolta em que não subsistiria mais aderência que me trouxesse de volta ao mundo da lei e do saber? Se não fosse para gozar da lei e do saber de que gozo *quando saio deles.*

Não seria risível ver uma filosofia nessas proposições expirantes? Eu as ordenei para trazê-las ao ponto em que se dissolvessem e talvez não tenha feito menos bem do que os filósofos que as ordenam para que se fechem. Mas o que digo se resolve numa narrativa destes instantes em o que o horror existe, e não o pensamento: o horror, o êxtase, o vício voluptuoso, o riso...? ao final, o imprevisível, se ainda se trata dè perder o pé.

Como estaria eu deprimido ao recusar tomar o mundo e aquilo que eu mesmo sou por uma inelutável medida e por uma lei? Eu não aceito nada, e não fico satisfeito com nada. Vou para o futuro incognoscível. Não há nada em mim que eu tenha podido *reconhecer.* Minha alegria se funda em minha ignorância. Sou o que sou: o ser em mim mesmo se encena, como se não fosse, ele jamais é o que *era.* Ou se eu sou o que eu era, o que eu era não é o que eu tinha sido. Jamais *ser* quer dizer *ser dado.* Jamais posso perceber em mim *aquilo* que é demarcável e definido, mas somente aquilo que surge no seio do universo injustificável e que jamais é mais justificável do que o universo. Não há nada menos deprimente. Sou na medida em que me recuso a ser *aquilo* que podemos definir. Sou na medida em que minha ignorância é desmedida: na depressão, eu cairia na classificação do mundo e me tomaria pelo elemento situado por sua definição. Mas o que anuncia em mim essa força que recusa? Não anuncia *nada.*

Diante de Lascaux, o homem civilizado se redescobre homem de desejo[1]

Depois de mais de dez anos, estamos longe de ter reconhecido o alcance da descoberta de Lascaux. É evidente que aquelas pinturas são belas, que maravilham quem as vê e que através delas nos sentimos mais próximos dos primeiros homens. Mas, justamente, essas fórmulas nos desanimam. Elas são frias e... no entanto poderia soar pretensioso falar mais corajosamente das pinturas dessa caverna.

Pois elas são do âmbito da ciência e do desejo. Seria possível falar delas como Proust de Vermeer ou como Breton de Marcel Duchamp? Não apenas é desconfortável sentir junto a elas um encanto para o qual, na desordem das visitas, falta-nos o tempo de recolhimento, como também os pré-historiadores nos intimam a nos recordarmos de maneira sempre modesta o que foram aquelas aparições para os que as animaram e que, sem o terem almejado, deixaram-nas para nós.

A espera e o desejo de caçadores e de carnívoros dispuseram as imagens sobre essas rochas; e foi a ingenuidade da magia que quis que aqueles belos animais fossem a promessa da carnificina e da carnagem. Um apetite de carne?... Certamente? Não podemos pensar que os pré-historiadores estão nos enganando. Cabia a eles definir o abismo que nos separa desses homens do tempo da aurora. Tiveram que determinar o sentido daquelas figuras e dizer-nos em que elas diferem das que estão nos quadros que amamos. Estes estão à nossa frente como espelhos de

[1] Texto publicado em 1953 na revista *Arts* (n. 423, 7-13 de agosto de 1953).

um longo sonho que a paixão persegue em nós. Buscaríamos em vão nossos sonhos naquelas figuras, que responderam como frequentemente os sonhos das crianças à cobiça da fome. Não podemos, na caverna de Lascaux, sentir o que nos dissolve diante de um quadro de Leonardo, e que faz com que do pintor e da paisagem, do rosto pintado e do olhar que o bebe, não tenhamos mais que uma única noção, vaporosa e deslizante, semelhante à diversidade dissolvida do universo. Mais do que Leonardo, ou do que os olhares afogados que se embriagam com seus quadros, aqueles caçadores da Dordonha teriam compreendido a dona de casa de Sarlat,[2] que compra no açougue a carne de seu almoço. Sua arte animal, por ser hábil, era muito simples, e não há mundo menos rico que o dos grandes animais apetitosos que povoam aquelas paredes. As pinturas de Lascaux são belas e podemos nos maravilhar com seu estado de conservação, mas elas anunciam apenas o desejo de comer daqueles que as realizaram, que as realizavam antes da caça, acreditando que a posse da figura assegurava a do animal representado.

A isso se opõe este grito de alegria que, apenas ele, tem força para responder à visão que há milênios nos espera na caverna de Lascaux.

O que o arranca é a ilusão de que, através de um tempo tão longo que o espírito nada imagina de mais distante, reconheço aquele que se assemelhou a mim... É a mim mesmo, na verdade, que creio reconhecer, a mim mesmo e ao mundo maravilhoso ligado ao poder de sonhar, que é comum a mim e ao homem do fundo das eras. Posso desconfiar de um sentimento que me opõe ao juízo dos especialistas. Contudo, poderia eu abandoná-lo antes que a ciência, a quem cabe o ônus da prova, tenha demonstrado com relativa clareza sua inanidade?

A opinião segundo a qual os primeiros homens, próximos dos animais e oprimidos pelas durezas da vida material, teriam estado ao nível dos mais grosseiros dos homens atuais passa frequentemente como uma resposta à objetividade da história. A ciência pareceu por muito tempo ligada à ideia de um progresso contínuo, que ia da besta animal ao homem primitivo, ainda selvagem, e, enfim, ao homem plenamente civilizado, que somos nós.

De toda maneira, não saberíamos de Leonardo nada de essencial se não conhecêssemos suas pinturas. Mas não é necessariamente mais

[2] Cidade da região da Dordonha, no sudoeste da França. (N.T.)

fácil conhecê-lo do que aos pintores de Lascaux; na melhor das hipóteses, de um caso a outro só podemos estabelecer uma diferença de grau. Não quero dizer que a comunicação que nos chega de um lugar tão profundamente longínquo quanto Lascaux tenha a mesma força que se viesse de mais perto. Não fica, porém, claro: teriam as próprias pinturas da caverna um grande poder se não fôssemos intimidados pela injunção que nos é feita de reduzi-las a uma obra de magia, no sentido prático, utilitário, no sentido banal desse termo poético? Os mais prudentes pré-historiadores estão de acordo: o sentido que dão às suas figuras não quer dizer que os pintores de Lascaux não tenham, sem ter tido a intenção de fazê-lo, feito obra de arte. Mas, *para nós*, o que será que quer dizer a obra de arte que, não nos sendo destinada, tampouco era destinada como obra de arte àqueles que quiseram que fosse executada?

As figuras mais canhestras teriam bastado para a eficácia da obra mágica. Ao menos se nela não se envolvesse intenção que quisesse ir mais longe... Um valor comunicativo excessivamente forte pôde, contudo, responder, para além da pura finalidade mágica, à paixão comum do pintor e de todos aqueles que esperavam sua obra. Nada mais misterioso nesses valores do que a perturbação que emana da violência de um tam-tam que atinge até mesmo os brancos. Nada mais ininteligível também. Nesse plano (mas apenas nesses limites), a ciência, enfim, se cala. Ela pode ainda nos falar das formas que acompanham nossas impressões, das condições ou das circunstâncias que se ligam a elas: a própria impressão lhe escapa, e somos reduzidos a descrevê-la reproduzindo diretamente sua causa (a pintura), ou, de maneira bastante canhestra, procurando na ordem das palavras, ou dos sons, fontes de impressões que a sugiram.

O mal-estar que nos paralisa e que nos deixa ao final, diante das figuras de Lascaux, um sentimento débil e decepcionado parece contraditório com a força da impressão sentida. Aquilo que nos leva, passado o primeiro momento, a ver nessas pinturas um mundo limitado ao sentido infeliz da necessidade, ou impenetrável para nós, está ligado à impotência em que nos encontramos de encontrar num mundo animal uma resposta inteira para nosso desejo... Ele não passa, aos nossos olhos, de um mundo incompleto... As condições e circunstâncias relacionadas às nossas mais fortes impressões jamais nos encerram nessa profundidade animal. Muito jovens, aprendemos a ver no animal *aquilo que lhe falta*, e na palavra *bête*,[3] que o designava, aqueles de nós cuja escassez de razão nos envergonhava. Esse encontro que, do fundo das eras, esses caçadores nos proporcionaram, mas sem o saber, numa caverna da Dordonha, poderia decepcionar caso muito rapidamente não percebêssemos, nas provas que ele nos impõe, uma maneira de nos libertar. Temos que nos livrar da estupidez, inteiramente humana, que nos impedia de nos redescobrirmos, e de estabelecer entre o mais simples e o mais complexo – do homem mais antigo ao mais recente – um contato mais sedutor. Bastaria, enfim, uma vez que uma similitude profunda, a despeito de tudo, nos aproxima de nossos primeiros pais, que nos desligássemos, por meio de uma reflexão mais completa e mais precisa, desta construção meditada que nos afasta de homens para os quais os animais pareciam fraternos e que, como ensina a ciência, não matavam sem remorso aqueles dos quais deviam alimentar-se. Lascaux nos propõe, para dizer tudo, que não reneguemos mais *aquilo que somos*. Aviltamos a animalidade que, através do homem dessas obscuras cavernas – que dissimulava sua humanidade sob máscaras de bichos –, não cessamos de prolongar. Não podemos deixar de ser homens, e não poderíamos renunciar a uma razão que, aliás, só conhece o limite da razão. Mas, assim como nossos pais tinham vergonha de matar quem amavam – e que deviam matar –, nós poderíamos, na caverna de Lascaux, sentir vergonha de estarmos, por meio da razão, submetidos a trabalhos em que a qualquer custo devemos prosseguir. Então, o grito de alegria de que falei, tendo se tornado mais estranho, e como que estrangulado, seria também mais alegre.

[3] O termo em francês tanto designa genericamente os animais, podendo ser traduzido por "bicho", por exemplo, quanto uma pessoa pouco inteligente – e então poderíamos traduzir por "burro". (N.T.)

Sade, 1740-1814[1]

Parece-me com frequência – na maioria das vezes – que os personagens reais nunca fazem outra coisa senão dar sua carne, e a virulência de seu caráter, a possibilidades que ultrapassam o que eles realmente são. Assim, jamais devemos falar deles isoladamente, mas ao mesmo tempo que dos seres de sonho concebidos pela mitologia ou pela ficção. Sade não é apenas o homem excepcional que Maurice Heine foi o primeiro a exumar: para além do pavor maldito que acompanha sua memória, Sade é também um pensamento, se não do povo, da multidão, e foi mais ou menos o mesmo pensamento que inspirou, ao mesmo tempo, a música de Mozart, na figura de *Don Giovanni*. É claro que nesse momento a ficção permanece aquém da vida. Mas a verdade e o sonho se compõem, pois a amplitude de uma e do outro certamente não pôde esgotar a excessiva riqueza do possível. Nada aproxima, contudo, os recursos de crueldade que Sade extraiu de uma involuntária e interminável meditação na solidão da prisão: perto dela, a sinistra engrenagem de Don Juan parece ligeira. Essa áspera sede de assassinato voluptuoso, que retorce os nervos e dá ao prazer silencioso do ser uma crispação loucamente divina e tenebrosa, sem dúvida responde sozinha à espera primeiramente tímida, angustiada, e depois, sem transição, desenfreada, e sempre colocando o possível em pedaços em meio à fúria que é a sensualidade dos homens e das mulheres. Como não ver, enfim, o ilimitado nesta desordem que

[1] Texto publicado em 1953 na revista *Critique* (n. 78, novembro de 1953).

sobrevém exigindo súbita e soberanamente, do primeiro que aparece, que aceda ao *inverso* do que sempre quis, que desnude o que vestia, que estrangule e dilacere o que acariciava? Ninguém antes de Sade mediu com sangue frio, maldosamente, aquilo que nosso coração dissimula e que quer que os limites, todos os limites, sejam ultrapassados. Pois, por mais diversos que sejamos, somos todos feitos da mesma matéria: a mesma imagem de terrível inversão obseda o monge em tentação trancado em sua célula e o insensato na solidão do crime, pleno de fúnebre prazer. Outros homens são frívolos ou ternos e contentam-se com uma amável volúpia, outros até respondem com indiferença àquilo que o jogo das paixões lhes propõe de vertiginoso. Mas a vida, a vida *inumerável* não se detém, ela, até que tenha tocado, para além do possível, o *impossível*. Talvez nem um homem em mil soçobre no horrível desejo do *impossível*, mas às vezes... e a partir daí não basta, se ele for longe demais, dizer pobremente que está errado, que devia parar a tempo. Que a justiça humana tenha a fraqueza, ao condená-lo, de atribuir-lhe esse erro – que ela sabe, contudo, que a vida assume no condenado, que ela o assume sem poder sequer por um instante não o assumir –, isso nada poderia infringir, e é até mesmo necessário acrescentar que, ao próprio crime, faltaria a sanção inexorável das leis (não seria mais crime, mas *apenas* inocência animal). Pois sem as leis que o condenam, o crime talvez fosse o impossível, mas não tomado como tal. E o alucinado do impossível quer também, do objeto de sua obsessão, que ele seja realmente impossível. Talvez não seja tanto a sociedade que bate. Com frequência, o próprio criminoso quer que a morte responda ao crime, que ela lhe dê, enfim, a sanção sem a qual o crime seria possível, em vez de ser *o que ele é*, que o criminoso quis.

Dizendo de outro modo, a vida dos homens é sempre um diálogo entre o possível e o impossível. Cada um de nós, se puder, se atém ao possível; ele se detém no momento em que a certeza se faz. O possível então se retira e o impossível começa. Mas *cada um de nós* não é *todos*: o movimento que nos leva do possível ao impossível e depois do impossível ao possível se realiza em alguns. O grande número, evidentemente, não vai até o fim, mas não ocorre que *ninguém* vá. Assim fundou-se o interminável diálogo entre aquele que ousa e aqueles que não ousam, estes últimos opondo-se em dois coros, que às vezes se misturam: o primeiro que o horror fascina e o segundo que execra o crime com fúria. Mas jamais o ódio é rigoroso a ponto de a multidão espectadora – e ambos os coros – não ficarem suspensos aos lábios do culpado, *que ousou*. Que em seu próprio princípio, Don Juan e Sade sejam terríveis, é fácil dizer – isso até se canta em caso de necessidade. Mas o silêncio se faz quando eles, por sua vez, falam ou cantam: é que eles anunciam o que tínhamos achado impossível pensar. Eles desafiam o céu, eles recusam! Nosso ouvido fica rachado para sempre ao ouvir, repetindo-se, o "No" de Don Juan...

O que podem, de fato, nossos furores e nossa potência? O que significa nossa confiança quando, condenando-os, provamos a fragilidade e o erro de seus desígnios? Decididamente, sua prodigiosa despreocupação nos desarma, fazendo-nos ver neles o que seríamos se nossas preocupações não nos tivessem baixado a cabeça. Vivemos carregados sob o peso da preocupação que temos em relação a nós mesmos e aos outros: eles não se preocupam nem com os outros, nem consigo próprios. Assim vivemos fascinados pela embriaguez e pelos saltos que nossa pesadez nos interdita. Que eles vivam; que, de acordo com seu capricho, eles se soltem, e que aceitemos isso; o precário abrigo edificado por nossos temores e por nossa paciência – de que dependemos e de que eles tiram proveito – logo começaria a desabar: uma ordem, uma tranquilidade são necessárias para essas obras que nos criam, sem as quais não existiríamos. Mas como, submetendo-nos – seriamente – a essas condições humilhantes, poderíamos até mesmo esperar aqueles encantos da sensualidade que a partitura de Mozart exprime com tanta força, que justamente leva ao seu ápice, à catástrofe, em que o coro magnifica a justiça e oprime a vítima?

Ébrio de volúpia cruel, aparentemente inacessível à dúvida, Don Juan, por si mesmo, elude o diálogo. É com dificuldade que o Comendador e os estertores do inferno têm o poder, por um único instante, de arrancá-lo ao prazer e de tirar de seu arrebatamento algumas palavras, das quais o essencial é "Não!". Esse inacreditável "Não!" diante do Deus do terror? Mas Sade, que, certamente, teria ouvido tremendo de alegria esse "Não!" que é o ápice, soube muito bem que sua própria vida era e só podia ser um diálogo opondo o possível e o impossível. Ele se conhece. Um interminável silêncio foi-lhe dado para que se conhecesse. E quando na Bastilha, de onde estava desesperado para sair após dez anos sem julgamento, descreveu-se sob os traços de

Franval,[2] ele podia dizer: "Era este o gênero de seu caráter: vingativo, turbulento, impetuoso quando o preocupavam; voltando a desejar sua tranquilidade a qualquer que pudesse ser o custo, e só considerando inabilmente para isso os meios mais capazes de fazer com que a perdesse novamente. Podia obtê-la? Não era mais senão para causar danos que empregava todas as suas faculdades morais e físicas...". Sade real, de fato, diferiu do Don Juan da fábula na medida em que reconheceu o possível e suas condições. Seu humor turbulento e voluptuoso impediu-o até o fim de perseverar, mas ele refez incessantemente o projeto de arrumar sua vida. Essa passagem de Eugénie de Franval é, aliás, a única chave desses humores contraditórios, aparentemente inconciliáveis, que tornam suas cartas tão vivas (especialmente as que foram recentemente editadas). Como é difícil dar um sentido claro a demasiadas exigências profundas, em que a destruição demanda a tranquilidade prévia, em que a tranquilidade, contudo, não aparece jamais a não ser com vista a ser logo destruída. Claro, é difícil... pois nada é mais contrário ao ritmo ordinário da vida, mas importa que seja verdade que a irresistível sedução do prazer se reporta ao inacessível, e que o prazer é tanto mais forte à medida que seu objeto nos escapa. Isso, desde o início, tem dois aspectos: o prazer, que nos parece vil se for menor, aproxima-se, contudo, do valor no sentido profundo se não se ligar à vantagem egoísta; e o valor não depende menos do aniquilamento do ser do que do ser. Dizendo de outra maneira, o ser só é inteiramente dado a si mesmo, pela plenitude e pela generosidade do prazer, se largar o possível pelo impossível, na *despreocupação*.

Se não soubéssemos que é assim – profundamente –, por que ficaríamos suspensos, como que moralmente exorbitados, quando, no palco, vemos Don Juan morrer fulminado? Essa morte é o grande momento da vida, em que a autenticidade do prazer se funda na impossibilidade que ele atinge. Precisamos, também, agradecer a Sade, que, ao fazer da volúpia a única verdade e a única medida, jamais a confunde com o agrado. A volúpia é, aos seus olhos, a parte do homem que atravessou os limites do possível. Esse homem pode, aparentemente, assegurar para si a felicidade, a tranquilidade, mas desde então

[2] Eugénie de Franval, em *Crimes de l'amour* (Paris: Jean-Jacques Pauvert, 1953, p. 161).

é de insolência, de provocação que se trata. E não é por si mesmas que contam essa felicidade, essa prosperidade, mas por fazerem mais ao gritarem o desafio. Lembremos que Franval, uma vez atingida a tranquilidade, só pensava em perturbá-la. Pois, na via do impossível, o que é acima de tudo impossível é deter-se. A grandeza de Sade foi ter captado que o prazer supunha, exigia a negação do que faz o possível da vida, e que ele era tanto mais forte à medida que a negação, mais violenta, levava a objetos que encarnavam com mais encanto o possível da vida.

O que, nesse plano, pode nos enganar – que responde à irresistível necessidade de Sade de desafiar o gênero humano por inteiro – é a platitude dos *cálculos* sobre os quais estabelece seu sistema. Nenhum outro interesse, diz ele, a não ser o prazer... Ele se esquece meio voluntariamente de que a base desses *cálculos* é a *despreocupação*. Aquele que observa o interesse cuida para tornar durável a possibilidade de satisfazer o próprio prazer. Sade foi tão despreocupado que jamais tentou, de maneira continuada, dar coerência aos diferentes cálculos de seu egoísmo. Finalmente, a despreocupação é o único sentido de um discurso que não depende da vontade de persuadir, mas da de desafiar; a despreocupação a que ele deu o alcance decisivo de comandar a escolha do impossível, a rejeição de todo o possível.

Quanto a nós, vivemos no possível, a que nos liga a pesadez. Mas não podemos nos espantar em ver, num ponto, deixar-se fluir, com violência, o pensamento que emerge da exigência oposta do desafio.

Mais além da seriedade[1]

Estou falando de felicidade. Mas isso não passa, por enquanto, de um desejo, e o desejo concebido me separa de seu objeto. Escrevo e suporto mal uma diferença entre aquele que serei quando o trabalho estiver feito e eu que agora quero fazê-lo! Escrevo querendo que me leiam: mas o tempo me separa do momento em que serei lido! Cadeia sem fim: se eu fosse lido como quero sê-lo e se o desejo de me ler respondesse ao desejo que tenho de escrever, quanto o leitor sofreria com a diferença entre aquele que ele será ao me ter lido e aquele que se encontra perturbado por um obscuro pressentimento? Ao contrário, lemos certos livros com um pouco de medo do momento em que, chegados ao final, teremos que largá-los...

Diante, porém, do livro que nos abandona e do qual nos separamos contra a vontade, nada é dito da felicidade, apenas da esperança da felicidade. Ou melhor, apenas a esperança (a esperança é sempre um medo de não atingir, a esperança é o desejo, mas aberto ao medo), apenas a esperança torna, então, a felicidade sensível.

Eu queria dizer minha impotência, ligada ao desejo, que me agita, ou traduz-se, se fico imóvel, numa certa angústia. Mas já não tenho esse sentimento de impotência. Sou indiferente, a simplicidade infantil do desejo não atua mais. Saí do desamparo em que me fizera entrar o pensamento de todo o tempo que me afasta do momento em que meu desejo será realizado.

---

[1] Texto publicado em 1955 na revista *La Nouvelle N.R.F.* (n. 26, fevereiro de 1955).

Sei que antes dessa data eu não tinha nascido, mas nasci há muito tempo! Eu sou e não sou, e se deixo de ver, junto a mim, o papel, a mesa, se vejo a nuvem rasgada no vento, essas palavras só estão à altura das nuvens se eu escrever: "As nuvens e o vento me negam"; ou: "No movimento que me dissolve, sou desde agora o que era antigamente (antes de ter nascido) ou o que serei (depois de minha morte)". Nada subsiste desse jogo, sequer uma negação de mim mesmo que o vento leva para longe. Vejo o mundo através da janela de minha morte, por isso não posso confundi-lo com a cadeira em que estou sentado. Senão eu não saberia que ele me derruba no movimento que me exalta, eu gritaria sem saber que nunca nada atravessa esse muro de silêncio.

Temos como desculpa a desigualdade dos homens entre si, as significações bem diversas de uns e de outros e as ligações afetuosas que assim se constituem. Não deixa de ser estranho ver entre as pessoas e as moscas esta diferença inteira que faz de todo pensamento uma comédia. De duas uma: ou a morte de um homem tem o mesmo alcance que a de um outro e, nesse caso, não tem mais alcance que a de uma mosca; ou *esse* homem, se ele morrer, é insubstituível para aqueles que o amam; são, então, consequências *particulares* que contam, não, por ela mesma, a morte de um homem, que é, no final das contas, o semelhante dos que permanecem. Na verdade, os homens deslizam de um quadro para o outro no intuito de dar à própria morte aquela magnificência desavergonhada que é apenas a magnificência de seu próprio pavor.

Se deixo a infelicidade falar em mim, ela me oculta ao infinito a festa definida da luz. Mas a felicidade, que me oculta os estertores da esperança, me destina à delícia do medo. O que é a mesma coisa que dizer que a sorte – e apenas a sorte – faz de mim o que sou: ela concede a si mesma, em meus aborrecimentos, toda a gravidade da lei, e é ela, se me for favorável, que vive comigo de minhas desordens felizes.

Na gravidade professoral, e até mesmo, de maneira mais simples, na reflexão profunda, a má sorte sempre tem mais peso: qualquer coisa de pobre, de aborrecido. A vida está submetida à alternativa entre a sorte e a má sorte, mas é próprio da sorte não poder *ser levada a sério*. Uma jovem e bela mulher seduz, mas o que ela é não tem sentido na filosofia profunda... A intensidade do desejo é o efeito da exceção, a sensualidade é um luxo, uma sorte, e a sorte nunca tem profundidade: essa é certamente a razão pela qual os filósofos a ignoram. O domínio autêntico deles é a infelicidade, nas antípodas da perfeita ausência de infelicidade que é o universo.

Na medida em que determina a totalidade da experiência, Hegel escapa à redução da infelicidade. A *Fenomenologia do espírito* leva em conta o gozo (*Genuss*). Ilogicamente, porém, a *Fenomenologia* dá à seriedade da infelicidade e à ausência de jogo o valor final. Não creio que Hegel tenha sido plenamente o ateu que Alexandre Kojève vê nele.[2] Hegel faz do universo uma *coisa*, uma coisa humana, faz do universo Deus (no sentido de que, em Deus, a imanência ou o caráter sagrado do universo concedem a si próprios a transcendência de um objeto, de um objeto útil). Hegel não apreendeu, em nosso acabamento, uma inumanidade singular, a ausência de toda seriedade do homem ao final liberado das *consequências* das tarefas servis, uma vez que não tem mais que levar essas tarefas a sério, que não tem mais *nada* para levar a sério.

Entretanto, assim como a seriedade das intenções ligou o pensamento humano à infelicidade e o opôs à sorte, a ausência de seriedade supõe a sorte daquele que joga. Exige-a penosamente, pois um infeliz não poderia jogar, uma vez que o infortúnio é inelutavelmente a seriedade.

Eu não tinha inicialmente percebido, mas a infelicidade, enfim, na indiferença diante da infelicidade, atinge a felicidade perfeita de que a felicidade comum continua a nos separar: no ápice do inconcebível, ela a atinge na morte, e sua imagem mais exata é o sorriso ingênuo, que é o sinal da felicidade. Em certo ponto do pensamento que não difere menos do pensamento articulado do que, da vida, a inércia do matadouro, em que não há mais nada que não esteja despedaçado, não há mais coisa alguma que não seja o contrário do que ela é. *O que acontece*,[3] então, em qualquer sentido que advenha, não difere mais do *que não acontece*, que é, que era, que será sem que nada aconteça.

No pensamento de Hegel, contudo, essa desordem é uma ordem que se esconde, essa noite é a máscara do dia!

---

[2] Kojève não deixa de ter razão. Impossível não ver em Hegel uma resolução, uma transformação em outra coisa, uma negação de Deus.

[3] O autor usa aqui o verbo "*arriver*", que poderia também ser traduzido por "chegar". Esse duplo sentido será explorado ao longo de todo o artigo. (N.T.)

A desordem de meu pensamento, o que ele tem de irredutível a uma visão clara, não dissimula *nada. Eu não sei nada.* É verdade que o grito dilacerado que o anuncia é também o silêncio, se eu quiser. Mas eu protesto, enfim, prevendo a vontade de reduzir a algum estado de intelecção esse silêncio gritante ou esse grito inaudível que oculta em mim cada possibilidade concebível: é isso, é apenas isso que minha escrita mascara. Penso no cansaço, que ordena os meandros do pensamento, escuto um *cuidado!* que nada justifica, que exige de mim uma coragem que só se resolveu em sono sob a condição de ter por um instante acreditado que o sono era impossível – para sempre!

Chamo *o que não acontece*, o que é, que era, que será, sem que nada aconteça. Eu o chamo, mas sou feito desse tecido, desses *não* multiplicados, opostos *ao que acontece*, desses *não* tecidos de *sim*. Que eu chame *o que não acontece*, que eu peça para ser abandonado pel*o que acontece*, de maneira que eu nada tenha a dizer, nem *sim* nem *não*, é apenas então que tenho a força de escrever.

Se escrevo, é meu fraco, meu impotente protesto contra o fato de que, ao escrever, não posso considerar nada além d*o que acontece*, que, para ser tal, precisa acontecer.

Será que eu poderia um dia dizer uma palavra sobre *o que não acontece*, que, miseravelmente, se assemelharia em meu espírito à morte, se houvesse nesse plano alguma *não morte* imaginável? Mas será que as palavras, por meio de um saltitar em que recusam seu funcionamento de palavras, em que se agarram a todas as negações possíveis das fatalidades inerentes à afirmação, por meio de um suicídio de todo o possível que elas designam, será que as palavras não podem, no ápice, desvelar aquilo que as próprias palavras mergulham na noite?

Sim, se, na brecha em que meu cansaço das palavras me deixa, eu denunciasse tanto a brecha quanto o fato de ter sido deixado nela.

Eu quis, é claro, comunicar o estado em que me deixa uma indiferença à comunicação, que prolonga um desejo de comunicar que nada poderia satisfazer.

Na medida em que meu pensamento não é mais nada em mim senão a tristeza em que soçobra, em que não há nada que não seja consumido por uma obsessão de desnudar o avesso do pensamento, lembro-me dos jogos que me maravilhavam: a beleza e a religião, o vício, o amor louco, o êxtase, o riso...

Já não era a mesma aspereza de negar e de aniquilar o que me separa *disto*, que não é *nada*, que é a negação, que é o avesso da seriedade do pensamento?

Quem ousaria dizer a volúpia de colocar do avesso?

Sozinho o silêncio é mais voluptuoso – mais perverso –, e a volúpia gritante só pode anunciá-lo. O pleno silêncio, o esquecimento, enfim.

Independentemente do que consideremos d*o que acontece*, tudo *o que acontece* é solidário, é difícil apreciar um de seus elementos e negligenciar o resto. Mas é isso que fazemos, que não podemos evitar fazer.

Se cada coisa que acontece é solidária do resto, tudo *o que acontece* está enviscado. Também o estamos, desde o princípio, na cegueira animal. *O que acontece é*, por exemplo, o elefante, a raiva, a investida desastrosa de um grande número de elefantes, um embaraço inextrincável. Jamais o que acontece está de acordo com o universo. O universo olhado como uma totalidade não acontece. O universo é *o que não acontece*. Hegel quis passar d*o que acontece* a*o que não acontece*, do particular ao universal. Isso supõe reencontradas as relações de interdependência de todas as coisas entre si, que acontecem e, ao acontecer, se destacam do que acontece que não elas.

O universo, que não acontece, não pode ser destruído. Mas as galáxias, as estrelas, os planetas, que acontecem, podem ser destruídos. *O que não acontece* não é o espaço. *O que acontece* é "alguma coisa" e pode ser determinado, o espaço ainda pode ser determinado. *O que não acontece* não é "nada" na seguinte medida: não é "alguma coisa". Também não é Deus. Deus é *o que não acontece*, se quisermos, mas bem determinado, como se *o que não acontece* tivesse acontecido. (Em certo sentido, esse engarrafamento incomensurável, esse solene desejo de justiça, devia acontecer, é um aspecto, o mais enviscante, d*o que acontece*.)

D*o que não acontece*, não podemos dizer uma palavra, senão que a *totalidade* do que é não acontece. Não estamos diante d*o que não acontece* como diante de Deus. Não acontecemos, diante d*o que não acontece*, enquanto nós, só acontecemos pela negação mais completa, retirando o solo que está debaixo de nossos pés: devemos, enfim, afundar suavemente, deslizar como o sono, insensivelmente, no fundo da negação (na negação até o pescoço, até a última gota). Representar para si próprio *o que não acontece* é imaginar-se morto, isto é, essencialmente, nada mais representar para si.

O que não acontece não pode existir como objeto, como oposto a um sujeito. Mas por que emprestar a*o que não acontece* existência subjetiva? Tratar-se-ia de uma afirmação, e nada podemos afirmar. Também não podemos falar de não subjetividade, ao passo que podemos falar de não objetividade.

Falamos de não objetividade na medida em que o objeto transcende o que ele não é, enquanto não transcende necessariamente o resto do mundo. Podemos representar para nós a imanência do sujeito em relação a*o que não acontece*.

O que acontece acontece objetivamente.

N*o que acontece*, a subjetividade possível é sempre objetivamente limitada. Ela é pessoal, ligada a algum objeto determinado. *O que acontece* é um lobo para *o que acontece*. *O que acontece* significa a devoração do que não é essa própria coisa que acontece. O limite só é dado na medida em que a comunicação, de um sujeito ao outro, é pessoal: onde alguma imanência se opõe à propensão d*aquilo que acontece* a reportar cada coisa (que acontece) a si mesma, ao seu interesse de coisa que acontece. De fato, a comunicação supõe destruída – ou reduzida – uma particularidade, o quanto-a-si do ser particular, assim como quando se retira o vestido de uma moça.

Jamais *o que acontece* sai d*o que acontece* a não ser por meio de uma realização, pelo êxito da vontade de acontecer. Se não amamos, até a extremidade, *ter êxito*, ficamos animalmente aprisionados pel*o que acontece*. Nós o ficamos animalmente, de uma maneira bastante limitada, como o ficam as bestas, os soldados, que nunca têm o desejo de ir mais longe, cada vez mais longe. Se não, aprisionamo-nos cristãmente, negando em nós *o que acontece* antes de tê-lo acabado. É apenas quando afirmamos até o fim *o que acontece* em nós que temos a força de levá-lo ao nível d*o que não acontece*. (Nietzsche é, segundo a expressão, um "hipercristão", e não, como se disse, um animal que se coloca acima do homem.)

A humanidade é a lenta passagem, suja do sangue e do suor de longos suplícios, d*o que acontece*, que, antes de tudo, extraiu-se animalmente da passividade mineral, a*o que não acontece*.

O animal é a imagem de uma impossibilidade, de uma devoração sem esperança implicada n*o que acontece*.

O homem mantém em si, na ambiguidade, a impossibilidade animal. Ele se opõe em si mesmo à animalidade, mas depois disso só pode realizar-se sob a condição de liberá-la. Pois a animalidade reprimida não é mais nele *o que acontece*. *O que acontece* é o homem reprimindo em si mesmo os impulsos animais que primeiro foram *o que acontece*, sob o aspecto de sua impossibilidade. Mas que se tornaram, em oposição a*o que acontece* de humano, *o que não acontece*, a negação d*o que acontece* novamente.

O saber se limita a*o que acontece*, e todo saber se apaga se consideramos *o que não acontece*. Só conhecemos objetos, ou sujeitos objetivados (pessoais). Se falo agora d*o que não acontece*, introduzo o *desconhecido*, o incognoscível no discurso cujo sentido era substituir o desconhecido pelo conhecido.

Tudo o que posso saber do desconhecido é que passo do conhecido ao desconhecido. Fica então uma margem abandonada ao discurso. Falo do instante e *sei* que o instante opera em mim a passagem do conhecido ao desconhecido. Na medida em que considero o instante, obscuramente, recebo o toque do desconhecido, o conhecido se dissipa em mim. *O que acontece* implica a duração (mas não a imutabilidade) d*o que acontece*. E, no instante, nada mais acontece. O erotismo é a substituição do que acreditávamos conhecer pelo instante ou pelo desconhecido. Não conhecemos o erótico, só reconhecemos nele essa passagem do conhecido ao desconhecido, que nos ergue até a exaustão, de tal maneira é verdade que o homem aspira primeiro a*o que não acontece*! de tal maneira é verdade que *o que acontece* é o insaciável desejo d*o que não acontece*!

Como se a linguagem da filosofia devesse, não digo sempre, nem primeiro, mas finalmente enlouquecer. Não de uma loucura aberta ao arbitrário, mas louca na medida em que carece fundamentalmente de seriedade, em que sopra o bom senso e escala ligeiramente aquelas alturas em que o pensamento nada mais busca a não ser a queda vertiginosa do pensamento. Nunca mais rigoroso do que no impulso que o leva *mais além da seriedade*.

Não me afeta que os pés tortos do pensamento não me acompanhem, e se às vezes as facilidades da poesia dão a ilusão de piruetas impecáveis, pouco importa. A última palavra da filosofia é o domínio daqueles que, *sabiamente*, perdem a cabeça. Essa queda vertiginosa não é a morte, mas *a satisfação*.

O que acontece está sempre insatisfeito, caso contrário o que acontece seria de saída *o que não acontece. O que acontece* é sempre uma busca – no suor – da satisfação. A satisfação é possível a partir do ódio, ao contrário, da satisfação.

O que acontece aspira a*o que acontece*... É verdade, mas, em primeiro lugar, *o que acontece* deseja acontecer..., quer a satisfação no plano da platitude, em vez de querê-la como se quer morrer, de tal maneira que *satisfeito* suponha estancar a sede de morrer, e não a de ter êxito. A menos que ter êxito, no ápice, queira dizer: a ponto de morrer...

Se essas palavras não fossem levadas pelo movimento de um riso irreprimível, eu diria delas o que um homem razoável deve dizer: que as ouço mal.

A grandeza de Nietzsche foi não ter afinado seu pensamento com a má sorte que o arrasou. Se ele não cedeu, essa foi, contudo, sua sorte, mas sua felicidade se reduziu a não ter deixado a infelicidade falar nele.

O mais além da seriedade? A infelicidade não chega lá.

O sofrimento o perfaz, mas suponhamos que ele ceda ao sofrimento?

Nada mais resta senão *a seriedade.*

Ninguém pode se dizer mais além da seriedade se imaginar que a infelicidade o tornaria sério.

O mais além da seriedade difere tanto do mais aquém quanto a seriedade do agradável. Ele é bem mais sério, bem mais cômico – uma vez que sua seriedade não é mitigada por nada de agradável, seu cômico por nada de sério. Por um único instante, o homem sério ou o homem brincalhão não poderiam sequer respirar ali. Isso dito sem a menor seriedade, mas frontalmente, sem nenhuma obliquidade.

O paradoxo do erotismo[1]

De todo modo, o erotismo é a extravagância.

É, por um lado, o horizonte em que o mais desejável está aberto: um prazer tão profundo que nos faz tremer.

Por outro lado, porém, é a vergonha. Seríamos inumanos se, por longo tempo, cessássemos de sentir nele o que repugna.

Atendo-nos a apenas uma dessas concepções, rejeitamos o conhecimento; mas, virando-lhe as costas, é ao possível, à manutenção da vida, que viramos as costas.

Na maior parte das vezes, o erotismo é desprezado. É por isso que devemos falar da covardia do desprezo: é covarde aquele que vilipendia o que o teria levado, com sorte, a um trágico arrebatamento.

Mas devemos ao mesmo tempo denunciar a suprema renegação dos que percebem o supremo valor e a justificação suprema no erotismo.

O mais pesado é que o erotismo está tão bem ligado ao aniquilamento que não poderia sobreviver a um triunfo que seria o do aniquilamento. O nascimento e a vida são inconcebíveis sem ele... Mas o próprio erotismo chama as aberrações em que soçobra. A vergonha responde tão sutilmente ao desejo de frenesi do desejo que, sem a vergonha dissimulada em seu objeto, o desejo não atingiria o frenesi. Os psiquiatras negam isso: para manter com eles, em sua simplicidade, o movimento da ciência, tomam como nada uma evidência que decorre mais ou menos de todo o movimento do erotismo. Mesmo quando não

[1] Texto publicado em 1955 na revista *La Nouvelle N.R.F.* (n. 29, maio de 1955).

é abertamente desejada, a vergonha é velada na angústia do desejo. Se não excedêssemos a vergonha em alguma reviravolta, não acederíamos ao êxtase que abole os juízos da vida comum. O êxtase é, inclusive, o efeito dessa abolição. O bem fundado desse juízo é a origem do êxtase, que exige justamente que se ridicularize tudo o que funda.

É essa extravagância desmedida, esse paradoxo soberano, que *é* a existência humana. Nunca a encontramos em repouso, e é por isso que nosso pensamento é um destroço levado por uma torrente. Uma verdade enunciada, tão logo dita, é sempre apenas um destroço, a não ser que seja essa extravagância infeliz que, tremendo, o espírito perdido de vergonha propõe.

Assim, nunca podemos falar realmente de erotismo. Ele é sempre, numa assembleia, um sujeito que lança um grito de protesto. Pode, então, ser tarde demais para denunciar a extravagância comum àqueles que vociferam e àqueles que consideram o escândalo. Pode haver uma falha na posição dos que protestam: às vezes a extravagância que reprovam *define* a humanidade em cujo nome pretendem impor silêncio. Mas a extravagância de seus gritos é corolário da primeira: ela também é inevitável.

Quando está em questão a literatura, a atitude de indignação é ainda mais tola na medida em que o próprio objeto da literatura é o paradoxo. Aqueles cuja vida é regular, e cujos atos não são designados por nenhuma anomalia, entediam-se. Trata-se, é verdade, da única objeção válida que se opõe ao erotismo na literatura: a pintura do erotismo não pode ser renovada, o paradoxo que o erotismo é por essência transforma-se numa repetição inútil e, assim, retorna à norma e ao tédio. Mas a objeção pode ser invertida: se a literatura erótica se repete, é porque pode fazê-lo sem cansar um leitor comovido por um escândalo que o espanta todas as vezes ao longo das sequências de romances que mudam de título, mas não mudam de situação. Não fosse a indiferença desse leitor à repetição, a literatura que toma por objeto a vida secreta poderia muito bem propor uma renovação, mas e se ele a dispensa? E se é apegado à inconfessável monotonia, em que atua a mediocridade da atração, nunca esgotada, pela abjeção?

Há leituras que o valor literário de um livro atrapalharia... O repisamento, contudo, só interessa a poucos: para além destes, a liberdade, a desordem e a irritação da vida inteira não poderiam parar de pôr em causa o pacífico acordo no desacordo e a pacífica coexistência das violências complementares em que se funda o jogo duplo da vida inteira. Sob esse aspecto, a descrição erótica intenta mais do que a repetição. A repetição a afastava do desequilíbrio infinito que atrapalha o sono do ser. O ser é ele próprio, ele é em sua essência desequilíbrio: ele é a questão sem resposta. A repetição erótica nunca conheceu, senão em favor da sonolência caseira, essa ração de desordem e de irritação sem a qual a leitura entedia. Sempre, porém, um desequilíbrio triunfa: o erotismo chama ao cume a desordem sem limite e aquela comichão que tanto mais se obstina quanto mais a coçamos.

Para além da repetição, a possibilidade da literatura erótica é a da *impossibilidade* do erotismo. O próprio sentido da literatura é dado nessa ascensão de um cume, em que o que sempre falta é a esperança de respirar. Sade denegria o acordo que acolhe e bane ao mesmo tempo a vida carnal: seu pleito exigiu para o erotismo todos os direitos, mas não há requisitório que mais o abata. Ele situou a liberdade do erotismo no pelourinho de seus furores: ninguém mostrou com mais cuidado do que ele a infâmia do erotismo. Uma vez que sua fúria redobrava na medida da crueldade dos crimes que ele imagina, foi Sade o primeiro a fazer da literatura erótica, e da maneira mais perfeita, uma expressão deste ser para si mesmo intolerável que é o homem, de sua "extravagância infinita" e de seu "paradoxo soberano".

Sua ausência de interesse pelo erotismo adocicado não o preservou, é verdade, da repetição obcecada; ele não evitou o repisamento do horror, mas o cume alcançado pelo repisamento era o do *impossível*.

Erótica, a literatura pode esquivar-se, ou até ceder à repetição, mas ela é, desde o instante em que se libera, uma expressão do *impossível*.

Paro nesse ponto, incomodado de usar a palavra para fins que excedem a possibilidade da palavra. Não é, aliás, necessário que essa literatura exista. Se, contudo, ela existe – se Sade teve finalmente consequências –, ela levará necessariamente ao extremo uma exigência da literatura frequentemente reservada à poesia, que a quer contrária ao sentido da linguagem, que quer que ela *aniquile*, numa palavra, todo o movimento que a palavra carrega. A palavra obrigada por essência a existir, por essência obrigada a afirmar o que deve ser... O erotismo é contrário a esses movimentos que se afirmam como os efeitos de um dever a que respondem.

Num dos raros romances[2] em que o erotismo não se limita às facilidades da repetição, Pierre Klossovski empresta as palavras que se seguem a um de seus heróis. O jovem dragão pontifical que aprecia o despudor da mulher do professor de teologia explica-lhe:

"Seu gesto prova que a senhora acredita um pouco menos em seu corpo, um pouco mais na existência dos puros espíritos. E a senhora dirá conosco: no começo era a traição. Se a palavra exprime coisas que a senhora julga ignóbeis unicamente por serem expressas, essas coisas permanecem nobres no silêncio: basta realizá-las; e, se a palavra só é nobre na medida em que exprime o que é, ela sacrifica a nobreza do ser pelas coisas que só existem no silêncio; ora, essas coisas deixam de existir assim que tomam a palavra. A partir daí, como punir essa ignomínia? Não terá ela produzido à luz do dia como o obsceno em si? Ora, como quase não se conhecem as coisas falsas, a não ser na medida em que são falsas, porque o falso não tem existência, querer conhecer coisas obscenas nunca é outra coisa senão o fato de conhecer que essas coisas são no silêncio. Quanto a conhecer o obsceno em si, é não conhecer absolutamente nada."

É possível que a natureza *inominável* do obsceno não o suprima. O que não pode entrar na ordem da linguagem existe na medida em que é contrário a ela, sendo, inclusive, susceptível de perturbar-lhe a ordem. De todo modo, das duas uma: ou a palavra triunfa sobre o erotismo, ou o erotismo triunfará sobre a linguagem. Isso ocorre de várias maneiras: não importa, se a morte estiver no final. Vivemos sempre a mesma insustentável verdade, que nos leva à negação daquilo que, a despeito de tudo, devemos afirmar: estamos reduzidos a nos realizarmos no paradoxo de uma palavra afirmada com força – sem outro fim que não o de nos gabarmos por traí-la. Seria o erotismo erotismo, seria o silêncio silêncio, se eles não fossem antes de tudo traição?

Estão aí a justificação e o sentido de uma literatura erótica que, hoje, é enormemente diferente de uma pornografia mecânica. Um romance tão admirado quanto *História de O*,[3] por um lado semelhante à literatura de repetição, desta, contudo, difere na medida em que,

---

[2] *Roberte ce soir* (Paris: Minuit, 1953).

[3] Trata-se de conhecido romance erótico publicado em 1954 por Anne Desclos, sob o pseudônimo de Pauline Réage. (N.T.)

ao magnificar o erotismo, acaba por ser ao mesmo tempo seu enfraquecimento. Ele não o enfraquece se nele a linguagem não puder prevalecer sobre um profundo silêncio que é como a traição da morte, a traição última que a morte é risivelmente. O erotismo de *História de O* é também a impossibilidade do erotismo. O consentimento dado ao erotismo é também um consentimento dado ao impossível, o que digo?, ele é feito do *desejo* do impossível. O paradoxo de *O* é o da visionária que *morria de não morrer*, é o martírio em que o carrasco é cúmplice da vítima. Esse livro é a superação da palavra que está nele, na medida em que, por si só, ele se rasga, em que resolve a fascinação pelo erotismo na fascinação maior pelo impossível. Pelo impossível que não é apenas o da morte, mas o de uma solidão que se fecha absolutamente.

Se, em certo sentido, essa literatura é possível, ela se acorda com aqueles que a condenam. Ela aspira ao silêncio de um horror que, apenas ele, tem a força de compreendê-la. A que ponto a repetição será difícil desde então! Esse livro, sob esse aspecto comparável a *Roberte ce soir* de Klossowski (que desencaminha mais, e que é, nesse sentido, mais admirável), é o livro da exceção. Se é verdade que, há muito tempo, nada se publicou de semelhante a esses dois romances inconfessáveis, eles não anunciam a renovação, mas a dificuldade, o impasse da literatura. A literatura sufoca com a inviabilidade real – que é cruel e, no entanto, maravilhosa – da vida inteira. Ela sufoca ainda mais por fazer sua obra, que é a de pôr fim à possibilidade da linguagem que a sustenta.

Nos dilaceramentos a que nos levam os milagres de nossa alegria, a literatura é a única voz, já quebrada, que damos a esta impossibilidade em que estamos de não sermos dilacerados; ela é a voz que damos ao desejo de nada resolver, mas visivelmente, felizmente, de nos dar à dilaceração até o fim. A literatura, no mais das vezes, tenta, porém, escapa e imaginar pífias saídas: por que regatear o seu direito de ser frívola?

Hegel, a morte e o sacrifício[1,2,3]

O animal morre. Mas a morte do animal
é o devir da consciência.

I. A MORTE

A negatividade do homem.

Nas *Conferências* de 1805-1806, no momento da plena maturidade de seu pensamento, na época em que escrevia *Fenomenologia do espírito*, Hegel exprimia assim o caráter negro da humanidade:

"O homem é essa noite, esse Nada vazio, que contém tudo em sua simplicidade indivisa: uma variedade de um número infinito de

[1] Texto publicado em 1955 no n. 5 da revista *Deucalion* (outubro de 1955), dedicado aos "Estudos hegelianos", e que constitui o n. 40 da coleção "Être et penser" (Cahiers de philosophie, Neuchâtel). No mesmo número, a *Deucalion* publica "La critique des fondements de la dialectique hégélienne", texto redigido por Bataille em colaboração com Raymond Queneau para *La critique sociale* (n. 5, março de 1932).

[2] Primeira versão de João Camillo Penna (inclusive de algumas das notas de tradução), revista por mim. (N.T.)

[3] Parte de um estudo sobre o pensamento, fundamentalmente hegeliano, de Alexandre Kojève. Esse pensamento quer ser, na medida do possível, o pensamento de Hegel tal como uma mente atual, sabendo o que Hegel não soube (conhecendo, por exemplo, os acontecimentos após 1917, assim como a filosofia de Heidegger), poderia contê-lo e desenvolvê-lo. A originalidade e a coragem, é preciso dizê-lo, de Alexandre Kojève foi ter percebido a impossibilidade de ir mais longe, a necessidade, consequentemente, de renunciar a fazer uma filosofia original, e assim, o recomeço interminável que é a confissão da vaidade do pensamento. (GB.)

representações, de imagens, das quais nenhuma lhe vem à mente com clareza, ou [ainda], que não estão [ali] como realmente presentes. É a noite, a interioridade – ou – a intimidade da Natureza que existe aqui: – [*o*] Eu-pessoal puro. Em representações fantasmagóricas, tudo ao redor está escuro: surge então de repente uma cabeça ensanguentada aqui; mais adiante outra aparição branca; e elas desaparecem também de repente. É essa noite que se percebe quando se olha bem nos olhos de um homem: [mergulha-se o olhar] numa noite que se torna terrível; é a noite do mundo que se apresenta [então] a nós."[4]

Bem entendido, esse "belo texto", em que se exprime o romantismo de Hegel, não deve ser entendido em sentido vago. Se Hegel foi romântico, talvez tenha sido de uma maneira *fundamental* (ele foi de todo modo romântico para começar – em sua juventude –, quando era banalmente revolucionário), mas ele não viu então no romantismo o método pelo qual um espírito desdenhoso acreditava subordinar o mundo real ao arbitrário de seus sonhos. Alexandre Kojève, ao citar essas linhas, diz que elas exprimem a "ideia central e última da filosofia hegeliana", a saber: "a ideia de que o fundamento e a fonte da realidade objetiva [*Wirklichkeit*] e da existência empírica [*Dasein*] humanas são o Nada que se manifesta enquanto Ação negativa ou criativa, livre e consciente de si mesma".

Para dar acesso ao mundo desconcertante de Hegel, acreditei dever marcar, por uma visão sensível, tanto seus contrastes violentos quanto sua unidade última.

Para Kojève, "a filosofia 'dialética' ou antropológica de Hegel é, em última análise, uma *filosofia da morte* (ou o que dá no mesmo: do ateísmo)".[5]

Mas se o homem é "a morte que vive uma vida humana",[6] essa negatividade do homem, dada na morte pelo fato de que essencialmente a morte do homem é voluntária (derivando de riscos assumidos sem necessidade, sem razões biológicas), não deixa de ser o princípio da

---

[4] Citado por Kojève, Alexandre. Utilizaremos aqui a tradução brasileira, eventualmente com pequenas modificações. (*Introdução à leitura de Hegel*. Tradução de Estela dos Santos Abreu. Rio de Janeiro: Contraponto/Eduerj, 2002, p. 536.) (N.T.)

[5] (*Op. cit.*, p. 504.)

[6] (*Op. cit.*, p. 513.)

ação. Para Hegel, com efeito, a Ação é Negatividade, e a Negatividade, Ação. De um lado, o homem que nega a Natureza – ao introduzir nela, como um avesso, a anomalia de um "Eu pessoal puro" – está presente no seio dessa Natureza como uma noite na luz, como uma intimidade na exterioridade destas coisas que são *em si* – como uma fantasmagoria em que não há nada que se componha senão para se desfazer, que apareça senão para desaparecer, nada que não seja, sem trégua, absorvido no *aniquilamento* [*néantissement*] do tempo e que daí não extraia a beleza do sonho. Mas eis o aspecto complementar: essa negação da Natureza não é apenas dada na consciência – em que aparece (mas é para desaparecer) o que é *em si* –; essa negação exterioriza-se e, ao exteriorizar-se, muda realmente (*em si*) a realidade da Natureza. O homem trabalha e combate: transforma o dado ou a natureza: cria, ao destruí-la, o mundo, um mundo que não era. Há, de um lado, poesia: a destruição, surgida e diluindo-se, de uma *cabeça ensanguentada*; do outro, Ação: o trabalho, a luta. De um lado, o "Nada puro", em que o homem "não difere do Nada a não ser *por um certo tempo*".[7] Do outro, um Mundo histórico, em que a Negatividade do homem, esse Nada que o corrói por dentro, cria o conjunto do real concreto (ao mesmo tempo objeto e sujeito, mundo real mudado ou não, homem que pensa e muda o mundo).

A filosofia de Hegel é uma filosofia da morte – ou do ateísmo.[8]

O caráter essencial – e novo – da filosofia hegeliana reside em descrever a totalidade do que é. E consequentemente, ao mesmo

---

[7] (*Op. cit.*, p. 536. Grifo de Bataille.)

[8] Neste parágrafo, e no parágrafo seguinte, retomo sob outra forma o que diz Alexandre Kojève. Mas não somente sob outra forma; devo essencialmente desenvolver a segunda parte desta frase, difícil, num primeiro momento, de ser compreendida em seu caráter concreto: "O ser ou o aniquilamento [*néantissement*] do 'Sujeito' é o aniquilamento [*anéantissement*] temporalizante do Ser, que deve ser *antes* de ser aniquilado: o ser do 'Sujeito' tem necessariamente um começo. E sendo aniquilamento [*néantissement*] (temporal) do nada [*néant*] no Ser, sendo nada que aniquila [*néantit*] (enquanto Tempo), o 'Sujeito' é essencialmente negação de si mesmo: ele tem necessariamente um fim". Em particular, segui para isso (como fiz no parágrafo precedente) a parte da *Introdução à leitura de Hegel* que responde às partes 2 e 3 do presente estudo, a saber: Apêndice II, "A ideia da morte na filosofia de Hegel", p. 495-536. (GB.)

tempo em que dá conta de tudo o que aparece aos nossos olhos, ela dá conta solidariamente do pensamento e da linguagem que exprimem – revelam – essa aparição.

"A meu ver, diz Hegel, tudo depende de exprimirmos e compreendermos a Verdade não (apenas) como substância, mas também como sujeito."[9]

Em outras palavras, o conhecimento da Natureza é incompleto, ele só considera e só pode considerar entidades abstratas, isoladas de um todo, de uma totalidade indissolúvel, que é a única concreta. O conhecimento deve ser ao mesmo tempo antropológico: "além das bases ontológicas da realidade natural, escreve Kojève, ele deve buscar as da realidade humana, que é a única capaz de revelar-se a si própria pelo Discurso".[10] Bem entendido, essa antropologia não considera o Homem à maneira das ciências modernas, mas como um movimento que é impossível isolar no seio da totalidade. Num certo sentido, é antes uma teologia em que o homem teria tomado o lugar de Deus.

Mas, para Hegel, a realidade humana que ele descreve, no seio e no centro da totalidade, é muito diferente da realidade da filosofia grega. Sua antropologia é a da tradição judaico-cristã, que sublinha no Homem a *liberdade*, a *historicidade* e a *individualidade*. Assim como o homem judaico-cristão, o homem hegeliano é um ser espiritual (isto é, "dialético"). Contudo, para o mundo judaico-cristão, a "espiritualidade" só se realiza e só se manifesta plenamente no além, e o Espírito propriamente dito, o Espírito realmente "objetivamente real", é Deus: "um ser infinito e eterno". Segundo Hegel, o ser "espiritual" ou "dialético" é "necessariamente *temporal* e finito". Isso quer dizer que apenas a morte assegura a existência de um ser espiritual ou "dialético" no sentido hegeliano. Se o animal que constitui o ser natural do homem não morresse, ou melhor, se não tivesse a morte em si como a fonte de sua angústia, tanto mais forte na medida em que a busca, em que a deseja, e em que às vezes a provoca voluntariamente, não

---

[9] *Phénomenologie de l'esprit*. Prefácio e tradução de Jean Hyppolite. Paris: Aubier, 1941, t.I, p. 17, 1. 1-4. [Aqui mantivemos como referência a tradução de Jean Hyppolite utilizada por Bataille, que permaneceu por muito tempo a tradução canônica de Hegel na França. (N.T.)]

[10] (*Op. cit.*, p. 498.)

haveria nem homem, nem liberdade, nem história, nem indivíduo. Em outras palavras, se ele se compraz naquilo que, no entanto, lhe dá medo, se ele é o ser, idêntico a si mesmo, que põe o próprio ser (idêntico) em jogo, o homem é então um Homem em verdade: ele se separa do animal. Ele não é mais, doravante, como uma pedra, um dado imutável, ele porta em si a *Negatividade*; e a força, a violência da negatividade, jogam-no no movimento incessante da história, que o muda, e que sozinho realiza através do tempo a totalidade do real concreto. Somente a história tem o poder de acabar[11] o que é, de acabá-lo no desenrolar do tempo. Assim, a ideia de um Deus eterno e imutável não passa, nessa perspectiva, de um acabamento provisório, que sobrevive enquanto espera algo melhor. Apenas a história acabada e o espírito do Sábio (de Hegel), no qual a história revelou, depois acabou de revelar, o pleno desenvolvimento do ser e da totalidade de seu devir, ocupam uma situação soberana, que Deus ocupa apenas provisoriamente, como regente.

Aspecto tragicômico da divindade do homem.

Essa maneira de ver pode com razão ser tida por cômica. Hegel, aliás, não falou disso explicitamente. Os textos em que ela se afirmou *implicitamente* são ambíguos, e sua extrema dificuldade terminou dificultando-lhes a circulação. O próprio Kojève manifesta prudência. Fala deles sem gravidade, evitando precisar suas consequências. Para exprimir como convém a situação em que Hegel se meteu, sem dúvida involuntariamente, seria preciso o tom, ou pelo menos, sob uma forma contida, o horror da tragédia. Mas as coisas logo teriam um andamento cômico.

De qualquer maneira, passar pela morte faz de tal modo falta à figura divina que um mito situado na tradição associou a morte, e a angústia da morte, ao Deus eterno e único, da esfera judaico-cristã. A morte de Jesus participa da comédia na medida em que não seria possível, sem arbitrariedade, introduzir o esquecimento de sua divindade

[11] "*Achever*" traduz para o francês o verbo alemão "*vollenden.*" Optamos por traduzi-lo por "acabar", no sentido de "realizar". Observe-se, ainda, que "acabar" contém em português uma equivocidade (*destruir* e *completar*) perfeitamente dialética, bem ao gosto de Hegel, e que não existe nem em alemão nem em francês. (N.T.)

eterna – que lhe pertence – na consciência de um Deus todo-poderoso e infinito. O mito cristão, exatamente, antecipou o "saber absoluto" de Hegel que se funda no fato de que nada de divino (no sentido pré-cristão de *sagrado*) é possível que seja *finito*. Mas a consciência vaga em que o mito (cristão) da morte de Deus se formou diferia, apesar de tudo, da de Hegel: para adulterar no sentido da totalidade uma figura de Deus que limitava o infinito, foi possível introduzir, em contradição com um fundamento, um movimento na direção do finito.

Hegel pôde – precisou – compor a soma (a Totalidade) dos movimentos que se produziram na história. Mas o humor, parece, é incompatível com o trabalho, e com a aplicação exigida pelas coisas. Voltarei a esse assunto, tudo o que fiz, por ora, foi embaralhar as cartas... É difícil passar de uma humanidade que a grandeza divina humilhou àquela... do Sábio divinizado, soberano e que infla a sua grandeza a partir da vaidade humana.

Um texto capital.

No que precede, uma única exigência se depreende de modo preciso: não pode haver autenticamente Sabedoria (Saber absoluto, nem geralmente nada que se aproxime) se o Sábio não se eleva, se ouso dizer, à altura da morte, por mais angústia que isso lhe cause.

Uma passagem do prefácio da *Fenomenologia do espírito* exprime com força a necessidade de uma tal atitude. Nenhuma dúvida de que esse texto admirável tenha, desde o princípio, "uma importância capital", não somente para a inteligência de Hegel, mas em todos os sentidos.

"A morte, escreve Hegel – se quisermos chamar assim essa irrealidade – é o que há de mais terrível e sustentar a obra da morte é o que exige a maior força. A beleza impotente odeia o entendimento, porque ele exige dela aquilo de que ela não é capaz. Ora, a vida do espírito não é a vida que se apavora diante da morte, e se preserva da destruição, mas a que suporta a morte e nela se conserva. O espírito só obtém sua verdade ao encontrar a si mesmo no dilaceramento absoluto. Ele não é essa potência (prodigiosa) sendo o Positivo que se desvia do Negativo, como quando dizemos de algo: isso não é nada ou (isso é) falso, e, tendo-o (assim) liquidado, passamos dali a outra coisa; não, o Espírito só é essa potência na medida em que contempla o Negativo bem no rosto (e) se instala perto dele. Essa estadia-prolongada é a força mágica que transpõe o negativo no Ser-dado."[12]

A negação humana da natureza e do ser natural do homem.

Em princípio, eu deveria ter começado mais acima a passagem citada. Quis não tornar mais pesado esse texto com as linhas "enigmáticas" que as precedem. Mas indicarei o sentido de algumas linhas omitidas retomando a interpretação de Kojève, sem a qual a sequência, a despeito de uma aparência relativamente clara, poderia nos permanecer inacessível.

Para Hegel, é ao mesmo tempo fundamental e inteiramente digno de espanto que o entendimento do homem (isto é, a linguagem, o discurso) tenha tido a força (trata-se de uma potência incomparável) de separar da Totalidade seus elementos constitutivos. Estes elementos (esta árvore, este pássaro, esta pedra) são, de fato, inseparáveis do todo. Eles estão "ligados entre si por ligações espaciais e temporais, e até materiais, que são indissolúveis". A separação deles implica a Negatividade humana em relação à Natureza, de que falei sem destacar uma consequência decisiva. Esse homem que nega a natureza, de fato, não poderia de maneira nenhuma existir fora dela. Ele não é apenas um homem que nega a Natureza, ele é, em primeiro lugar, um animal, isto é, a própria coisa que ele nega: ele não pode, portanto, negar a Natureza sem negar a si próprio. O caráter de totalidade do homem é dado na expressão bizarra de Kojève: essa totalidade é em primeiro lugar Natureza (ser natural), é "o animal antropóforo" (A Natureza, o animal indissoluvelmente ligado ao conjunto da Natureza, e que suporta o Homem). Assim, a Negatividade humana, o desejo eficaz que o Homem tem de negar a Natureza destruindo-a – reduzindo-a a seus próprios fins: ele faz dela, por exemplo, uma ferramenta e a ferramenta será o modelo do objeto isolado da Natureza – não pode deter-se diante de si mesmo: na medida em que é Natureza, o Homem expõe a si mesmo à sua própria Negatividade. Negar a Natureza é negar o animal que serve de suporte à Negatividade do Homem. Sem dúvida não é o entendimento que quebra a unidade da Natureza que quer que haja morte de homem, mas a Ação separadora do entendimento implica

[12] (Trad. Hyppolite, t. 1, p. 29, citada por Kojève, *op. cit.*, p. 505-506.)

a energia monstruosa do pensamento, do "puro Eu abstrato", que se opõe essencialmente à fusão, ao caráter inseparável dos elementos – constitutivos do conjunto –, e que mantém, com firmeza, a separação.

É a posição como tal do ser separado do homem, é seu isolamento na Natureza, e, consequentemente, seu isolamento no meio de seus semelhantes, que o condenam a desaparecer de uma maneira definitiva. Já o animal, não negando nada, perdido na animalidade global sem oferecer oposição a ela, assim como a própria animalidade está perdida na Natureza (e na totalidade do que é), não desaparece realmente... Sem dúvida, a mosca individual morre, mas estas moscas aqui são as mesmas do ano passado. As do ano passado estariam mortas?... É possível, mas *nada* desapareceu. As moscas permanecem, iguais a si mesmas, como o são as ondas do mar. Parece meio forçado: um biólogo separa esta mosca do turbilhão, um traço de pincel basta. Mas ele a separa *para si*, ele não a separa para as moscas. Para se separar das outras, a "mosca" precisaria da força monstruosa do entendimento: então ela se nomearia, fazendo o que em geral o entendimento opera pela linguagem, que funda sozinha a separação dos elementos, e ao fundá-la funda-se sobre ela, no interior de um mundo formado de entidades separadas e nomeadas. Mas nesse jogo o animal humano encontra a morte: ele encontra precisamente a morte humana, a única que assusta, que horripila, mas só assusta e horripila o homem absorvido na consciência de seu desaparecimento futuro, enquanto ser separado e insubstituível; a única verdadeira morte, que supõe a separação e, pelo discurso que separa, a consciência de ser separado.

"A beleza impotente odeia o entendimento."

Até aqui o texto de Hegel apresenta uma verdade *simples* e *comum* – mas enunciada de uma maneira filosófica e, mais do que isso, propriamente sibilina. Na passagem citada do prefácio, Hegel, ao contrário, afirma, e descreve, um momento *pessoal* de violência. Hegel, isto é, o Sábio, a quem um Saber absoluto confere a satisfação definitiva. Não é uma violência enfurecida. O que Hegel deflagra não é a violência da Natureza, é a energia ou a violência do Entendimento, a Negatividade do Entendimento, opondo-se à beleza pura do sonho, que não pode agir, que é impotente.

De fato, a beleza do sonho fica do lado do mundo em que nada está ainda separado do que está em volta, em que cada elemento, ao contrário dos objetos abstratos do Entendimento, é dado concretamente, no espaço e no tempo. Mas a beleza não pode *agir*. Pode ser e conservar-se. Agindo, ela não seria mais, pois a Ação destruiria primeiro o que ela é: a beleza, que não busca nada, que é, que se recusa a perturbar-se, mas que a força do Entendimento perturba. A beleza não tem, aliás, o poder de responder à requisição do Entendimento, que lhe pede para sustentar, mantendo-a, a obra da morte *humana*. Ela é incapaz disso, no sentido de que, ao sustentar essa obra, ela estaria engajada na Ação. A beleza é soberana, ela é um fim, ou ela não é: é por isso que ela não é susceptível de agir; ela é, em seu próprio princípio, impotente e não pode ceder à negação ativa do Entendimento que muda o mundo e torna-se ele próprio uma coisa diferente do que é.[13]

Essa beleza sem consciência de si mesma não *pode, portanto*, realmente – mas não pela mesma razão que a vida, que "recua de horror diante da morte e quer se preservar do aniquilamento" – suportar a morte e conservar-se nela. Essa beleza que não age sofre ao menos quando sente partir-se em pedaços a Totalidade do que é (do real-concreto), que é profundamente indissolúvel. Ela gostaria ela própria de permanecer o signo de um acordo do real consigo mesmo. Ela não pode tornar-se esta Negatividade consciente, desperta no dilaceramento, este olhar lúcido, absorvido no Negativo. Essa última atitude supõe, antes dela, a luta violenta ou laboriosa do Homem contra a Natureza, de que ela é a conclusão.

[13] Aqui a minha interpretação difere um pouco da de Kojève (*op. cit.*, p. 512). Kojève diz simplesmente que a "beleza impotente é incapaz de dobrar-se às exigências do Entendimento. O esteta, o romântico, o místico fogem da ideia da morte e falam do próprio Nada como de algo que *é*" (grifo de Bataille). Em particular, ele define assim o místico, admiravelmente. Mas a mesma ambiguidade é encontrada no filósofo (em Hegel, em Heidegger), ao menos ao final. Na verdade, Kojève me parece estar enganado ao não considerar, para além do misticismo clássico, um "misticismo consciente", que tem consciência de fazer um Ser do Nada, definindo, além de tudo, esse impasse como o de uma Negatividade que não teria mais campo de Ação (no fim da história). O místico ateu, *consciente de si*, consciente de ter que morrer e de desaparecer, viveria, como Hegel o diz *evidentemente de si mesmo*, "no dilaceramento absoluto"; mas, para ele, trata-se apenas de um período: em oposição a Hegel, ele não encontraria uma saída, "contemplando o Negativo bem no rosto", mas não podendo jamais transpô-lo em Ser, recusando-se a fazê-lo e mantendo-se na ambiguidade.

É a luta histórica em que o Homem se constituiu como "Sujeito" ou como "Eu abstrato" do "Entendimento", como ser separado e nomeado.

"Quer dizer, precisa Kojève, que o pensamento e o discurso, revelador do real, nascem da Ação negadora que realiza o Nada aniquilando o Ser: o ser dado do Homem (na Luta) e o ser dado da Natureza (pelo Trabalho – que resulta aliás do contato real com a morte na Luta). Quer dizer então que o próprio ser humano não é nada além dessa Ação: ele é a morte que vive uma vida humana."[14]

Insisto na conexão contínua de um aspecto abissal e de um aspecto coriáceo, terra a terra, dessa filosofia, a única que teve a pretensão de ser completa. As possibilidades divergentes das figuras humanas opostas ali se afrontam e se conjugam, a figura do moribundo e a do homem orgulhoso que se desvia da morte, a figura do senhor e a do homem pregado ao trabalho, a figura do revolucionário e a do cético, cujo interesse egoísta limita o desejo. Essa filosofia não é apenas uma filosofia da morte. É também uma filosofia da luta de classes e do trabalho.

Mas, nos limites deste estudo, não tenho a intenção de enfrentar a outra vertente, gostaria de aproximar essa doutrina hegeliana da morte daquilo que sabemos sobre o "sacrifício".

II. O SACRIFÍCIO

O sacrifício, de um lado, e, do outro,
o olhar de Hegel absorvido na morte e no sacrifício.

Não falarei da interpretação do sacrifício dada por Hegel no capítulo da *Fenomenologia* dedicado à Religião.[15] Ela certamente tem um sentido no desenvolvimento do capítulo, mas afasta do essencial, e tem, a meu ver, do ponto de vista da teoria do sacrifício, um interesse menor do que a representação que está implícita no texto do prefácio, e que continuarei a comentar.

---

[14] (KOJÈVE, *op. cit.*, p. 513.)

[15] *Fenomenologia*, capítulo VIII: A Religião, B: A Religião estética, a) A obra de arte abstrata (tomo II, p. 235-236). Nessas duas páginas, Hegel mostra o desaparecimento da *essência objetiva*, mas sem desenvolver seu alcance. Na segunda página, Hegel se limita a considerações próprias à "religião estética" (a religião dos Gregos).

Do sacrifício, posso dizer essencialmente, no plano da filosofia de Hegel, que, em certo sentido, o Homem revelou e fundou a verdade humana sacrificando: no sacrifício, ele destruiu o animal[16] nele mesmo, só deixando subsistir, de si mesmo e do animal, a verdade não corporal descrita por Hegel, que, do homem, faz – segundo a expressão de Heidegger – um ser para a morte (*Sein zum Tode*), ou – segundo a expressão do próprio Kojève – "a morte que vive uma vida humana".

Na verdade, o problema de Hegel é dado na ação do sacrifício. No sacrifício, a morte, de um lado, atinge essencialmente o ser corporal; e é, por outro lado, no sacrifício que, exatamente, "a morte vive uma vida *humana*". Seria até mesmo preciso dizer que o sacrifício é precisamente a resposta à exigência de Hegel, cuja fórmula retomarei:

"O espírito só obtém sua verdade ao encontrar a si mesmo no dilaceramento absoluto. Ele não é essa potência (prodigiosa) sendo o Positivo que se desvia do Negativo [...] não, o Espírito só é essa potência na medida em que contempla o Negativo bem no rosto (e) se instala perto dele [...]."

Se levarmos em conta o fato de que a instituição do sacrifício é praticamente universal, fica claro que a Negatividade, encarnada na morte do homem, não somente não é uma construção arbitrária de Hegel, mas desempenhou um papel no espírito dos homens mais simples, sem acordos análogos àqueles que as cerimônias de uma Igreja regulam desde sempre – no entanto de uma maneira unívoca. É impressionante ver que uma *Negatividade* comum manteve através da terra um paralelismo estreito no desenvolvimento de instituições bastante estáveis, tendo a mesma forma e os mesmos efeitos.

Que viva ou morra, o homem não pode conhecer imediatamente a morte.

Falarei mais adiante de diferenças profundas entre o homem do sacrifício, que opera na ignorância (na inconsciência) das causas e con-

[16] Contudo, embora o sacrifício do animal apareça como anterior ao do homem, nada prova que a escolha do animal signifique o desejo inconsciente de opor-se ao animal enquanto tal, é somente ao ser corporal, ao ser dado, que o homem se opõe. Ele se opõe, aliás, também à planta.

sequências do que faz, e o Sábio (Hegel), que se rende às implicações de um Saber absoluto a seus próprios olhos.

Apesar dessas diferenças, trata-se ainda de manifestar o Negativo (e sempre sob uma forma concreta, isto é, no seio da Totalidade, cujos elementos constitutivos são inseparáveis). A manifestação privilegiada da Negatividade é a morte, mas a morte na verdade não revela nada. É em princípio seu ser natural, animal, cuja morte revela o Homem a si mesmo, mas a revelação nunca ocorre. Pois uma vez morto o ser animal que o suporta, o próprio ser humano deixou de ser. Para que o homem ao final se revele a si mesmo, ele deveria morrer, mas seria preciso fazê-lo em vida – olhando-se deixar de ser. Em outras palavras, a própria morte deveria tornar-se consciência (de si), no próprio momento em que aniquila o ser consciente. É em certo sentido o que ocorre (que está ao menos à beira de ocorrer, ou que ocorre de uma maneira fugidia, inapreensível), por meio de um subterfúgio. No sacrifício, o sacrificante se identifica com o animal atingido pela morte. Assim, ele morre vendo-se morrer, e até mesmo de certo modo, por sua própria vontade, fazendo um só corpo com a arma do sacrifício. Mas é uma comédia!

Seria em todo o caso uma comédia se existisse algum outro método que revelasse ao vivente a invasão da morte: esse acabamento do ser finito, que apenas *sua* Negatividade realiza e apenas ela pode realizar. Ela o mata, o *termina* e definitivamente o suprime. Para Hegel, a *satisfação* não pode ocorrer, o desejo só pode ser apaziguado na consciência da morte. A satisfação seria de fato contrária ao que a morte designa se ela supusesse a exceção da morte, se o ser satisfeito, não tendo consciência, e plenamente, do que ele é de uma maneira constitutiva, isto é, mortal, tivesse mais tarde que ser expulso da satisfação pela morte. É por isso que a consciência que ele tem *de si* deve refletir esse movimento de negatividade que o cria, que justamente faz dele um homem pela razão de que um dia o matará.

Sua própria negatividade o matará, mas para ele, doravante, nada mais será: sua morte é criadora, mas se a consciência da morte – da maravilhosa magia da morte – não o toca antes que ele morra, será para ele, enquanto viver, como se a morte não o devesse atingir, e essa morte por vir não poderá lhe dar um caráter *humano*. Assim, seria preciso, a qualquer preço, que o homem vivesse no momento em que realmente morre, ou que vivesse com a impressão de realmente morrer.

O conhecimento da morte não pode prescindir
de um subterfúgio: o espetáculo.

Essa dificuldade anuncia a necessidade do *espetáculo* ou, em geral, da *representação*, sem a repetição[17] dos quais poderíamos, diante da morte, permanecer estrangeiros, ignorantes, como aparentemente o são os animais. Nada é menos animal, de fato, do que a ficção, mais ou menos distanciada do real, da morte.

O Homem não vive somente de pão, mas das comédias com as quais se engana voluntariamente. No Homem, é o animal, é o ser natural, que come. Mas o Homem assiste ao culto e ao espetáculo. Ou ainda, ele pode ler: então a literatura prolonga nele, na medida em que é soberana, autêntica, a magia obsedante dos espetáculos, trágicos ou cômicos.

Trata-se, ao menos na tragédia,[18] de identificar-nos com algum personagem que morre, e de acreditar morrer quando estamos vivos. Além disso, a imaginação pura e simples basta, mas ela tem o mesmo sentido que os subterfúgios clássicos, os espetáculos ou os livros, a que a multidão recorre.

Acordo e desacordo das condutas ingênuas e sobre a reação lúcida de Hegel.

Ao aproximá-la do sacrifício e a partir daí do tema primeiro da *representação* (da arte, das festas, dos espetáculos), eu quis mostrar que a reação de Hegel é a conduta humana fundamental. Não é uma fantasia, uma conduta estranha, é por excelência a expressão que a tradição repetia ao infinito. Não é Hegel isoladamente, é a humanidade inteira que, em toda parte e sempre, quis, por um desvio, discernir o que a morte ao mesmo tempo lhe dava e lhe roubava.

Entre Hegel e o homem do sacrifício subsiste, contudo, uma diferença profunda. Hegel despertou de uma maneira *consciente* para a representação que ele se deu do Negativo: situava-o, lucidamente, num ponto definido do "discurso coerente" pelo qual ele se revelava para ele próprio. Essa Totalidade incluindo o discurso que a revela.

---

[17] O termo "répétition" em francês tem o duplo sentido de "repetição" e de "ensaio" no sentido teatral do termo. (N.T.)

[18] Falarei mais adiante da comédia. (GB.)

Ao passo que o homem do sacrifício, a quem faltou um conhecimento discursivo, só tinha, do que fazia, o conhecimento "sensível", isto é, obscuro, reduzido à emoção ininteligível. É verdade que o próprio Hegel, para além do discurso, e a despeito de si mesmo (num "dilaceramento absoluto"), recebeu ainda mais violentamente o choque da morte. Mais violentamente sobretudo pela razão de que o amplo movimento do discurso estendia seu alcance ilimitadamente, isto é, no âmbito da Totalidade do real. Para Hegel, sem nenhuma dúvida, o fato de permanecer vivo era simplesmente agravante. Ao passo que o homem do sacrifício mantém sua vida essencialmente. Ele a mantém não somente no sentido de que a vida é necessária à representação da morte, mas ele pretendia *enriquecê*-la. Mas tomando a coisa pelo alto, a comoção sensível e *querida* no sacrifício tinha mais interesse do que a sensibilidade *involuntária* de Hegel. A comoção de que falo é conhecida, é definível, e é o horror *sagrado*: a experiência ao mesmo tempo mais angustiante e mais rica, que não se limita por si mesma ao dilaceramento, que se abre, ao contrário, assim como uma cortina de teatro, para um além deste mundo, em que o dia que nasce transfigura todas as coisas e destrói seu sentido limitado.

Com efeito, se a atitude de Hegel opõe à ingenuidade do sacrifício a consciência sábia, e a ordenação sem fim de um pensamento discursivo, essa consciência, essa ordenação, têm ainda um ponto obscuro: não se poderia dizer que Hegel desconhecesse o "momento" do sacrifício: esse "momento" está incluído, implicado, em todo o movimento da *Fenomenologia* – onde é a Negatividade da morte, na medida em que o homem a assume, que faz um homem do animal humano. Mas não tendo visto que o sacrifício por si só dava testemunho de *todo* o movimento da morte,[19] a experiência final – e própria ao Sábio – descrita

[19] Talvez por falta de uma experiência religiosa católica. Imagino o catolicismo mais próximo da experiência pagã. Quero dizer, de uma experiência religiosa universal de que a Reforma se distancia. Talvez apenas uma piedade católica profunda pudesse ter introduzido o sentimento íntimo sem o qual a fenomenologia do sacrifício seria impossível. Os conhecimentos modernos, bem mais extensos que os do tempo de Hegel, seguramente contribuíram para a solução desse enigma fundamental (por que, sem razão plausível, a *humanidade em geral* "sacrificou"?), mas creio seriamente que uma descrição fenomenológica correta teria inevitavelmente que apoiar-se no mínimo em um *período* católico.

no prefácio da *Fenomenologia* foi antes de mais nada *inicial* e *universal* – ele não soube a que ponto tinha razão, com que exatidão descreveu o movimento íntimo da Negatividade; ele não separou claramente a morte do sentimento de tristeza a que a experiência ingênua opõe uma espécie de plataforma giratória de emoções.

A tristeza da morte e o prazer.

O caráter unívoco da morte para Hegel inspira justamente a Kojève o comentário seguinte, que se aplica ainda à mesma passagem do prefácio[20]: "Sem dúvida, a ideia da morte não aumenta o *bem-estar* do Homem; não o torna *feliz* e não lhe proporciona nenhum prazer". Kojève perguntou-se de que maneira a satisfação resulta de uma estadia junto ao Negativo, de um *tête-à-tête* com a morte, ele acreditou que devia, honestamente, rejeitar a satisfação vulgar. O fato de o próprio Hegel dizer do Espírito, a esse respeito, que ele "só obtém a sua verdade quando se encontra no dilaceramento absoluto" vai de par, em princípio, com a Negação de Kojève. Consequentemente, seria até mesmo supérfluo insistir... Kojève diz simplesmente que a ideia da morte "é a única que pode satisfazer [o] orgulho [do homem]"... De fato, o desejo de ser "reconhecido", que Hegel coloca na origem das lutas históricas, poderia expressar-se numa atitude intrépida, própria a fazer valer um caráter. "Só ao ser ou ao se sentir como mortal ou finito, diz Kojève, isto é, ao existir e ao se sentir existir num universo sem além ou sem Deus, é que o Homem pode afirmar e fazer reconhecer sua liberdade, sua historicidade e sua individualidade 'únicas no mundo'."[21] Mas se Kojève descarta a satisfação vulgar, a felicidade, ele

---

Mas de qualquer maneira, Hegel, hostil ao *ser* sem fazer – ao que é simplesmente, e não é *Ação* –, interessava-se mais pela morte militar; foi através dela que ele percebeu o tema do sacrifício (mas ele emprega a própria palavra num sentido moral): "A condição-de-soldado," diz ele, em suas *Conferências* de 1805-1806, "e a guerra são o sacrifício objetivamente real do Eu-pessoal, o perigo de morte para o particular – essa contemplação de sua Negatividade abstrata imediata..." (*Œuvres*, XX, p. 261-262, citado por Kojève, p. 522). O sacrifício religioso não deixa de ter, do próprio ponto de vista de Hegel, uma significação essencial.

[20] (KOJÈVE, *op. cit.*, p. 514. Grifo do autor.)

[21] (KOJÈVE, *op. cit.*, p. 514.)

descarta agora o "dilaceramento absoluto" de que fala Hegel: de fato, um tal dilaceramento se concilia mal com o desejo de ser reconhecido.

A satisfação e o dilaceramento coincidem, entretanto, num ponto, e ali se conciliam com o *prazer*. Essa coincidência ocorre no "sacrifício"; quer dizer, geralmente, na *forma ingênua da vida*, em toda existência no tempo presente, que manifeste o que o Homem é: o que ele significa de novo no mundo após ter-se tornado o *Homem*, e com a condição de ter satisfeito as suas necessidades "*animais*".

De todo modo, o *prazer*, ao menos o prazer dos sentidos, é tal que, a seu respeito, a afirmação de Kojève dificilmente poderia ser mantida: a ideia da morte contribui, de uma certa maneira e em certos casos, para multiplicar o prazer dos sentidos. Creio até mesmo que, sob a forma de sujeira, o mundo (ou melhor, a imagística geral) da morte está na base do erotismo. O sentimento do pecado se liga na consciência clara à ideia da morte, e *do mesmo modo* o sentimento do pecado se liga ao prazer.[22] Não há, de fato, prazer *humano* sem uma situação irregular, sem a ruptura de um interdito, dos quais, atualmente, o mais simples – e, ao mesmo tempo, o mais forte – é o da nudez.

Mais do que isso, a posse foi associada, em seu tempo, à imagem do sacrifício: era um sacrifício de que a mulher era a vítima... Essa associação da poesia antiga é cheia de sentido: ela remete a um estado preciso da sensibilidade em que o elemento sacrificial, o sentimento de horror sagrado, ligou-se até mesmo, no estado atenuado, ao prazer edulcorado; em que, por outro lado, o gosto do sacrifício e a emoção que ele liberava nada tinham que parecesse contrário ao gozo.

É preciso dizer também que o sacrifício era, como a tragédia, o elemento de uma festa: ele anunciava uma alegria deletéria, cega, e todo o perigo dessa alegria, mas este é justamente o princípio da alegria *humana*: ela excede e ameaça de morte aqueles que carrega em seu movimento.

A angústia alegre, a alegria angustiada.

À associação da morte ao prazer, que não é dada (ao menos não é imediatamente dada na consciência), opõe-se evidentemente a tristeza

[22] Isso é ao menos possível, e, em se tratando das proibições mais comuns, é banal.

da morte, sempre no pano de fundo da consciência. Em princípio, *conscientemente*, a humanidade "recua de horror diante da morte". Em seu princípio, os efeitos destruidores da Negatividade têm a Natureza por objeto. Mas se a Negatividade do Homem o leva a colocar-se diante do perigo, se ele faz de si mesmo, ao menos do animal, do ser natural que ele é, o objeto de sua negação destruidora, sua condição banal é a inconsciência em que se encontra em relação à causa e aos efeitos de seus movimentos. Ora, foi essencial para Hegel *tomar consciência* da Negatividade como tal, apreender-lhe o horror, nesse caso o horror da morte, sustentando e olhando a obra da morte bem no rosto.

Hegel, dessa maneira, opõe-se menos àqueles que "recuam" do que àqueles que dizem: "não é nada". Ele parece afastar-se mais daqueles que reagem alegremente.

Insisto, querendo fazer sobressair, o mais claramente possível, para além da sua semelhança, a oposição entre a atitude ingênua e a da Sabedoria – *absoluta* – de Hegel. Não estou certo, de fato, de que, entre as duas atitudes, a menos *absoluta* seja a mais ingênua.

Citarei um exemplo paradoxal de reação alegre diante da obra da morte.

O costume irlandês e galês do "*wake*" é pouco conhecido, mas ainda podia ser observado no fim do século passado. É o assunto da última obra de Joyce,[23] *Finnegan's Wake*, é o velório de Finnegan (mas a leitura desse romance célebre causa no mínimo mal-estar). No país de Gales, dispunha-se o caixão *aberto*, em pé, no lugar de honra da casa. O morto era vestido com suas mais belas roupas, a cabeça coberta com a cartola. Sua família convidava todos os amigos, que tanto mais honravam àquele que os deixara quanto mais tempo dançassem e bebessem desbragadamente à sua saúde. Trata-se da morte de um *outro*, mas, em tais casos, a morte do outro é sempre a imagem de sua própria morte. Ninguém poderia regozijar-se assim a não ser com uma condição; o morto, que é um outro, estando supostamente de acordo, o morto que o beberrão será na sua hora não terá um sentido diferente do que tem o seu predecessor.

Essa reação paradoxal poderia responder ao anseio de negar a *existência da morte*. Anseio lógico? Creio que não é nada disso.

[23] Sobre o assunto desse livro obscuro, ver E. Jolas, Élucidation du monomythe de James Joyce (*Critique*, julho de 1948, p. 579-595).

No México, em nossos dias, é comum encarar a morte no mesmo plano que o divertimento: vê-se nela, nas festas, fantoches-esqueletos, guloseimas-esqueletos, carrosséis de cavalos-esqueletos, mas a esse costume se liga um culto intenso dos mortos, uma obsessão visível com a morte.[24]

Não se trata, se encaro a morte alegremente, de dizer de minha parte, desviando-me do que me assusta: "não é nada" ou "é falso". Ao contrário, a alegria, ligada à obra da morte, me dá angústia, ela é acentuada por minha angústia e exaspera essa angústia em contrapartida: finalmente, a angústia alegre, a alegria angustiada me proporcionam, num quente-frio, o "absoluto dilaceramento", onde é minha alegria que acaba de me dilacerar, mas onde o abatimento acompanharia a alegria se eu não estivesse dilacerado até o fim, sem medida.

Eu gostaria de tornar sensível uma oposição precisa: de um lado a atitude de Hegel é menos inteira que a da humanidade ingênua, mas isso só faz sentido se virmos, reciprocamente, a atitude ingênua impotente em manter-se sem subterfúgios.

O discurso dá fins úteis ao sacrifício "a posteriori".

Liguei o sentido do sacrifício à conduta do Homem uma vez satisfeitas suas necessidades de animal: o Homem difere do ser natural que ele também é: o gesto de sacrifício é o que ele é humanamente, e o espetáculo do sacrifício torna então sua humanidade manifesta. Liberado da necessidade animal, o homem é soberano: faz o que lhe apraz, a seu bel prazer. Pode fazer, enfim, nessas condições, um gesto rigorosamente autônomo. Enquanto tivesse que satisfazer necessidades animais, precisava *agir* com vistas a um fim (devia prover-se de alimentos, proteger-se do frio). Isso supõe uma servidão, uma sequência de atos subordinados ao resultado final: a satisfação natural, animal, sem a qual o Homem propriamente dito, o Homem soberano, não poderia subsistir. Mas a inteligência, o *pensamento discursivo* do Homem se desenvolveu em função do trabalho servil. Somente a palavra sagrada,

---

[24] Isso se destacava no documentário que Eisenstein retirou de seu trabalho para um filme longo: *Tempestade sobre o México*. O essencial incidia sobre as bizarrices de que falo. (GB.)

poética, limitada ao plano da beleza impotente, conservava o poder de manifestar a plena soberania. O sacrifício só é, portanto, uma maneira de ser *soberana, autônoma*, na medida em que o discurso *significativo* não a informa. Na medida em que o discurso a informa, o que é *soberano* é dado em termos de *servidão*. De fato, o que é *soberano*, por definição, não *serve*. Mas o simples discurso deve responder à questão colocada pelo pensamento discursivo no tocante ao sentido que cada coisa deve ter no plano da utilidade. Em princípio, ela está ali para *servir* a tal ou qual fim. Assim, a simples manifestação do laço do Homem com o aniquilamento, a pura revelação do Homem a si mesmo (no momento em que a morte fixa sua atenção) passa da soberania ao primado dos fins servis. O mito, associado ao rito, teve inicialmente a beleza impotente da poesia, mas o discurso em torno do sacrifício deslizou para a interpretação vulgar, interessada. A partir de efeitos ingenuamente imaginados no plano da poesia, como o apaziguamento de um deus, ou a pureza dos seres, o discurso significativo deu como fim da operação a abundância da chuva ou a felicidade da cidade. A volumosa obra de Frazer, que evoca as mais *impotentes* formas de soberanias e, segundo a aparência, as menos propícias à felicidade, tende geralmente a reduzir o sentido do ato ritual aos mesmos fins que o trabalho dos campos, fazendo do sacrifício um rito agrário. Hoje, essa tese do *Ramo de ouro* está desacreditada, mas ela pareceu sensata na medida em que os próprios povos que sacrificavam inscreveram o sacrifício soberano no âmbito de uma linguagem de lavradores. De fato, de uma maneira bastante arbitrária, que nunca justificou o crédito de uma razão rigorosa, esses povos tentaram, e tiveram que se esforçar para fazê-lo, submeter o sacrifício às leis da ação, às quais eles próprios estavam submetidos, ou se esforçavam para submeter-se.

Impotência do sábio em alcançar a soberania a partir do discurso.

Assim, a soberania do sacrifício tampouco é absoluta. Ela não o é na medida em que a instituição mantém num mundo da atividade eficaz uma forma cujo sentido é ser, ao contrário, soberana. Um deslizamento não pode deixar de produzir-se em proveito da servidão.

Se a atitude do Sábio (de Hegel), de seu lado, não é soberana, as coisas se passam no mínimo no sentido contrário: Hegel não se afastou da soberania autêntica, e, se não pôde encontrá-la, aproximou-se dela o máximo que podia. O que o separou dela seria até insensível, se não pudéssemos entrever uma imagem mais rica através dessas alterações de sentido que atingem o sacrifício e que o reduziram do estado de *fim* ao de simples *meio*. O que, do lado do Sábio, é a chave de um rigor menor é o fato, não de que o discurso engaje sua soberania num quadro que não lhe pode convir e o atrofie, mas precisamente o fato contrário: a soberania na atitude de Hegel procede de um movimento que o *discurso* revela e que, no espírito do Sábio, jamais é separado de sua revelação. Ela não pode, portanto, ser plenamente *soberana*: o Sábio, de fato, não pode deixar de subordiná-la ao fim de uma Sabedoria que supõe o acabamento do discurso. Apenas a Sabedoria *será* a plena autonomia, a soberania do ser... Ela o *seria* ao menos se pudéssemos encontrar a soberania buscando-a: de fato, se a busco, faço o projeto de ser soberanamente: mas o *projeto* de ser soberanamente supõe um ser servil! O que assegura, contudo, a soberania do momento descrito é o "dilaceramento absoluto" de que fala Hegel, a ruptura, por um tempo, do discurso. Mas essa ruptura não é ela mesma soberana. É em certo sentido um acidente na ascensão. Embora ambas as soberanias, a ingênua e a sábia, sejam as da morte, além da diferença de um declínio no nascimento (da lenta alteração à manifestação imperfeita), elas também diferem neste ponto preciso: do lado de Hegel, trata-se justamente de um acidente. Não é um acaso, uma má sorte, que seriam desprovidos de sentido. O dilaceramento, ao contrário, é pleno de sentido. ("*O espírito só obtém sua verdade*, diz Hegel – mas sou eu que sublinho –, quando se encontra no dilaceramento absoluto.") Mas esse sentido é infeliz. Foi o que limitou e empobreceu a revelação que o Sábio tirou de uma estadia nos lugares em que reina a morte. Ele acolheu a soberania como um peso, e largou-o...

Teria eu a intenção de minimizar a atitude de Hegel? Mas é o contrário que é verdadeiro! Quis mostrar o incomparável alcance de seu procedimento. Eu não devia, para esse fim, velar a parte fraca (e mesmo inevitável) do fracasso.

Para mim, é sobretudo a excepcional segurança dessa *démarche* que se destaca de minhas aproximações. Se ele fracassou, não se pode dizer que foi o resultado de um erro. O próprio sentido do fracasso difere do sentido do erro que o causou: talvez apenas o erro seja fortuito.

É geralmente, como de um movimento autêntico e grave de sentido, que se deve falar do "fracasso" de Hegel.

Na verdade, o homem está sempre perseguindo uma soberania autêntica. Essa soberania, segundo a aparência, ele a teve em certo sentido inicialmente, mas sem nenhuma dúvida, não poderia então ser de maneira *consciente*, de modo que em certo sentido ele não a teve, ela lhe escapou. Veremos que ele perseguiu de várias maneiras o que se esquivava sempre dele. Mas o essencial é que não se pode atingi-lo conscientemente e buscá-lo, pois a busca o afasta. Posso, contudo, acreditar que jamais nada nos é dado, senão dessa maneira equívoca.

O equívoco da cultura[1]

Desculpo-me por situar a questão desde o princípio para além de suas perspectivas habituais. A forma primeira da cultura não é, aos meus olhos, a que consideramos com mais frequência. Consideramos habitualmente a cultura individual, mas os *povos* primitivos – ou arcaicos – têm sua cultura. Em resposta à questão dos deveres do "homem de cultura", talvez seja deslocado remontar a tão longe; ao que parece, fora do domínio em que a questão se põe para nós. Parece-me, contudo, que é no âmbito de tal cultura, a que dou aqui o nome de arcaica, que as relações – e a oposição – entre cultura e poder são mais claramente dadas.

O poder que se opõe à autonomia da cultura pode fazê-lo, em primeiro lugar, se der prioridade a preocupações militares; em segundo lugar, se preferir o desenvolvimento das forças produtivas ao desenvolvimento da cultura.

O exemplo do Egito permite que eu me expresse. Sua cultura tem a vantagem de definir-se, necessariamente, em contraste com a cultura individual dos gregos. Mas são especialmente as representações que tirarei dela que me permitirão ser compreendido com mais facilidade.

Não tentarei analisar componentes já suficientemente realçados. Partirei da imagem familiar das pirâmides. Ninguém duvida que as pirâmides se incluem entre as maravilhas da cultura. Não entro no

1 Texto publicado em 1956 na revista *Comprendre* (Veneza, n. 16, setembro de 1956).

detalhe de sua interpretação religiosa. Limito-me a recordar que elas tiveram e conservaram o sentido de um triunfo do pensamento sobre a morte. Essa maneira de ver é certamente uma simplificação, mas não há nenhuma mais legítima.

Poderíamos ao mesmo tempo, numa reflexão superficial, ligas as pirâmides ao peso da pedra e aos sofrimentos de milhares de escravos, mas é justamente por ter triunfado sobre a pesadez e o sofrimento que esses edifícios são maravilhosos. Neles, a humanidade é bela em sua integralidade. A dor é feia, é impotente e não responde a não ser pelo não-senso à questão que a angústia põe em nós. Na serenidade das pirâmides, a humanidade é bela por ter ultrapassado a infelicidade daqueles que as ergueram; é bela daquela beleza imutada, mantida como um efeito de um sofrimento feio e inumerável, que se calou. A humanidade não cessa individualmente de morrer, de sofrer e de tremer, mas para além da morte, do sofrimento e do tremor, ela pode contemplar-se no sonho que foi a vitória do pensamento sobre a miséria de nossa condição. Nossa cultura, é verdade, nem sempre se limita a esse movimento de indiferença do vencedor. Esse movimento nos deixa, afinal, desarmados, mas se a cultura, efetivamente, abre um pouco mais adiante, para nós, um horizonte horrível, seu primeiro passo não deixou de estar ligado à possibilidade de um triunfo perfeito. Ainda que tivesse, para esse fim, que nos mentir, ela figurou primeiramente para nós esse mundo a nossa medida.

Esse triunfo, essencialmente, foi o do *trabalho*, que a cultura encomendou, mas que difere da cultura na medida em que, em todo o seu movimento, ele é o efeito de um cálculo das causas relacionadas a seu efeito prático.

Não creio que jamais possamos falar de cultura sem opô-la em sua essência ao trabalho, que apenas a cultura pode desviar de uma aplicação imediata à satisfação das necessidades. O exemplo das pirâmides é notável por mostrar um imenso trabalho a serviço de um fim inútil, *de um fim próprio à cultura*, e não à razão de ser fundamental do trabalho, que foram as presas para despedaçar, as cabanas para erguer no intuito de não morrer. O trabalho de edificação das pirâmides é em sua essência a negação do trabalho; elas foram edificadas como se o trabalho fosse negligenciável e pudesse ser de algum modo enterrado.

Do ponto de vista prático, que é o do trabalho, as pirâmides são tão vãs quanto seria hoje a construção de um arranha-céu seguido de seu incêndio desejado sem razão.

Esse desafio à morte não evitou a morte de ninguém, ele implicou, ao contrário, inúmeras mortes acidentais. Mas sua louca negação teve um sentido: o da riqueza, do trabalho ocultos, que, por escaparem a seu uso útil, assumiam o valor de fim *soberano*. Essa riqueza e esse trabalho ocultos de fato consagravam soberanamente o faraó morto, fazendo dele o que não fora enquanto vivo, a imagem da eternidade divina. É por serem subtraídas a seu uso servil que as coisas abandonam seu sentido e não são mais coisas, mas reflexos divinos, aparências soberanas, coisas sagradas. É para situar diante de si e contemplar essas aparências que os homens quiseram encarná-las na pessoa de um deles, que, desde então, podia tornar-se o fim de todos os outros, marcando o lugar em que a servidão se dissolvia: à sombra das pirâmides, a realidade se destacava até mesmo da vida, sem fim a morte a transfigurava.

As pirâmides manifestam um valor de cultura independente da composição de força a partir da qual existiu a potência do Egito: a potência, isto é, um Estado realizado num exército. Mas essa independência de princípio não podia ser solidamente assegurada. Embora a dignidade do faraó só tenha tomado seu valor com base num pensamento exterior ao poder militar, sabemos que a designação do soberano pôde depender de lutas armadas. Foram guerras que colocaram nas mãos de um só o patrimônio religioso de vários países: e a riqueza própria a tal soberania local pôde ser militarmente adquirida. A riqueza espiritual, de algum modo mística, diferia essencialmente dos movimentos dos carros de guerra e dos corpos das tropas. Da mesma maneira, ainda que com maior nitidez, a dignidade de um papa jamais cessou de distinguir-se do comando dos mercenários pontificais. Trata-se, de um lado, de uma criação de cultura e, de outro, de uma força material. Quase não existe força material que não esteja ligada a algum prestígio. Reciprocamente, porém, no plano em que estamos agora colocados, quase não há riqueza espiritual que possa ser soberana de outra maneira a não ser na medida em que dispuser de uma força armada. Teoricamente, posso imaginar um poder espiritual tão puro que o prestígio ligado a uma dignidade baste para deslocar essa força.

Mas, na prática, a força obedece mais àqueles que possuem as qualidades propriamente militares (físicas ou técnicas). É por isso que não há poder espiritual que não possa ser viciado pela intervenção dos valores militares, isto é, da força material. No ápice, contudo, é de um efeito da cultura que se trata, ligado ao poder que um ser tem de magnificar os valores soberanos, e de colocá-los acima do cálculo do interesse. De uma maneira fundamental, é soberano, no plano espiritual, aquele que dá sem calcular, sem contar, que quer a irradiação do esplendor (os valores espirituais mais recentes, que fazem a parte da moral, só atuam em segundo lugar; no tempo dos faraós, eram ainda insignificantes). A oposição dos valores soberanos aos valores úteis é da maior simplicidade. É sempre fácil de fazer, e este exame vai acusá-la. Ela é a base da oposição dos bens de cultura aos valores práticos. Sobre esse ponto, a confusão é de regra. Frequentemente os bens de cultura são apreciados a partir de seu valor prático: parece-me que certo envilecimento da vida humana decorre disso, razão pela qual escrevo estas páginas. A origem da confusão é, aliás, clara: ela se deve ao deslizamento de que falo, e que, na medida em que os valores espirituais estão ligados ao poder político, deixa-os à mercê da força armada. Esse deslizamento é ainda mais pesado em função da afinidade possível entre duas realidades essencialmente opostas, a militar e a sagrada. Essa afinidade é superficial, mas não deixa de ter consequências. Pelo fato de que a guerra põe em jogo a morte e de que nela, ao menos nas condições da civilização arcaica, a violência é frequentemente mais forte que o cálculo do interesse, parece que ela se acorda com sentimentos muito populares e muito profundos. Esse acordo é mentiroso e profundamente infeliz, e está em primeiro lugar na origem do envilecimento que quero denunciar. Certamente poucas mentes estão hoje inclinadas a essa confusão. Mas, no sentido contrário, um erro mais grave decorre dela. A moral que se opõe ao jogo dos valores militares faz, por sua vez, intervir o cálculo: ela condena esses valores em nome do interesse prático e da razão, que é antes de tudo a razão prática. Não contesto a condenação da moral, mas vejo que, sendo os valores soberanos no mais das vezes confundidos com os valores militares, estando comprometidos com eles, uma condenação geral confusa acaba ocorrendo. Não lógica o bastante, certamente não rigorosa o bastante para que uma beleza tão estranha, tão distante da ordem real quanto as pirâmides, possa ser por ela tocada. Mas aquilo que, em nossos dias, se destaca em sua pureza esteve outrora ligado a circunstâncias políticas complexas, pondo em jogo interesses, forças e cálculos. É preciso ressaltar aqui o sentido dessa decantação operada pelo tempo. Imediatamente, o desenvolvimento da cultura repousou na consciência de uma contradição: o que pode hoje nos aparecer sagrado no plano espiritual teve também que revestir um aspecto sórdido. O primeiro movimento da cultura foi a criação dos valores, mas num movimento secundário a cultura devia criticar o que ela própria tinha criado. Em princípio, era necessário contestar o uso interessado daquilo que, em sua essência, era a negação do interesse (do cálculo). Isso só pôde ser feito, em primeiro lugar, sob uma forma limitada: a trapaça em proveito de privilegiados foi denunciada em nome do interesse individual lesado. De tal modo que a cultura se desenvolveu *no plano individual* no sentido de uma oposição dos valores úteis aos valores sagrados. A cultura repousa na negação do útil, ao menos de sua dominação, na afirmação dos valores e dos bens que fazem de nós homens e não animais. Mas ela pôde, em segundo lugar, e até mesmo teve que negar esses valores e esses bens porque eles se tornam, para um pequeno número, o princípio de seu egoísmo e de seus cálculos. A cultura tornou-se a pedra do urso[2] da cultura: porque devia contestar a utilização dos valores sagrados, dos bens de cultura, ela serviu o primado dos valores úteis.

Esse aspecto da cultura e suas extraordinárias consequências devem ser sublinhados. A crítica da comédia em que repousavam os valores arcaicos era inevitável. Para o conjunto dos homens, era impossível ficar por muito tempo satisfeito com os bens que lhe eram trazidos pelo primeiro movimento da cultura, tal como o manifestam as pirâmides. Esses bens eram bens, no pensamento, na reflexão, como o é um espetáculo inapreensível, mas eles formavam o patrimônio real do faraó. Para os outros, tratava-se de uma imagem e de uma fábula. O faraó era o único beneficiário *real*: ele entrava sozinho na eternidade. A longo prazo, os *outros* ficaram decepcionados com um triunfo que

---

[2] Atribui-se a origem da expressão à fábula "O urso e o amador de jardins", de La Fontaine, em que para espantar o inseto pousado sobre o rosto de um homem seu amigo urso, com a melhor das intenções, atira-lhe uma pedra, matando-o. (N.T.)

lhes dizia respeito na medida em que gozavam humildemente de uma glória e de uma salvação que não eram *as deles*. Nos limites da história egípcia, produziu-se um impulso no sentido de um individualismo crescente. Parece até que um período de perturbações resultou daí, uma espécie de revolução em que a ordem social se desmantelou. Apenas o desenvolvimento da civilização helênica, porém, fez com que as criações da cultura passassem da coletividade para o indivíduo.

Os bens de cultura não podem na realidade ser o objeto de nenhuma apropriação particular. Mas não é apenas que tal apropriação anule o sentido deles. (Assim, pelo fato de assegurar a sobrevida do faraó, a Pirâmide lhe era *útil*, ao passo que *para os outros* era um bem de cultura.) A apropriação torna-se o ponto de partida de uma confusão entre o valor e a negação da apropriação. A moral é, em seu movimento essencial, uma luta contra a apropriação violenta, ou dissimulada, de que os bens de toda natureza são o objeto. É notável que esses bens se encontrem valorizados por via de consequência no plano da moral. Eles não são mais então desejados imediatamente, mas passam a ter um valor moral na medida em que a moral, que exige a justa repartição deles, faz de sua utilidade a exigência do bem (na negação da apropriação, é a utilidade que a Pirâmide teve para o faraó que se sobressai). Na cultura individual dos gregos, essas preocupações, que o Egito antigo jamais colocou em primeiro plano, tomaram a frente. Na medida em que se encarrega do interesse dos indivíduos em geral, o indivíduo tende a opor-se aos valores soberanos do passado, porque, na luta de um pequeno número pelo poder, eles se tornaram para ele objetos de apropriação particular, e porque servem ao desenvolvimento de um poder central contra os indivíduos.

Esse deslizamento discreto da cultura em proveito da utilidade material se fez ao mesmo tempo que se ordenou o conjunto de reflexões que culminou na ciência, que primeiramente opôs aos valores soberanos e sagrados do passado o prestígio da razão. O movimento essencial da cultura grega afirmou de tal maneira o prestígio da razão que ele pareceu exterior à utilidade. A filosofia, a lógica e a ciência se desenvolveram paralelamente ao trabalho e à técnica, que são essencialmente atividades arrazoadas. Mas desde o princípio, do mesmo modo que a moral, elas se quiseram desinteressadas. Eram bens de cultura e, como tais, deviam afirmar-se soberanas. Sua verdade não devia em nenhuma medida ser servil.

Ela devia ter um valor em si, não para os serviços materiais que podia prestar.

Ninguém evidentemente discute um caráter essencial da cultura. O "homem de cultura" distingue-se daquele que põe sua inteligência para trabalhar com vistas a um resultado prático. Quanto a isso, a dúvida não poderia ser introduzida sem proporcionar o sentimento de um perigo fundamental. A cultura é soberana ou não é. Está aí em jogo a dignidade humana. A escravidão faz do homem um animal. A cultura servil tem o mesmo sentido, ela retira do homem o que o eleva e o distingue do animal. E não nos reduz ao animal selvagem, mas ao animal doméstico, no nível da fazenda e do cercado.

Minha afirmação demanda, é verdade, uma contrapartida. O trabalho e a técnica não fundam menos a particularidade humana do que a cultura. É inclusive aparentemente pelo trabalho que o homem se apartou da animalidade. A cultura, em certo sentido o contrário do trabalho útil, é o próprio de um ser que trabalhava. Devemos até mesmo dizer dos bens culturais que eles são em sua essência um antídoto do trabalho. O trabalho faz do trabalhador um *meio*, mas uma preocupação perseguiu o homem desde a origem, e nunca deixou de dominá-lo: o homem quis antes de tudo dar-se a si mesmo como um *fim*. Certamente ele teve que fazer, nesse sentido, um esforço ainda maior na medida em que o trabalho tendia a reduzi-lo ao estado de instrumento. Não foi, aliás, o aspecto da religião mais geralmente reconhecido que respondeu a essa preocupação: a religião foi também *régia*, a instituição da soberania pessoal foi uma de suas formas maiores, e foi nela que o homem se afirmou incessantemente e de diversas formas como um fim, como um fim de ordem religiosa. Já representei o fracasso, o deslizamento que fez bastante rapidamente da soberania uma verdade bastarda, equívoca. Na medida em que foi um comandante de exército tomado nos regateios e nas rapinagens da política militar, o próprio soberano, geralmente, se reduziu a um meio de apropriação das riquezas!

Mas a moral, a filosofia e a ciência, que tentaram opor aos valores sagrados do passado bens culturais fundados, como esses valores, num desinteresse soberano, foram, por sua vez, comprometidas num deslizamento. Esses bens não podiam ligar-se à indiferença diante da situação deixada pelo equívoco de um mundo submetido à pior dominação, a da força armada; submetido ainda à dominação da miséria contra a qual espera-se que a ciência lute por meio da técnica. (Não falemos das contribuições decisivas que a ciência traz para a atividade militar!) De toda maneira, os bens que temos da cultura individual são decepcionantes. Esperamos da cultura que ela nos determine como fins, mas a filosofia, a ciência ou a moral são equívocas. Estamos seguros da esperança que as suscitou, não dos valores que elas criaram. O que chamamos de cultura é o contrário do que queremos apreender na medida em que nossos conhecimentos técnicos decorrem desses valores. A cultura está, portanto, limitada em nós à esperança vaga e no entanto maravilhosa que mantemos, na imensa confusão dos espíritos, até mesmo a favor dessa confusão.

Há um equívoco da cultura. A cultura não é, de fato, sempre mantida nos limites da afirmação do homem como fim.

Tanto é verdade que existem políticas culturais em que a própria cultura é um meio, cujo fim é um poder de Estado. Há dois aspectos desse equívoco. O aspecto nacionalista é o menos significativo, há um outro em que a cultura não é apenas a riqueza de um Estado, o qual é a única coisa considerada como um fim, mas a criadora das riquezas da civilização, que dessa vez pode ser a civilização universal. Se se trata das riquezas materiais, é a rigor possível, se não fácil, resolver o equívoco, mas a confusão é mais pesada quando se trata das riquezas morais.

De fato, o equívoco tem sua fonte na moral, onde o fim jamais é separado dos meios a não ser formalmente. Chego ao essencial de meu estudo: uma cultura é possível identificando-se à afirmação do homem como um fim, mas a afirmação não pode ser o próprio da moral. A moral considera os *meios* de tornar a humanidade viável.

Somente a cultura, para além da moral, tem a possibilidade de considerar o fim. Ela pode até, de saída, independentemente dos valores que criou, oferecer-se como o fim do homem, mas é ir rápido demais. Se ela define o fim, se o *considera*, ela se torna de fato esse fim, mas somente então. O fim do homem é realmente uma forma de cultura: aquela cujo objeto é o fim do homem. É verdade que as primeiras tentativas, de que o faraó é o exemplo, não podiam ter êxito, porque o faraó apelava para uma sensibilidade ininteligente. Disso resultava não apenas uma insuficiência, mas o deslizamento de que primeiramente falei. A existência de um faraó era realmente o produto de uma cultura, e ela queria ser uma imagem do fim do homem. Mas apenas o "homem de cultura", que não é o súdito do faraó, mas do qual, entre outros, a existência do faraó é o objeto possível, pode aceder efetivamente a esse fim. O faraó, bem entendido, não é o tema obrigatório dessa forma de cultura, ele é apenas o exemplo de uma multidão que, por intermédio de um indivíduo soberano, se esforça grosseiramente na direção do fim humano. É, contudo, na reflexão sobre um exemplo como esse que o "homem de cultura", ao mesmo tempo em que evita a pureza da abstração, evita a da solidão e faz a experiência de um laço que o associa não apenas ao homem que povoou comumente o Egito antigo, mas a todo homem possível.

Acedemos dessa maneira a um humanismo mais inteiro, que oferece a si mesmo como objeto complementar aquilo que primeiramente tornou o humanismo, a cultura individual, impossível, e contra o qual o humanismo considerado em seu desenvolvimento, a partir da Grécia, teve necessariamente que se erguer. O humanismo, necessariamente, teve que ser revolucionário, mas sua realização só se produziu no momento em que percebeu o valor do que o revoltou, que continua a revoltá-lo, em que percebeu ao mesmo tempo o sentido de sua revolta.

A espécie de cultura de que quero falar não é, portanto, *uma* espécie de cultura entre outras, mas a cultura girando em torno da cultura, retornando a seu começo e, nesse retorno, saindo do equívoco, deixando absolutamente de ser um meio, tornando-se um fim, sendo a reflexão sobre o fim, reflexão *do* fim, reflexão infinita.

Mas ela pode ser em todos os sentidos reflexão que se realiza. É importante fazer com que se observe que, sendo em sua essência reflexão do fim, reflexão sobre o fim, ela só o pode ser inteiramente se for no mesmo movimento reflexão sobre os meios.

Vou restringir-me, nos limites deste exame, a oferecer como conclusão uma representação típica do esforço a que a cultura está condenada no sentido da reflexão sobre os meios.

Se o fim do homem implica a destinação de uma parte das riquezas produzidas a outra coisa que não ao desenvolvimento da produção (lembro que a construção das pirâmides foi o exemplo de que parti), devemos, contudo, reconhecer o lugar considerável (eu diria essencial se o essencial não fosse dado no fim, e não num meio) a que tem direito o desenvolvimento da produção. A esse respeito, a perspectiva do tempo presente é a mais notável. O sistema de produção em que vivemos demandou a acumulação das riquezas: a produção moderna exige em primeiro lugar a destinação dos recursos à produção dos meios de produção, isto é, ao equipamento industrial. O período de acumulação é sempre um período crítico. Num período de acumulação não pode haver impulso feliz da cultura desinteressada. A cultura, ao contrário, entra no equívoco: ela só pode contar na medida em que é útil – ou ao menos parece útil. E, numa sociedade em que a mesquinhez burguesa na base assumiu a acumulação, a crise foi latente. Sabemos, contudo, qual foi a miséria das classes pobres na Inglaterra na época de seu maior esforço industrial. A crise é forçosamente mais grave nas sociedades em que o modo de existência feudal se perpetuou, tornando inicialmente a acumulação burguesa impossível. A classe operária e os intelectuais desses países tiveram que tomar a iniciativa da industrialização. Isso não podia ser feito sem acentuar o equívoco da cultura no sentido de um utilitarismo que a burguesia não desconhece. Na sociedade burguesa, que, em nossos dias, ultrapassou o período crítico da acumulação, essa orientação do comunismo foi frequentemente mal compreendida. Não falo daqueles que se regozijaram com todas as dificuldades de regimes aos seus olhos ameaçadores. Mas a colocação da cultura a serviço da produção podia ser deplorada a bom direito.

Falei desse aspecto dramático do período recente com o intuito de introduzir um ponto de vista que me parece fundamental.

Longe de ampliar realmente o equívoco da cultura, as crises russas e chinesas tendem a resolvê-lo. Essas crises são exemplos marcantes das condições em que o fim do homem é acessível. Não devemos nem tomar os meios pelo fim nem ignorar a necessidade de passar pelos meios. É risível atirar pedras naqueles que foram obsedados pelos meios porque queriam tê-los a qualquer preço. Mas devemos fazer uma diferença entre aqueles que ultrapassaram o período crítico da acumulação e aqueles que estão em seu início. De fato, o jdanovismo,[3] que poderia hoje ser ultrapassado pelos russos, pode sê-lo mais dificilmente pelos chineses. Mas assim como devemos nos abrir para a consideração das necessidades que podem alterar provisoriamente o pensamento humano, devemos também reconhecer que é tempo, *para nós* (se levarmos em conta nosso desenvolvimento industrial), de considerar com alguma aspereza o que nos cabe. Podemos, nós, sair do equívoco. A prosperidade em que vivemos demanda a cultura realizada, que não seja de modo algum um meio, que seja um fim e que, querendo-se tal, dedique-se à reflexão sobre o fim.

Eu gostaria, para concluir, de oferecer uma imagem viva dessa cultura realizada, ligada à história de todos os movimentos que buscaram neste mundo dedicar os recursos humanos a um fim que ultrapassasse a utilidade. A história das religiões e a história da arte (tanto da literatura quanto das belas artes) seriam sua substância, antes da filosofia. Tal perspectiva seria como que o prolongamento desta maneira de ser homem que apenas a religião e as artes souberam traduzir. Mas, no plano filosófico, ela seria primeiramente antifilosófica. Não que uma filosofia não possa elevar-se à preocupação com o fim em oposição à preocupação com os meios, mas a filosofia, geralmente, privilegia o jogo da inteligência e, sem uma crítica da inteligência como utensílio, a própria filosofia é utensílio. Essa crítica, parece-me, jamais foi levada muito longe: a filosofia jamais aderiu, no ódio às exigências do discurso lógico, à simplicidade, à potência da poesia. A arte e o exercício do pensamento têm uma imensa dificuldade para aderir a um silêncio que seja em primeiro lugar um tremor.

Essa dificuldade não poderia nos levar a perder a esperança de ver a sociedade futura deixar um lugar *modesto* para essa cultura realizada: a ela própria só resta, certamente de maneira obscura, desejar "admitir em seu seio a presença de algumas pessoas" que lhe sejam "completamente inúteis". Elas não poderiam, aliás, parecer-lhe tais. Livrar, ao menos por um instante, a humanidade da busca do proveito não tem

[3] Referência a Andrei Jdanov (1896-1948), que exerceu grande influência na política de produção cultural soviética entre os anos 1930 e 1950. O jdanovismo está associado ao forte controle sobre a arte e a cultura pelo chamado "realismo socialista" do governo de Stalin. (N.T.)

apenas, para concluir, uma utilidade negativa. Não é apenas útil, em primeiro lugar, livrar algumas pessoas da utilidade.

Se nenhum movimento retirasse o valor supremo da ação, os homens estariam condenados a reencontrar seu fim cegamente na convulsão, então definitiva, da guerra. É do interesse de todos mostrar o valor de fim soberano que a guerra pôde ter até nossos dias. Não devemos temer fazer perceber a guerra como uma das formas em que a atividade humana ultrapassou a procura dos meios para aceder a seu fim. A cultura de que falo, sendo reflexão sobre o fim, implicaria a seu modo o jorro desinteressado que é a guerra. Sua atitude em relação à guerra seria a mesma que em relação a todo o delírio soberano do passado. Nascida de uma revolta contra ele, ela seria, no entanto, sua justificação. Mas de tal maneira que a guerra tomasse para sempre o sentido do silêncio e do tremor.

Nessas perspectivas, parece-me que a cultura e a "política da cultura" se confundem. Isso significa dizer que a extrema consciência poderia ao mesmo tempo assegurar a realização da cultura e definir a salvação da humanidade. Mas a extrema consciência, ou a extrema cultura, só me parecem possíveis com a condição de se desligar da ação, que leva de volta à utilidade – ou aos modos de agir belicosos nos quais a busca da utilidade culmina e que ela às vezes dissimula. Denunciar o equívoco da cultura é, aos meus olhos, a única "política da cultura" que, sem contradição, situa eficazmente a cultura no plano da política, num plano inteiramente oposto ao seu.

POST-SCRIPTUM

Não achei que tivesse que oferecer, independentemente de seus fundamentos, o sentido de minha posição; a cultura não pode encarar a questão do poder (e, consequentemente, a questão da liberdade, isto é, da resistência ao poder) enquanto, na base, não estiver desligada dele. Particularmente nas circunstâncias presentes, parece-me que a política deve limitar-se a compreender, de cada um dos lados, as posições adversas. É, de fato, uma banalidade dizer hoje que os adversários vão, no mesmo movimento, ou bem se compreender ou bem se aniquilar. Eles só podem renunciar sem fingimento ao aniquilamento da outra parte se forem até o fundo da compreensão, que deve se fundar num reconhecimento dos fins humanos para além dos meios da civilização industrial. Isso não significa a passividade, mas a paciência diante do movimento das forças políticas cujas necessidades internas se opõem à liberdade dessa compreensão.

Vocês me perguntam o que acho das possibilidades dos "homens de cultura" na França. De meu ponto de vista, tenho simplesmente que dizer que os vejo, no plano da busca dos fins, divididos, como o são em outros lugares. Certamente a busca dos meios – que fundam a riqueza material – divide ainda mais. É a repartição dos meios que decide sobre a adversidade maior entre os povos. Resta dizer que o fato de ser um "homem de cultura" significa uma consciência qualquer dos fins, dos fins que aproximam, para além dos meios, que dividem.

Nesse sentido, a cultura na França tem dois aspectos. O aspecto tradicional é o mesmo que em outros lugares. O outro, o único de que falarei, é o aspecto moderno e singular que se exalou, de uma maneira vidente, e certamente continua a se exalar, especialmente nas paragens do surrealismo. Esse aspecto é a *subversão*. Creio que, em relação à sua porção viva, o desenvolvimento atual da cultura é dominado na França pelo espírito de subversão. Os espíritos subversivos, na intolerância de um estado de coisas estabelecido, certamente puderam acordar-se com a subversão política, e, por esse viés, afastar-se da busca dos fins. O fato de o surrealismo ter sido o primeiro a afirmar como um princípio a necessidade de suprimir antes de tudo, pela revolução, a divisão dos homens em classes não significa, contudo, a indiferença ao problema dos fins. Os fins do homem, para o surrealismo, são dados na poesia. É possível até mesmo dizer que esse interesse fundamental está na origem dos mal-entendidos e das dificuldades essenciais que puseram os surrealistas aos marxistas (o stalinismo não é a única explicação). É verdade que o exemplo do surrealismo mostra, antes, a possibilidade de múltiplos desacordos a partir da subversão. Considero esse risco superficial e prefiro dizer que somente a subversão é capaz de abrir até as últimas consequências a solução desses desacordos. Somente a subversão dá à cultura o sentido de um acordo do homem consigo próprio. O artigo que vocês aceitaram publicar me parece a esse respeito subversivo, se não sensivelmente, essencialmente: uma vez que o fim do homem jamais é dado a não ser por meio de uma subversão, por meio de um desarranjo dos valores. Não é inútil sublinhar aqui o paradoxo de que, a despeito de um caráter conciliador, sempre fui considerado, na França, um espírito *subversivo*, um dos mais subversivos destes tempos, chegaram a dizer-me!

Insisto, enfim, no fato de que, do ponto de vista da subversão, o surrealismo não é na França um sintoma isolado; os mais significativos escritores, que tenham ou não "passado pelo surrealismo", foram primeiramente e decerto ainda são espíritos subversivos. Referi-me implicitamente a Breton. Nomearei Blanchot, Malraux, Char, Michaux, Leiris, Queneau, Genet... (não citarei outros nomes: para não complicar mais). Não quero tirar conclusões rápidas, mas esse fato, negligenciado ou ignorado, parece-me ser o único que justifica o interesse suscitado pelo desenvolvimento da cultura na França. No plano da cultura, a França é hoje o país da subversão. Ora, a compreensão de que falo, se amadurecer, supõe um desarranjo. Poupo-me, se puder, de fazer ver em meus escritos esse aspecto. Mas creio que sem um movimento violento, traduzido na coerência calma da linguagem, a cultura não pode ser o *fim* exigido pelo rigor do ser, mas uma tagarelice impotente, que goza com sua impotência.

Sinto muito bem o que este exame tem de paradoxal, e de insatisfatório. Mas das duas uma: se se importarem com a questão, é possível ao menos acompanhar-me pressentido a necessidade dela; se não se importarem? Nunca encontrei a possibilidade de dar um rumo àqueles que querem evitar o problema dos fins. A cultura, a meu ver, leva frequentemente ao desconhecimento do que ela é; entretanto, ainda mais contrária à cultura, a impaciência não seria o pior?

O erotismo, suporte da moral[1]

O erotismo é o próprio do homem. É ao mesmo tempo o que o enrubesce.

Mas à vergonha que o erotismo impõe, ninguém sabe o meio de escapar.

O erotismo é a emboscada em que o mais prudente se deixa cair. Quem pensa estar fora, como se a armadilha não lhe dissesse respeito, ignora o fundamento desta vida que o anima até a morte. E quem pensa dominar, tomando para si esse horror, não é menos manipulado que o abstinente. Ele ignora a condenação, sem a qual a fascinação do erotismo, a que quer responder, cessaria de fascinar.

A esse horror, não podemos nos esquivar a ponto de não ter mais que enrubescer, só podemos gozar dele sob a condição de continuar a enrubescer.

Baudelaire evocou maravilhosamente (em *Fusées* [*Projéteis*] *III*) este escândalo do pensamento (que é o escândalo de todo pensamento):

"Quanto a mim, digo: a volúpia única e suprema do amor jaz na certeza de fazer o *mal*. E o homem e a mulher sabem de nascença que no mal se encontra toda volúpia."

É, de todo modo, na vergonha, dissimulando-nos sonsamente, que alcançamos o momento supremo. Como pôde o homem condenar um movimento que o leva ao ápice? Como pode o ápice não ser desejável, além disso ele não é o ápice justamente a partir de uma condenação?

---

[1] Texto publicado em 1957 na revista *Arts* (n. 641, 23-29 de outubro de 1957).

Há sempre em nós algo de profundamente turvo. Os traços que expressam plenamente a humanidade não são os mais claros. Um homem, se for digno da palavra homem, sempre tem um olhar carregado, aquele olhar *para além* que, ao mesmo tempo, é olhar *para baixo*. Se vemos reto, somos manipulados. Vamos ao encontro de uma dificuldade extrema, insolúvel, prefigurando a morte, a dor e o arrebatamento, levando à vivacidade, mas à suspeita. Se entrevemos uma via reta, rapidamente a reflexão mostra sua aparência enganadora.

Depois de milênios passados em busca de respostas que aclarassem a noite que nos encerra, apareceu uma estranha verdade sem, contudo, atrair sobre si a atenção que deveria.

Historiadores das religiões revelaram essa coincidência. *Interditos* reconhecidos em sociedades arcaicas, pelo conjunto daqueles que as compunham, tinham o poder de abalar: não apenas eles eram observados religiosamente, mas aqueles que os tinham infringido eram atingidos por um terror tão grande que habitualmente morriam; tal atitude determinava a existência de um *domínio interdito* que ocupava nos espíritos um lugar eminente; esse *domínio interdito* coincidia com o *domínio sagrado*; ele era, assim, o próprio elemento que fundava e ordenava a religião.

O que aparecia em certas sociedades arcaicas não podia ser isolado do conjunto das reações religiosas da humanidade.

Eis o que hoje é possível afirmar.

O sagrado é essencialmente o que era atingido pela transgressão ritual do interdito.

O sacrifício – o ato criador do sagrado – é o exemplo disso. Sob sua forma maior (é também sua forma mais frequente), o sacrifício é o assassinato ritual de um homem ou de um animal. Muito antigamente, a própria morte de um animal podia ser o objeto de um interdito e dar lugar aos ritos de expiação do assassino. Apenas o assassinato do homem está hoje sob a alçada do interdito universal. Em condições definidas, um interdito podia, e às vezes até mesmo devia, ser transgredido.

Esse princípio do interdito a que se opõe a transgressão é chocante, ainda que tenha um análogo mecânico na alternância entre a compressão e a explosão, que funda a eficácia dos motores. Mas não se trata apenas do princípio do erotismo, mas, mais geralmente, do princípio da ação criadora do sagrado. No sacrifício clássico, a morte infligida, pelo próprio fato de ser criminosa, põe o sacrificante, o sacrificador e a assistência em posse de uma coisa sagrada, que é a vítima. Essa coisa sagrada é ela própria interdita, o contato com ela é sacrílego: ela não deixa de ser proposta ao consumo ritual. É por meio dessa condenação ao mesmo tempo sacrílega e prescrita que é possível participar do crime, que se torna então em comum. Crime dos participantes: é a comunhão.

Assim, esse olhar *para além* que, contudo, é olhar *para baixo* é reencontrado na base de uma perturbação religiosa que funda a humanidade. O sentimento do sagrado não cessa, mesmo hoje, de nos fundar.

A *humanidade*, em seu conjunto e em sua reação pública tanto quanto no segredo do erotismo, foi, portanto, submetida à paradoxal necessidade de condenar o próprio movimento que a leva ao momento supremo!

A aproximação entre a religião e o erotismo surpreende, mas sem razão. O domínio interdito do erotismo foi ele próprio, sem ir mais longe, domínio sagrado. Cada um sabe que em tempos antigos a prostituição foi uma instituição sagrada. Os templos da Índia, abundantemente, multiplicaram as mais tumultuosas e mais incôngruas imagens do amor.

★

A condenação, mas não sem reserva, do erotismo é universal. Não há sociedade humana em que a atividade sexual seja aceita sem reação, como a aceitam os animais: ela é em toda parte objeto de um interdito. É evidente que um interdito dessa natureza conclamava inúmeras transgressões. O próprio casamento é, no início, uma espécie de transgressão ritual do interdito do contato sexual. Esse aspecto não é habitualmente notado, porque um interdito geral dos contatos sexuais parece absurdo na medida em que se percebe mal que o interdito é essencialmente o prelúdio da transgressão. O paradoxo, na verdade, não está no interdito. Não podemos imaginar uma sociedade em que a atividade sexual não seria inconciliável com a atitude assumida na vida pública. Existe um aspecto da sexualidade que a opõe ao cálculo fundamental de um ser humano. Todo ser humano considera o futuro. Cada um de seus gestos é função do futuro. De seu lado, o ato sexual talvez tenha um sentido em relação ao futuro, mas isso nem sempre ocorre, e o erotismo, para dizer o mínimo, perde de vista o alcance genético da desordem desejada. Às vezes, até o suprime. Volto a este ponto preciso: o ser humano poderia aceder ao ápice de sua aspiração se primeiramente não se livrasse do cálculo a que a organização da vida social o prende? Em outros termos, será que uma condenação pronunciada do ponto de vista prático, exatamente do ponto de vista do futuro, não determina o limite a partir do qual um valor supremo está em jogo?

⋆

Vou de encontro à doutrina disseminada segundo a qual a sexualidade é natural, inocente, e a vergonha associada a ela não é de modo algum admissível.

Não posso duvidar que, essencialmente pelo trabalho, pela linguagem e pelos comportamentos ligados a ambos, o ser humano excede a natureza.

Acima de tudo, porém, se abordamos o domínio da atividade sexual do homem, estamos nas antípodas da natureza. Nenhum aspecto nesse domínio deixou de adquirir um sentido extremamente rico, em que se misturam os terrores e as audácias, os desejos e os ascos de todas as eras. A crueldade e a ternura se entredilaceram: a morte está presente no erotismo e a exuberância da vida se oferece nele. Não posso imaginar nada que seja, mais do que essa grande desordem, contrário a uma ordenação racional de cada coisa. Fazer entrar a sexualidade na vida racionalizada, eliminar sua vergonha, ligada ao caráter inconciliável entre essa desordem e a ordem confessável, é, na verdade, negá-la. O erotismo, que comanda suas ardentes possibilidades, alimenta-se da hostilidade da angústia que ele solicita. Nada há nele que possamos atingir sem aquele violento movimento tão bem traduzido pelo tremor e sem que tenhamos perdido o pé em relação a todo o possível.

⋆

Ver uma expressão do espírito humano no erotismo não significa, portanto, a negação da moral.

A moral é de fato o mais firme suporte do erotismo. Reciprocamente, o erotismo conclama a firmeza da moral. Mas não poderemos imaginar o apaziguamento. A moral é necessariamente o combate contra o erotismo, e o erotismo, necessariamente, só tem seu lugar na insegurança de um combate.

Se assim for, talvez devamos finalmente considerar, acima da moral comum, uma moral movimentada em que nada jamais estaria conquistado, em que cada possibilidade estaria a cada momento posta em jogo, em que, conscientemente, um homem teria sempre diante de si o impossível: um combate sem trégua, extenuante, contra uma força irredutível e, de cada lado, reconhecida como tal.

*

Essa atitude exige uma grande resolução, sobretudo uma sabedoria singular, resignada ao caráter indecifrável do mundo.

Ela é sustentada apenas pela experiência interminável dos homens, a experiência da religião – da mais antiga, em primeiro lugar, mas, no final das contas, da experiência de todos os tempos. Mostrei no sacrifício clássico a busca de uma fascinação contrária ao princípio do qual ela partia. Se considerarmos na religião aquele inacessível ápice em cuja direção é levada nossa vida, uma vez que ela é, apesar de tudo, o desejo de exceder seu limite (de buscar além do que encontrou), aparece um valor comum entre a religião e o erotismo: trata-se sempre de buscar tremendo o que derruba o fundamento que mais se impõe à vista. Decerto que o aspecto mais familiar da religião atual se opõe ao erotismo, ligando-se à sua condenação quase sem reserva. Essa religião não deixa por isso de aspirar, em experiências ousadas, às vezes consagradas pela admiração da Igreja, a combates nos quais a regra é perder o pé.

O planeta entulhado[1,2]

O planeta entulhado de morte e de riqueza, um grito perfura as nuvens. A riqueza e a morte aprisionam. Ninguém escuta esse grito de uma espera miserável.

Sabendo que não há resposta, eu gostaria de ter tremido na minha imploração:

– Ó Deus! Aliviai-os da morte e da riqueza! Livrai-os, ó Deus, da esperança que o sentimento de sua morte por vir e de vosso vazio nutre neles! Aprisionai-os em *vossa* solidão! Aprisionai-os em vossa *desesperança*!

Tenho a certeza, escrevendo, de não esgotar o esforço esboçado.

Ninguém jamais esgota. Mas como poderia eu, se não percebesse cada coisa nessa excessiva luz, alcançar a felicidade?

A agitação e a vivacidade das frases sustentam-nas.

A multiplicidade das palavras me assalta e escuto sua rumorosa onda.

Mas, por antecipação, saboreio a tristeza das águas que se retiram.

Como não esperar, antes de escrever, que as águas se tenham retirado?

Esse saber que situa o ser humano no mundo, em primeiro lugar, foi o saber do animal.

---

[1] Texto publicado em 1958 na revista *La Cigüe* (n. 1, janeiro de 1958), volume intitulado "Hommage à Georges Bataille", com contribuições de Michel Leiris, René Char, Jean Fautrier, André Masson, Jean Wahl, Marguerite Duras, Louis-René de Forêts e André Malraux.

[2] Primeira versão de Laura Gryner de Moraes, revista por mim.

O animal, no jogo deste mundo ininteligível – ininteligível ao menos para ele –, discerne o que responde às suas necessidades. O saber humano, em seu princípio, não é nada além desse saber elementar que forma pela linguagem uma coesão. O saber é o acordo entre o organismo e o meio do qual ele emerge. Sem esse meio, sem a identidade do organismo e desse acordo, a vida não poderia ser imaginada. O que é, então, o organismo no mundo, senão o impulso inconsiderado de um possível no seio do impossível que o cerca? Ao desenvolver-se, o saber se esforça em reduzir o impossível (o imprevisível) ao possível (ao previsível). O impulso arriscado se transforma, no saber, em cálculo sagaz: o próprio cálculo só é possível quando atribui um valor fundamental à sua possibilidade.

A aposta do saber abre duas vias.

A primeira é a afirmação implícita que é o saber *de fato*.

O saber consolidado pelo sentimento de que o saber é "*possível*" percebe todas as coisas na perspectiva do "possível". Às vezes, o "possível", enquanto possibilidade, se hipostasia, às vezes não. Mas sempre, nessa primeira via, o mundo se confunde com o possível e o possível com o mundo. O saber animal, o primeiro saber, era o produto de uma busca arriscada que o organismo fazia de um possível à sua medida (o organismo se definindo por essa busca); essencialmente, o saber humano torna-se o cálculo da possibilidade em que se ordena o conjunto das coisas, o cálculo da possibilidade apreendida como um fundamento.

Uma primeira reação inebriada suspende a dúvida e, nessa certeza, feita, em suma, de patetice, o homem sobre a terra tem a impressão de estar em casa. O saber, em seu próprio princípio, não deixa de ser o questionamento do próprio saber. Se aprofundo as vias do saber, assemelho-me à formiga consciente da ameaça suspensa de que um acaso destrua o formigueiro, e da verdade última desse acaso. A linguagem constrói uma ordem, e faz dela o fundamento daquilo que é, mas não há nada que seja *por último*: todas as coisas estão em suspenso, por sobre o abismo, o próprio solo é ilusão de uma segurança; tenho vertigem, *se eu sei*, no meio de um campo; até na minha cama, sinto que o mundo e o universo se subtraem.

O caráter insignificante, provisório, dos dados do saber mais certo se revela a mim nessa via. Mas a aparência que ordena a ilusória certeza não deixa de exilar-me a cada dia nessa região em que nada é trágico, nem aterrorizador, nem sagrado. Mas nada, nessa região, é *poético*.

Poética, de novo a linguagem me lança ao abismo.

Mas a poesia não pode efetivamente negar a afirmação do discurso coerente, ela não pode dissipar por muito tempo a mentira do discurso. Jamais a poesia estabelece o que ela dá a ver. Negando a ordem em que um discurso coerente me aprisiona, a coerência do discurso que a nega está ainda em mim. Por um instante, o discurso ordena em mim o que desfaz a ordem em que ele me aprisiona, ele ordena o que – tragicamente – me entrega até a morte ao delírio da poesia.

Acessando o possível, o repouso sem fim, a certeza me seria dada de viver *eternamente* diante da verdade, eu gemeria. O que eu quero e que quer em mim o ser humano: quero, por um instante, exceder o meu limite, e quero, por um instante, não ser tolhido por nada.

Uma desordem de afirmações, no passado, em última instância abandonava a reflexão ao pânico. Sairíamos nós desse abandono não arriscando mais nada e não afirmando mais nada que não se assentasse numa experiência muitas vezes repetida? Na prática, a certeza fundada por uma experiência tão durável basta: mas ela nos deixa à mercê da dor intolerável e do suplício de morte, *em última instância*. A última verdade se assemelhará à morte mais dolorosa? ou esse mundo prosaico ordenado por um saber fundado numa experiência durável será o seu limite? Livres de crenças insanas, nossa felicidade estará diante da morte e do suplício? A pura felicidade? no fundo de um mundo onde só o definhamento é a saída?

A pura felicidade[1]

SUICÍDIO

A pura felicidade está no instante, mas do instante presente a dor me expulsou, para a espera do instante por vir, em que minha dor se acalmará. Se a dor não me separasse do instante presente, a "pura felicidade" estaria em mim. Mas, agora, falo. Em mim, a linguagem é o efeito da dor, da necessidade que me atrela ao trabalho.

Quero, tenho que falar de minha felicidade: por isso uma infelicidade inapreensível entra em mim: esta linguagem – que falo – está em busca de um futuro, ela luta contra a dor – ainda que ínfima – que é em mim a necessidade de falar da felicidade. Jamais a linguagem tem por objeto a pura felicidade. A linguagem tem a ação por objeto, a ação cujo fim é *reencontrar* a felicidade perdida, mas essa ação não pode ela própria atingi-la. Uma vez que, feliz, eu não mais agiria.

A pura felicidade é negação da dor, de qualquer dor, mesmo da apreensão da dor, ela é negação da linguagem.

É, no *sentido* mais *insensato*, a poesia. A linguagem obstinada numa recusa, que é a poesia, se volta sobre si mesma (contra si mesma): é o análogo de um suicídio.

---

[1] Texto primeiramente publicado em 1958 na revista *Botteghe oscure* (Roma, n. XXI, 1958). A versão publicada nas *Œuvres complètes* de Bataille, que aqui traduzimos, é a que foi publicada na revista *Gramma* (n. 1, 1974). Em relação à primeira versão, o texto é mais longo e completado por algumas notas.

Esse suicídio não atinge o corpo: ele arruína a atividade eficaz, substituindo-a pela visão.

Nele subsiste a visão do instante presente, separando o ser da preocupação com aqueles que o sucederão. Como se estivesse morta a sequência dos instantes, que ordena a perspectiva do trabalho (dos atos cuja espera transforma em subordinado o ser soberano, que o sol do "instante presente" ilumina).

O suicídio da linguagem é uma aposta. Se falo, obedeço à necessidade de sair do instante presente. Mas meu suicídio anuncia o salto no qual foi lançado o ser liberado de suas necessidades. A aposta exigia o salto: o salto que a aposta prolonga numa linguagem inexistente, na linguagem dos mortos, daqueles que a felicidade devasta, que a felicidade aniquila.

INSÔNIA

Trabalhar para viver! Esgoto-me no esforço e tenho sede de descanso. Assim, não é mais tempo de dizer: viver é descansar. Fico, então, embaraçado com uma verdade decepcionante: viver seria pensável de outro modo que não sob a forma do trabalho? A própria poesia é um trabalho. Não posso me consumir como uma lâmpada, que ilumina, e jamais calcula. Preciso produzir, e só posso descansar quando me proporciono o sentimento de crescer ao produzir. Devo, para isso, restaurar minhas forças, acumular novas. A desordem erótica é ela própria um movimento de aquisição. Dizer a mim mesmo que o fim da atividade é o livre consumo (o consumo sem reserva da lâmpada), ao contrário, dá-me o sentimento de um intolerável abandono, de uma demissão.

No entanto, se quero viver, preciso primeiramente negar-me, esquecer-me...

Fico aí, desamparado, como um cavalo fiel cujo dono estatelou-se no chão.

À noite, esgotado, aspiro a relaxar, e tenho que me enganar com algumas possibilidades atraentes! Ler um livro, o que sei eu? Não posso gozar de minha vida (do encadeamento em perspectiva em vista do qual me cansei) sem oferecer-me uma nova meta, que continua a me cansar.

Escrever: mesmo, neste instante, que preferi abdicar... Em vez de responder às necessidades de minha vida... Escrever – a fim de abdicar – é mais um novo trabalho! Escrever, pensar, isso nunca é o contrário de um trabalho. Viver sem agir é impensável. Assim como não posso representar para mim mesmo *que estou dormindo*, não posso representar para mim mesmo *que estou morto*.

*

Eu quis refletir ao extremo sobre uma espécie de embaraço, de que jamais saí, de que jamais sairei.

Há muito tempo, se se impunha a mim um esforço que me esgotava, quando depois de uma longa espera eu concluía – e gozava com os resultados –, nada, para minha surpresa, se oferecia que me desse a satisfação com que contara. O descanso pressagiava o tédio, a leitura era um esforço. Eu não queria me distrair, queria o que eu *esperava*, e que, acabado o esforço, o teria justificado.

O que fazer, enfim, quando estava liberto?

Morrer? Não!

Teria sido necessário que, por si mesma, a morte tivesse sobrevindo. Que já a morte estivesse em mim, sem que eu tivesse que trabalhar para introduzi-la. Tudo me escapava e me abria para a insignificância.

Escrever o que precede...?

Chorar...?

Esquecer à medida que um soluço emergia... Esquecer tudo, até aquele soluço que emergia.

Ser um outro no fim, um outro que não eu. Não este que, agora, me lê, a quem inspiro um sentimento penoso. Mas o primeiro que vier dentre aqueles que me ignoram, se quisermos o carteiro que avança, toca a campainha, que faz, no meu coração, ressoar a violência da campainha.

Como é difícil, às vezes, adormecer! Penso: adormeço, enfim. O sentimento de adormecer me escapa. Se me escapa, de fato, adormeço. Mas se ele subsiste...? Não consigo adormecer e tenho que pensar: o sentimento que eu tinha me enganou.

Nenhuma diferença entre a autenticidade do ser e *nada*. Mas *nada*? Essa experiência só é possível a partir de alguma coisa, que suprimo por meio do pensamento. Assim como só posso atingir a experiência d*o que não acontece*[2] a partir d*o que acontece*. É preciso, para aceder a*o que não acontece*, chegar, como um ser isolado, separado, como um ser *que acontece*.

No entanto, *o que não acontece* é o sentido – ou a ausência de sentido – de minha chegada. Sinto isso quando quero parar, descansar e gozar com o resultado buscado. *Incipit comœdia*! Todo um ministério dos lazeres enuncia por meio de seu trabalho – e de sua atividade pública – um sentimento de morte, um sentimento que me desarma. Mas um ministério dos lazeres, com suas cores, não passa de um desvio para evitar a simplicidade do vinho tinto, que é, ao que me parece, temível. O vinho tinto, dizem, nos destrói. Como se, de toda maneira, não se tratasse de *matar* o tempo.

Mas o vinho tinto é o mais pobre, é o mais barato dos venenos. Seu horror se liga justamente à sua miséria: é a lata de lixo do maravilhoso.

No entanto?

Sempre à beira de trair sua inanidade (basta para isso um deslocamento de perspectivas), aquilo de que falo é maravilhoso sem mentira.

A linguagem só designa as coisas, apenas a negação da linguagem abre para a ausência do *que é*, que não é *nada*.

O único limite do maravilhoso está ligado a isto: o maravilhoso, feito da transparência d*o que não acontece* n*o que acontece*, dissolve-se quando a morte, cuja essência é dada n*o que não acontece*, toma o sentido d*o que acontece*.

A mesma angústia de todas as noites. Inerte em minha cama como o peixe na areia, pensando que o tempo, que me cabe, não me traz nada, não me serve de nada. Não sei em que ponto estou. Reduzido a dizer, a sentir a inutilidade de uma vida cuja utilidade me decepcionou.

Bizarra tarefa da insônia: estas frases de que perdi, se não a ordenação, a razão, que eu talvez não tivesse, de escrever. Seria minha razão uma busca literária? Entretanto, não posso representar para mim a possibilidade de não as ter escrito. Tenho o sentimento de escrever sobretudo para saber, para descobrir, no cerne de minha insônia,

---

[2] O autor usa aqui o verbo "*arriver*", que também traduziremos eventualmente por "chegar", na perspectiva do duplo sentido explorado ao longo do artigo. (N.T.)

o que posso, e o que devo fazer. Perco-me enquanto espero o efeito do sonífero.

A VIOLÊNCIA EXCEDENDO A RAZÃO

Para mim sempre foi um incômodo elaborar meu pensamento. Em nenhum momento trabalhei com a regularidade que o trabalho exigia. Só li uma pequena parte do que deveria, e nunca organizei em mim a aquisição de conhecimentos. Em consequência, eu deveria ter renunciado a falar. Deveria ter reconhecido minha impotência e me calar.

Nunca quis, porém, me resignar: pensava que essa dificuldade me atrasava, mas que, em compensação, ela me designava. Em momentos de tranquilidade, achava que não era menos capaz do que qualquer outro. Conhecia poucas mentes melhores do que a minha quanto a um poder de reflexão coerente. Além disso, eu tinha a possibilidade de medir a inferioridade dos outros em relação a um ponto específico. Admito hoje que conseguia rivalizar com eles ainda que tivesse menor aptidão à análise. Essa fraqueza estava ela própria ligada, assim como meu trabalho irregular, à violência que, de uma maneira qualquer, não parava de me irritar, de me fazer a todo momento perder o pé.

Eu só me sentia seguro do que tinha feito tardiamente. Essa violência, que me desguarnecia, me dava essa vantagem, a que não renunciaria. Agora não duvido mais de que, ao diminuir-me, a violência me dava o que falta a outros, e isso me levou a perceber o impasse em que o pensamento paralisado se limita e em que, ao limitar-se, ele não pode abraçar a extensão daquilo que o move. Sendo em nós o que paralisa a violência, o pensamento não pode refletir inteiramente o que existe, uma vez que a violência é em seu princípio o que se opôs ao desenvolvimento do pensamento. Entendo que a violência condiz com a animalidade, na qual a consciência, de algum modo atada, não pode ter autonomia. Mas, desatada na medida em que excluía a violência e a transformava em tabu, a consciência interditava, em contrapartida, a possibilidade de apreender o sentido daquilo que excluía. O resultado mais claro disso é a inexatidão, essencialmente, o caráter incompleto do conhecimento de si. Isso se vê na deformação, segundo o espírito de Freud, da noção de *libido*. Supressão de uma excitação, diz Freud quando define o prazer sensual. A essa definição negativa, não posso diretamente opor o partido da violência, que não pode ser resolvido em pensamento. Mas, por sorte, foi possível ocorrer que a violência se impusesse sem perturbar inteiramente o movimento de um pensamento metódico: então, a deformação dada nas condições comuns é iluminada; o prazer está ligado no animal ao excessivo dispêndio de energia, ou de violência; no homem, à transgressão da lei, que se opõe à violência e lhe impõe algumas barreiras. Isso, porém, não atinge o ápice da reflexão, no qual a própria violência torna-se objeto (interdito, apreendido a despeito da interdição) do pensamento, oferecendo-se, ao final, como única resposta à interrogação fundamental implicada no desenvolvimento do pensamento: resposta que só pode chegar de fora, que só pode chegar daquilo que, *para ser*, o pensamento devia excluir.

A resposta não é nova. Deus não é uma expressão da violência oferecida em resposta? Mas oferecido em resposta, o divino era transposto para o plano do pensamento: a violência divina, tal como reduzida pelo discurso teológico, foi limitada à moral, sua paralisia virtual. (Voltando ao deus animal, reencontramos sua incomparável pureza, sua violência acima das leis.)

Ao implicar a violência na dialética, Hegel tenta aceder sutilmente à equivalência entre a violência e o pensamento, mas abre, assim, o último capítulo: nada pode fazer com que, acabada a história, o pensamento alcance o ponto morto em que, diante da resposta imutável que dá a si mesmo, tirando-o de si mesmo, ele apreenda sua equivalência com o silêncio último, que é o próprio da violência.

A Hegel, nesse ponto, faltou a força sem a qual a implicação de seu pensamento não teve, às claras, o desenvolvimento que ele conclamava.

O silêncio é a violação ilimitada do interdito que a razão do homem opõe à violência: é a divindade sem freio, que só o pensamento extraiu da contingência dos mitos.

Eu não sou o único para quem se revelou a necessidade de arruinar os efeitos do trabalho, mas o único que, tendo-a percebido, *gritou*. O silêncio sem grito, que jamais reduz o repisamento sem saída da linguagem, não é a equivalência da poesia. A própria poesia não reduz nada, ela *acede*.

Ela acede ao ápice. Do alto do ápice, tantas coisas se esquivam e ninguém vê. Não há mais nada.

A "MEDIDA", SEM A QUAL A "DESMEDIDA" NÃO EXISTIRIA, OU A "DESMEDIDA" FIM DA "MEDIDA"

Digo que o domínio da violência é o da religião (não o da organização religiosa, mas – supondo as coisas bem separadas – o da visão intensa que responde, ou pode responder, em nome da religião); acrescento que o domínio da Razão abraça a organização necessária com vistas à eficácia comum: creio que posso ser entendido. Sem dúvida, o equívoco é contínuo entre a violência religiosa e a da ação política, mas em dois sentidos: sempre a política, a que aspiro, diante da qual vivo, é um fim. Sendo fim, ela é exclusiva do cálculo, que é o próprio dos meios. A plena *violência* não pode ser o meio de nenhum fim a que estaria submetida.[3] Essa fórmula limita ao mesmo tempo o poder da Razão. A menos que se rebaixe, a Violência é fim e nunca pode ser meio. A Razão, por sua vez, nunca é outra coisa que não um meio, mas é ela quem decide sobre o fim e os meios. Pode arbitrariamente oferecer-se por fim: recusa, então, a verdade que ela própria define. Ela é Razão na medida em que é exclusão, em que é o limite da Violência (que ela distingue por definição do uso arrazoado da violência).

Diante da Violência cega, limitada pela lucidez da Razão, só a Razão sabe que tem o poder de deificar o que ela limita. Apenas a Razão pode defini-lo como seu fim. O limite oposto à Violência pela Razão reserva – provisoriamente – a precariedade dos seres descontínuos, mas designa, para além dessa precariedade, no interior da qual reina sua lei, a continuidade do ser em que a ausência de limite é soberana: a ausência de limite, uma vez que a Violência excede o limite concebível, qualquer que seja ele.

O que a Razão não tinha primeiro nem definido nem limitado limitava a Razão. A Violência não podia ela própria nem se definir

---

[3] A violência em que penso, uma vez que só tem sentido em si mesma, independentemente de seus efeitos (de sua utilidade), não está necessariamente ligada ao domínio "espiritual", mas pode estar. Se não estiver, isso não pode ter consequência a não ser imediata. A única consequência imediata de uma violência ilimitada é a morte. A violência reduzida a um meio é um fim a serviço de um meio, é um deus tornado servidor, privado de verdade divina; um meio só tem como sentido o fim buscado, aquilo a que o meio serve deve ser um fim – no mundo invertido, a servidão é infinita.

nem se limitar. Mas a Razão, em sua atitude arrazoada em relação à Violência, a perfaz: ela leva à altura de Violência a retidão da definição e do limite. Assim só ela tem, humanamente, o poder de designar a Violência desmedida, ou a Desmedida, que, sem a medida, não seria.

A Razão libera a Violência da servidão a ela imposta por aqueles que, contrariamente à Razão, submetem-na aos cálculos de sua ambição arrazoada. Os homens podem ir, devem ir, até o fim da Violência e da Razão cuja coexistência os define. Eles precisam renunciar aos acordos equívocos, inconfessáveis, que asseguraram, ao acaso, a servidão da maioria, e até mesmo a servidão de pretensos "soberanos".

A Razão, diante da violência, senhora de seu domínio, deixa à Violência a inconsequência do que é. Não o possível, que ela organiza, mas o que se libera na extremidade de todo possível, o impossível na extremidade de todo possível: a morte na vida humana e, no universo, a totalidade.

A Razão revela, na série de possibilidades que lhe respondem, a abertura para o que ela não é: na série dos seres vivos, a reprodução (sexual ou assexuada) solicita a morte e, na morte, a Razão duplamente traída, uma vez que ela é Razão de seres que morrem, e uma vez que ela abraça uma totalidade que solicita seu enfraquecimento, que quer a derrota da Razão.

A confidência gélida da Razão: – Eu não passava de um jogo.

Mas a Razão murmura em mim: – o que, na Razão, sobrevive de desrazão não pode ser um jogo. Eu sou necessária!

Eu respondo por ela:

– A própria necessidade não está, globalmente, perdida na imensidão de um *jogo*?

– Designo Deus, me diz ela, reencontrando sua firmeza. Somente eu pude designá-lo, mas sob a condição de abdicar, sob a condição de morrer.

Juntos subimos os degraus de um cadafalso...

A Razão: – Acedendo à verdade eterna...

Eu: – E também à ausência eterna da verdade.

Deus? Se quisermos. Deixaria eu de designá-lo? Mais do que isso, antes de mais nada, *minha piedade* o designa. Sobre o cadafalso já ensanguentado, eu o designo. Por antecipação, meu sangue se sabe risível. Minha ausência também chama. Chama Deus: ele é a brincadeira das brincadeiras, a única que tem a força de invocar um cadáver que urina sangue, um cadáver de supliciado.

Calar-me de tanto rir... Não é calar-me, é rir. Sei que apenas minha piedade ri longamente o bastante, que apenas ela ri até o fim.

Riria eu sem a Razão? Riria eu de Deus sem a Razão, que se acreditou soberana? Mas o domínio do riso se abre para a morte, Deus o assombra! A Razão, contudo, é sua chave, sem a qual não riríamos (ainda que rir seja troçar da Razão).

Chego ao "riso da Razão".

Se ela ri, a Razão considera razoável no ápice a ausência do respeito que outros lhe devem.

O riso da Razão se olha num espelho: olha-se como a morte. O que o opõe a Deus lhe escapa.

Deus se olha no espelho: toma-se pelo riso da Razão.

Mas só o incomensurável, *inominável*, é inteiro, ele é mais terrível, mais longínquo que o riso da Razão!

No entanto, poderia eu enfim parar de rir desse riso da Razão?

Porque Deus...

Deus estaria à altura do acidente que abre os corpos, que os afoga no sangue? à altura daquelas dores de que cada uma de nossas vísceras tem a possibilidade?

Deus é o espírito de um homem tomado no excesso que o aniquila. Mas o próprio excesso é o dado do espírito do homem. Esse dado é concebido por esse espírito, ele é concebido em seus limites. Será que a soma de dores que um corpo humano detém excederia o excesso que o espírito concebe? Creio que sim. Em teoria, o espírito concebe o excesso ilimitado. Mas de que maneira? Recordo-lhe um excesso que ele não é capaz de conceber.

A própria Loucura não poderia interromper o riso da Razão. O louco é arrazoado, ele o é a contratempo, mas se fosse absolutamente desarrazoado, ele ainda seria arrazoado. Sua razão soçobrou, perdida por sobrevivências da *Razão*. Apenas a Razão acede a esse vertiginoso, que escaparia se ela não fosse intangível em nós.

A reflexão de Deus sobre si mesmo só pode ser traduzida em teologia se supusermos Deus privado de uma parte da Razão. Não digo que a teologia cristã seja criticável (talvez não o seja em sua intenção longínqua). Mas nela inscreveu-se o diálogo entre uma Razão reduzida e uma Violência reduzida.

Se a relação entre a Violência e a Razão leva ao pacto mais conforme aos interesses de uma violência reduzida, tal como a Razão os concebe (penso no cálculo de ambições pretensamente soberanas subjugadas à aquisição do poder), a plena Violência permanece irredutível, *ela se cala*. Se as partes não são representadas por formas abastardadas, híbridas, o diálogo não ocorre.

Eu mesmo tive que fingir um diálogo e, para fazê-lo, imaginava aparências enganosas.

[Imagino duas espécies de Violência.[4]

A vítima da primeira está desencontrada.

É a Violência do trem rápido no momento da morte do desesperado que voluntariamente se lança sobre os trilhos.

A segunda é a da serpente ou da aranha, a de um elemento inconciliável com a ordem em que a possibilidade do ser é dada: ela assombra. Ela não abate, mas se insinua, despossui, paralisa, ela fascina antes que se possa opor-lhe alguma coisa.

Essa espécie de Violência, a segunda, é em si mesma imaginária. É, contudo, a imagem fiel de uma violência, aquela sem medida – sem forma, sem modo – que a todo instante posso equivaler a Deus.

Não digo da imagem de Deus que seja redutível à da serpente ou da aranha. Mas parto do pavor que me inspiram, que poderiam me inspirar, esses seres negligenciáveis.

O sentimento de horrível potência que desfaz a defesa do interior me gela: no grau mais forte, ele toca na paralisia que vai a ponto de matar. Imagino o terror que atinge a sensibilidade diante da aproximação ininteligível de um espectro. Cada um representa para si o que não conheceu.

Não posso descrever de outra maneira aquilo de que estou falando e cujo sentido é o terror sagrado, que não é motivado por nada de inteligível.]

---

4 Aqui reproduzimos a nota da redação da revista *Gramma* que figura no rodapé: "Os fragmentos entre colchetes figuram no manuscrito acompanhados da menção 'não datilografar' (eles não foram usados na versão da *Botteghe oscure*). Nós os restituímos aqui pelo interesse que apresentam".

Falei na medida em que tremia! Mas meu tremor me esquivava. O que posso dizer se é verdade que, sem terror, eu nada teria sabido e que, aterrorizado, todas as coisas me escapavam? De toda maneira, o que motivou meu estado me excedia: é por isso que posso rir, desse riso que certamente é tremor.

[No longínquo limite do ser, um ser não é mais nada daquilo que ele parece nas condições de pacífico apagamento, ligadas à regularidade das frases.

Mas se as frases um dia chamavam a tempestade e a desordem forçada das massas d'água? se as frases chamavam a violência das ondas?]

*

Aquele[5] que não quiser me seguir não terá nenhuma dificuldade em me deixar. Se, ao contrário, o quiser, ele precisa de mais raiva, da raiva insinuante que cresce num tremor.

O mais estranho: nesta viagem aos limites do ser, não abandono a razão.

Sei que, ao não fazer em mim, em sua plenitude, a noite da violência – nesse momento, eu não veria mais nada –, este mundo a que, com o consentimento de minha razão, me devotei talvez esteja fechado para mim.

Ele o estaria, porém, do mesmo modo, se eu renunciasse à razão, ou se a razão me largasse.

O que saberia eu na noite?

Sei até isto: eu não tremo, eu *poderia* tremer.

Meço o possível de um homem e ignoro seus limites estabelecidos.

O domínio da violência é sem limites, ou seus limites são arbitrários. Os arrombamentos, ao menos, pelos quais acedo a eles, são infinitos.

---

[5] Nota da redação da revista *Gramma*: "Aqui começa uma série de fragmentos igualmente não publicados na versão da *Botteghe oscure*, mas que constituem uma sequência, levando à margem a menção 'não revisto'".

A ALEGRIA A MORTE

Se me perguntassem "quem sou eu", eu responderia: olhei o cristianismo para além de efeitos de ordem política, e vi em sua transparência; através dele, a humanidade primeira tomada por um horror diante da morte a que os animais não tinham acedido, lançando gritos e gestos maravilhosos em que se expressa um acordo no tremor. A punição e a recompensa fizeram a opacidade do cristianismo. Mas na transparência, sob a condição de tremer, reencontrei o desejo, a despeito desse tremor, de afrontar o impossível tremendo até o fim. *O primeiro desejo...*

Na reprodução, na violência das convulsões de que saiu a reprodução, a vida não é apenas a cúmplice da morte: é a vontade única e dupla da reprodução e da morte, da morte e da dor. A vida só se quis no dilaceramento, como as águas das torrentes, os gritos de horror perdidos derretem no rio da alegria.

A alegria e a morte estão misturadas, no ilimitado da violência.

A PURA FELICIDADE

(notas)

A multiplicidade como única referência do ser para nós opõe-se ao princípio do indivíduo isolado como valor soberano. A multiplicidade não pode encontrar seu fim no indivíduo, uma vez que o individual é apenas o exponente da multiplicidade. Isso não quer, contudo, dizer que somos irremissivelmente relançados para a unicidade de uma socialização nem para a de um ponto ômega qualquer. Certamente devemos ver que a granulação, a corpusculização é necessariamente dialética, que o êxito de uma forma corpuscular do ser se mede justamente pelo poder que ela tem de expressar a unidade desse ser. Mas como esse poder atuaria se o indivíduo não reconhecesse primeiramente em seu limite, isto é, na inevitável transgressão das leis que presidem à socialização dos seres separados, isto é, na morte individual, e consequentemente no erotismo, a única coisa que dá um sentido à consciência da unidade? A força do cristianismo está em fundar não apenas a fusão em Deus, mas o próprio Deus na morte e no pecado, morte do indivíduo situado na extremidade do movimento de êxito do indivíduo que se separa, pecado do mesmo indivíduo. Mas em sua pressa de passar da morte a Deus, do pecado à renúncia do indivíduo – em sua pressa de pôr o acento num resultado que legitima, e não na passagem que escandaliza –, o cristianismo separa o êxito do indivíduo, o Cristo, daqueles que levam esse êxito à contradição da morte ou daqueles que o teriam primeiramente designado como uma negação da unicidade, a luxúria e o gozo das prerrogativas do soberano. Esse erro não é mais monstruoso que o erro inverso, e, nesse sentido, é certo que, sem o cristianismo, as religiões antigas não seriam legíveis. Apenas o cristianismo as torna legíveis ao pôr o acento na inevitável negação do indivíduo, mas ele o faz rápido demais. De tal maneira que o cristianismo isolado é ele próprio ilegível. Ele é grandioso, mas sob a condição de que através dele percebamos a fantasmagoria do passado.

O que mais me importa, afinal, é o sentimento da *insignificância*: ele se reporta à escrita (à palavra), que é a única coisa susceptível de nos colocar no nível da *significação*. Sem ela, aos poucos tudo se perde na equivalência. É preciso a insistência da frase..., das ondas, do curso das frases. Mas a escrita também é susceptível de nos conclamar a ondas tão rápidas que *nada* nela se reencontra. Ela nos abandona à vertigem do esquecimento, onde a vontade da frase de impor-se ao tempo limita-se à doçura de um riso indiferente, de um riso feliz.

Ao menos a frase literária está mais do que a política próxima do momento em que se resolverá, fazendo-se silêncio.

Origem dos textos

A América desaparecida (OC, I, p. 152-158) (*Les Cahiers de la République des lettres, des Sciences et des Arts*, XI, 1928)

O valor de uso de D.A.F. Sade (OC, II, p. 54-69) (*L'Arc*, 1967 [inédito, sem data])

A vontade do impossível (OC, XI, p. 19-23) (*Vrille*, 1945)

A propósito de sonolências (OC, XI, p. 31-33) (*Troisième convoi*, 1946)

Pegar ou largar (OC, XI, p. 130-131) (*Troisième convoi*, 1946)

A amizade entre o homem e o animal (OC, XI, p. 167-171) (*Formes et couleurs*, 1947)

O mal no platonismo e no sadismo (OC, VII, p. 365-380) (conferência, 1947)

A religião surrealista (OC, VII, p. 381-405) (conferência, 1948)

A arte, exercício de crueldade (OC, XI, p. 480-486) (*Médecine de France*, 1949)

O sagrado no século XX (OC, VIII, p. 188-189) (conferência, sem data)

Carta a René Char sobre as incompatibilidades do escritor (OC, XII, p. 16-28) (*Botteghe oscure*, 1950)

O silêncio de Molloy (OC, XII, p. 85-94) (*Critique*, 1951)

O racismo (OC, XII, p. 95-99) (*Critique*, 1951)

Silêncio e literatura (OC, XII, p. 173-178) (*Critique*, 1951)

O soberano (OC, XII, p. 195-208) (*Botteghe oscure*, 1952)

O não-saber (OC, XII, p. 278-288) (*Botteghe oscure*, 1953)

Diante de Lascaux, o homem civilizado se redescobre homem de desejo (OC, XII, p. 289-292) (*Arts*, 1952)

Sade, 1740-1814 (OC, XII, p. 295-299) (*Critique*, 1953)

Mais além da seriedade (OC, XII, p. 313-320) (*La Nouvelle N.R.F.*, 1955)

O paradoxo do erotismo (OC, XII, p. 321-325) (*La Nouvelle N.R.F.*, 1955)

Hegel, a morte e o sacrifício (OC, XII, p. 326-345) (*Deucalion*, 1955)

O equívoco da cultura (OC, XII, p. 437-450) (*Comprendre*, 1956)

O erotismo, suporte da moral (OC, XII, p. 467-471) (*Arts*, 1957)

O planeta entulhado (OC, XII, p. 475-477) (*La Cigüe,* 1958)

A pura felicidade (OC, XII, p. 478-490) (*Botteghe oscure*, 1958)

Referências

BATAILLE, G. À propos de récits d'habitants d'Hiroshima. *Critique*, n. 8-9, p. 126-140, jan.-fev. 1947.

BECKETT, S. *Molloy*. Paris: Minuit, 1951.

BECKETT, S. *Molloy*. Tradução e prefácio de Ana Helena Souza. 2. ed. São Paulo: Globo, 2014.

BLANCHOT, M. *Au moment voulu*. Paris: Gallimard, 1951.

BLANCHOT, M. *Faux pas*. Paris: Gallimard, 1943.

BLANCHOT, M. *Lautréamont et Sade*. Paris: Minuit, 1949.

BLANCHOT, M. *La part du feu*. Paris: Gallimard, 1949.

BLANCHOT, M. *L'Arrêt de mort*. Paris: Gallimard, 1948.

FRANVAL, E. de. *Crimes de l'amour*. Paris: Jean-Jacques Pauvert, 1953.

GRACQ. J. *André Breton: Quelques aspects de l'écrivain*. Paris: José Corti, 1948.

HEGEL. *Phénomenologie de l'esprit*. Tradução e prefácio de Jean Hyppolite. Paris: Aubier, 1941.

JOLAS, E. Élucidation du monomythe de James Joyce. *Critique*, [s.n.], p. 579-595, jul. 1948.

KLOSSOWSKI, P. *Roberte ce soir*. Paris: Minuit, 1953.

KOJÈVE, A. *Introdução à leitura de Hegel*. Tradução de Estela dos Santos Abreu. Rio de Janeiro: Contraponto; Eduerj, 2002.

LEIRIS, M. *La Question raciale devant la science moderne: Race et civilisation*. Paris: UNESCO, 1951.

OTTO, R. *Le sacré*. Tradução de A. Jundt. Paris: Payot, 1929.

SARTRE, J.-P. (1948). *Qu'est-ce que la littérature?* Paris: Gallimard, 1972.

Este livro foi composto com tipografia Bembo Std e impresso
em papel Off-White 80 g/m² na Formato Artes Gráficas.